5545
z.o.a.1.

Vf 4682

THÉATRE COMPLET

DE M.

EUGÈNE SCRIBE

IMPRIMERIE DE H. FOURNIER,
RUE DE SEINE, N. 14.

THÉATRE COMPLET

DE M.

EUGÈNE SCRIBE.

Seconde Édition,

ORNÉE

D'UNE VIGNETTE POUR CHAQUE PIÈCE.

TOME PREMIER.

PARIS,

AIMÉ ANDRÉ, LIBRAIRE-ÉDITEUR,

RUE CHRISTINE, N. I.

M DCCC XXXIV.

A
MES COLLABORATEURS.

Mes chers Amis,

On m'a souvent reproché le nombre de mes collaborateurs; pour moi qui ai le bonheur de ne compter parmi eux que des amis, je regrette au contraire de ne pas en avoir davantage. Souvent aussi on m'a demandé pourquoi je ne travaillais pas seul : à cela je répondrai que je n'en avais probablement ni l'esprit ni le talent; mais je les aurais eus, que j'aurais encore préféré notre alliance et notre fraternité littéraires. Le peu d'ouvrages que j'ai composés seul ont été pour moi un travail; ceux que j'ai faits avec vous étaient un plaisir, et à chaque instant je me rappelais ces vers d'un de nos maîtres bons dans l'art dramatique :

> En cela nous trouvons l'agréable et l'utile :
> Le travail est plus doux, et semble plus facile ;
> On discute, on s'excite, et cette noble ardeur
> Donne seule aux tableaux la vie et la couleur.
> Que nous sommes heureux ! quel plaisir est le nôtre !
> Souvent une saillie en fait éclore une autre.
> . . . .
> Ainsi nous arrivons jusques au dénoûment.
> L'ouvrage est toujours gai lorsqu'il est fait gaîment.
> Avons-nous un succès, tous deux il nous transporte ;
> Avons-nous une chute, elle semble moins forte.
> Tel est de l'amitié le pouvoir enchanteur :
> Elle adoucit la peine, et double le bonheur [1].

En vous dédiant ce recueil, c'est donc vous rendre ce qui vous appartient, ce que vous m'avez donné ; et puissiez-vous, en parcourant ces légers et nombreux ouvrages, vous rappeler les heureux momens qu'ils nous ont fait passer ensemble !

  Votre ami,

      EUGÈNE SCRIBE.

---

[1] M. Etienne, *Brueis et Palaprat*, scène II.

UNE NUIT

DE

LA GARDE NATIONALE,

VAUDEVILLE EN UN ACTE,

Représenté, pour la première fois, sur le théâtre du Vaudeville, le samedi 4 novembre 1815.

EN SOCIÉTÉ AVEC M. POIRSON.

PERSONNAGES.

LE CAPITAINE.
SAINT-LÉON, caporal.
DORVAL, garde national.
PIGEON, garde national.
LE PÈRE LAQUILLE, caporal-instructeur.
ERNEST DE VERSAC.
MADAME DE VERSAC, sa femme.
L'ÉVEILLÉ, tambour.
LA MÈRE BRISEMICHE, marchande de petits gâteaux.
UN CAPORAL du poste voisin,
PLUSIEURS GARDES NATIONAUX, } formant le poste.
UN SERGENT,

    Le théâtre représente l'intérieur d'un corps-de-garde; à droite un lit de camp et une petite porte qui mène à la chambre du capitaine; à gauche des fusils rangés sur le râtelier; une porte au fond et deux grandes croisées à travers lesquelles on voit ce qui se passe dans la rue; en dehors un reverbère allumé; une guérite à la porte et une sentinelle en faction; sur le premier plan un poêle; sur le second une table, un banc, des chaises; sur la table un chandelier en fer, du papier, des livres, un jeu de dames. Les murs sont tapissés de grandes pancartes sur lesquelles on lit en grosses lettres : GARDE NATIONALE. ORDRE DU JOUR. CONSIGNE GÉNÉRALE, ETC.

LAQUILLE

COMME C'EST GAUCHE UN SOLDAT QUI N'A PAS VU LE FEU

Une nuit de la Garde Nationale Scène VIII

UNE NUIT

DE

LA GARDE NATIONALE.

SCÈNE PREMIÈRE.

SAINT-LÉON, DORVAL, PIGEON ET PLUSIEURS GARDES NATIONAUX.

(Au lever du rideau, les personnages sont groupés différemment : Saint-Léon, en dehors, relève un factionnaire; Pigeon et Dorval jouent aux cartes, d'autres jouent aux dames, ou lisent, etc.; quelques uns sont sur le lit de camp.)

DORVAL.

Quatre-vingt-dix, quatre-vingt-onze, et la dernière quatre-vingt-douze, quatre-vingt-treize, gagné. Vous êtes capot, monsieur Pigeon.

PIGEON.

Soit! je ne suis pas fâché que la partie soit finie. Je m'en vais dormir.

DORVAL.

Bah! déjà?

PIGEON.

Écoutez donc, ma faction est à trois heures du matin; il est bien naturel que je me repose d'avance. Je ne sais pas comment cela se fait, je suis toujours de faction pendant la nuit, et plutôt deux fois qu'une.

DORVAL.

Quand on est biset.

SAINT-LÉON.

Vous, un riche marchand !

PIGEON.

AIR : Oui, je suis soldat, moi.

Oui, je suis biset, moi,
Qu'importe la forme ?
On peut bien aimer son roi
Sans être en uniforme.

Qu'importe dans cet état
Une allure guerrière :
Puisqu'au fait on est soldat,
Sans être militaire.
Oui, je suis biset moi, etc.

Mais ne vous fâchez pas. Vous savez que je dois être habillé pour la revue : j'ai commandé mon uniforme.

SAINT-LÉON.

A la bonne heure.

AIR : Ainsi jadis un grand prophète.

Avec raison chacun s'étonne
Qu'un instant l'on puisse hésiter,
Quand parmi nous il n'est personne
Qui ne soit fier de le porter !
Non, je ne connais pas en somme,
D'habit plus noble et plus brillant,
Puisqu'il rassure l'honnête homme,
Et qu'il fait trembler le méchant.

DORVAL.

Et je vous demande si on peut avoir peur d'un héros en habit marron.

SCÈNE I.

PIGEON.

Ils ont raison; il est de fait qu'avec un habit marron... j'aurois mieux fait de prendre ma redingote. La nuit sera froide. (Il se couche.) Ah! ah!

DORVAL, à Saint-Léon.

C'est fort bien, chacun est au corps-de-garde comme chez soi : M. Pigeon dort, moi je m'ennuie; ces messieurs jouent; et toi, tu rêves sans doute à tes amours, car tu fais une mine...

SAINT-LÉON.

C'est vrai, je suis furieux; et quand un jeune homme honnête se présente pour épouser...

DORVAL.

Il y en a si peu qui se présentent ainsi!

SAINT-LÉON.

Au moins doit-on le refuser poliment. La lettre la plus impertinente! Écoute seulement cet endroit-là, je t'en prie : (Lisant.) « Je n'aime pas les fats, et je « crains que ma sœur ne pense comme moi. Que « voulez-vous? c'est un goût de famille.

DORVAL.

Comment! c'est cette jolie madame de Versac qui écrit ainsi à toi, qui es la modestie même.

SAINT-LÉON.

Que veux-tu? elle a su que j'étais ton ami intime, voilà ce qui m'a perdu!

DORVAL.

Ingrat! cela t'a servi auprès de tant d'autres! D'ailleurs, pourquoi t'adresser à madame de Versac? Parle à son mari, à Versac, qui est notre ami. Il y a deux mois encore qu'il étoit garçon :

Il saura compatir aux maux qu'il a soufferts!

SAINT-LÉON.

Bah! il est amoureux de sa femme, et il n'ose plus nous voir depuis qu'elle le lui a défendu. (En confidence.) Elle a peur que nous ne débauchions son mari.

DORVAL.

Voilà bien le comble de l'injustice.

LA SENTINELLE, en dehors.

Qui vive?

UN CAPORAL, en dehors.

Patrouille!

LA SENTINELLE, criant.

Halte-là. Caporal, hors la garde.... reconnaître patrouille.

SAINT-LÉON, à deux gardes qui sortent avec lui.

Allons, messieurs.

PIGEON.

Voilà les rondes qui commencent! Il n'y a rien qui vous réveille comme ça en sursaut.

(On entend chanter en dehors.)

SCÈNE II.

Les mêmes; LAQUILLE.

LAQUILLE, entrant.

C'est un' bonn' grivoise
Que mamselle Fanchon,

SCÈNE II.

Alle vous amboise,
Et se rend sans façon.
Un jour à Cythère,
Cupidon disait...

DORVAL.

Eh! voici notre brave instructeur, le vieux père Laquille.

LAQUILLE.

Oui, le vieux père Laquille! qui vous apprend tout ce qu'il sait, et de bien bon cœur encore.

Air : Connaissez mieux le grand Eugène.

Pendant vingt ans, de ma vaillance
Les ennemis ont senti les effets;
Soldat dès ma plus tendre enfance,
J'ai triomphé sous les drapeaux français;
A mon pays, que j'ai servi, que j'aime,
J'ai consacré jusqu'au dernier soupir;
Ne pouvant plus le bien servir moi-même,
Du moins j'enseigne à le servir.

DORVAL.

Vous êtes un brave.

LAQUILLE.

Prendrons-nous leçon ce soir?

DORVAL.

Ma foi non, tantôt. Mais tenez, voilà Saint-Léon qui est amoureux, ça le dissipera.

SAINT-LÉON.

Ma foi non, père Laquille, je ne suis pas en train; plus tard, si vous voulez.

LAQUILLE.

Morbleu! qu'est-ce que ça veut dire? amoureux!

AIR : Le briquet frappe la pierre.

Vous, caporal, est-c' possible ?
Du désord' donner l' signal.
DORVAL.
Mais, pour être caporal,
Faut-il donc être insensible ?
LAQUILLE.
Oui, le service d'abord,
Fût-on mêm' sergent-major.
J'ons brûlé tout comme un autre,
Et des feux les plus ardens ;
Car on était de mon temps
Amoureux tout comme au vôtre ;
Mais j' nous arrangions chacun
Pour l'être de deux jours l'un.

Ainsi, décidez-vous.

AIR : Gai, gai, mariez vous.

Il faut, c'est là ma loi,
Qu'au service
On obéisse ;
Il faut, c'est là ma loi,
Choisir entr' l'Amour et moi.
A ce chef plein de malice,
Drès que vous vous adressez,
Gnia plus besoin d'exercice
L'Amour en fait faire assez.
Il faut, etc.

SCÈNE III.

LES MÊMES ; L'ÉVEILLÉ, *chargé de divers objets qu'il remet à chaque garde national.*

L'ÉVEILLÉ.

AIR : On dit partout dans le monde.

A vos désirs fidèle,
J'ai rempli tous vos vœux ;

SCÈNE III.

Je vais, grâce à mon zèle,
Vous rendre tous heureux.
    (Donnant à l'un le journal.)
Voilà ce qu'on annonce.
    (A un autre.)
Voilà votre billet.
    (A un autre.)
Voilà votre réponse.
    (A M. Pigeon, en lui donnant une volaille enveloppée dans du papier.)
Voilà votre poulet.

TOUS.

A nos désirs fidèle,
Tu remplis tous nos vœux, etc.

PIGEON.

Allons, tu as oublié mon bonnet de coton; tout est conjuré contre mon repos.

SAINT-LÉON.

Tu as été bien long-temps.

L'ÉVEILLÉ.

J'avais tant de choses à faire! L'un m'envoie porter une lettre d'excuse à sa maîtresse, l'autre demander de l'argent à sa femme. Savez-vous que pour être tambour de la garde nationale, il faut de la tête et des jambes, et de l'oreille donc?

PIGEON.

C'est juste, faut être musicien.

L'ÉVEILLÉ.

Et il n'y en a pas un pour pincer un roulement comme moi. Ce n'est pas moi qui prendrai un *ffla* pour un *rrra*; et ça sans avoir étudié au Conservatoire encore.

DORVAL.

Dis donc, petit joufflu, c'est toi qui portes les billets de garde?

L'ÉVEILLÉ.

Je le crois bien.

DORVAL.

Eh bien! tâche donc de ne pas venir si souvent chez moi. Mon portier ne voit que ton visage.

L'ÉVEILLÉ.

Vous êtes difficile. Il y a bien des belles dames de votre quartier qui me paieraient pour apporter des billets à leurs maris.

DORVAL.

Bah!

L'ÉVEILLÉ.

Air : Du froid avec courage (*Gaspard*).

Quand l'heureuse missive,
Arrive un beau matin;
Crac... l'épouse attentive
L'envoie à son voisin :
Soudain il y regarde
Le jour du rendez-vous;
C'est le billet de garde
Qui sert de billet doux.

On s'en est plaint à la poste. Le facteur du quartier ne fait plus rien; mais moi, c'est différent.

Air du vaudeville de Lantara.

Si monsieur craint ma visite,
Madam' la trouve d' son goût;
L'un m' paierait pour v'nir plus vite,
L'autr' pour ne pas v'nir du tout!
D' sorte qu' j'arrive ou que j' tarde,
Toujours on donne au facteur;
Et pour moi z'un billet d' garde
Est un billet z'au porteur.

SAINT-LÉON, à part.

Parbleu, il me vient une idée. (Haut.) Messieurs, quelle heure est-il?

PIGEON.

Est-ce que vous voudriez vous allez coucher? Pas de ça, au moins.

SAINT-LÉON.

Eh! non, soyez tranquille. Est-ce qu'un caporal quitte son poste? (A un garde.) Camarade, voulez-vous me céder la table un instant?

LE GARDE.

Bien volontiers.

(Saint-Léon se met à la table et écrit.)

SCÈNE IV.

Les précédens; LE CAPITAINE.

L'ÉVEILLÉ.

Dites donc, père Laquille, jouons-nous une partie? la mouche ou la brisque?

LAQUILLE.

J'aime mieux les jeux de combinaison, la drogue, la bataille. (S'adressant au capitaine.) Salut à notre digne capitaine.

LE CAPITAINE.

Bonjour, mon brave. Mes amis, sommes-nous au complet?

SAINT-LÉON.

Oui, capitaine.

LE CAPITAINE.

A la bonne heure. (Sévèrement.) Messieurs,

Air du vaudeville de l'Asthénie.

Oui, je vous le dis sans détours,
Dans les heures de l'exercice,
Qu'à son poste l'on soit toujours;
Point d'excuse pour le service.
A la rigueur je suis enclin :
Qu'à ma voix tout le monde tremble!
Ce soir obéissez (*riant*), demain
Nous déjeunerons tous ensemble.

SAINT-LÉON.

Je n'ai pas oublié que vous nous avez promis un pâté.

L'ÉVEILLÉ.

Et un pâté solide au poste.

LE CAPITAINE.

Et six bouteilles de vin de Soterne, qui nous attendent en faction.

DORVAL.

Capitaine, si vous renforciez le poste?

LE CAPITAINE.

C'est juste. Il y en aura douze; mais, messieurs, je vous le demande en grace, des bonnets à poil; il nous en manque encore dans la compagnie. (On entend en dehors:) *Buvez la goutte, cassez la croûte.*

SCÈNE V.

Les précédens; la mère BRISEMICHE, *avec des petits pains.*

DORVAL.

Eh! c'est la mère Brisemiche.

SCÈNE V.

MADAME BRISEMICHE.

Allons, mes enfans, buvez la goutte, cassez la croûte. De la bonne eau-de-vie, des bons gâteaux, ils sont tous chauds.

UN GARDE, sur le lit de camp.

Laissez-nous dormir.

LE CAPITAINE.

Bah! elle en a réveillé bien d'autres.

(Pigeon et Laquille prennent de ses petits pains.)

SAINT-LÉON, bas à l'Éveillé.

Tiens, il faut, à l'instant, porter cette lettre à son adresse; ça n'est pas loin.

L'ÉVEILLÉ.

Et si le capitaine me demande?

SAINT-LÉON.

Je m'en charge. Vas vite; mais ne dis pas que ça vient du corps-de-garde.

L'ÉVEILLÉ.

Soyez tranquille.

MADAME BRISEMICHE, l'arrêtant.

Dites donc, mon petit, vous ne me prenez rien ? Vous savez bien que je donne toujours le treizième par dessus le marché.

L'ÉVEILLÉ.

Volontiers, la mère, si vous voulez me donner une douzaine de treizièmes.

SCÈNE VI.

Les mêmes, *hors* L'ÉVEILLÉ.

LAQUILLE.

Cette mère Brisemiche, c'est bien la doyenne des marchandes.

MADAME BRISEMICHE, lui versant à boire.

Dam! voilà bientôt dix ans que j'ai ouvert mon commerce de gâteaux.

PIGEON, essayant d'en manger.

En voilà un qui date de l'ouverture.

MADAME BRISEMICHE versant à Laquille.

Bah! c'est fait d'hier.

LAQUILLE, qui a bu.

Je le vois bien.

MADAME BRISEMICHE.

Eh bien! v'là comme ils sont tous!

Air : J'ai vu le Parnasse des dames.

Sur moi la médisanc' s'exerce,
Car, voyez-vous, j'ons des enn'mis;
On veut fair' tort à mon commerce,
Mais de leurs caquets je me ris.
Quand on a d'la conduite et d' l'ordre,
On est au dessus des propos;
Et j' défions qu' jamais on puiss' mordre
Ni sur moi, ni sur mes gâteaux.

LE CAPITAINE.

Au moins, la mère, ça va-t-il comme vous voulez?

MADAME BRISEMICHE.

Oh! nous avons eu un mauvais moment à passer.

SCÈNE VII.

Air : Sans mentir (*des Landes*).

Pendant c' temps pas un p'tit verre,
Et pas un gâteau d' vendus,
On n' faisait rien à Nanterre,
Le commerce n'allait plus ;
Maint'nant contre un' présidente
Je n' changerions pas d'emploi :
On dirait qu' la soif augmente
Et tout l' mond' veut boire, j' croi,
    D' puis qu'on boit,
    D' puis qu'on boit,
A la santé d' not bon roi.

LE CAPITAINE.

S'il est ainsi, je me dévoue.

TOUS.

Et nous aussi, nous boirons à la santé du roi !

LE CAPITAINE, qui a bu.

Diable ! il faut bien l'aimer.

LAQUILLE, avalant un grand verre.

Bah ! l'enthousiasme fait tout passer.

LE CAPITAINE, tirant sa montre.

Eh ! eh ! messieurs, voilà l'heure de la première patrouille.

MADAME BRISEMICHE.

Adieu, mes enfans, je m'en vas au poste voisin ; bonne nuit. *Buvez la goutte, cassez la croûte.*

(Elle sort.)

SCÈNE VII.

Les mêmes, *hors* la mère BRISEMICHE.

LE CAPITAINE, lisant sur la feuille.

La caporal Saint-Léon, Dorval et cinq hommes.

SAINT-LÉON, à part.

Ah diable! et l'Éveillé qui n'est pas revenu!

LE CAPITAINE.

Allons, messieurs, il faut vous disposer.

SAINT-LÉON.

Oui, mon capitaine; allons, messieurs.

DORVAL, à Saint-Léon.

Eh bien! qu'est-ce que tu as donc?

SAINT-LÉON.

Ce que j'ai. Sais-tu à qui j'ai écrit? à Versac.

DORVAL.

A Versac!

SAINT-LÉON.

Oui, un billet doux, un rendez-vous que je lui donne de la part d'une jolie dame de ce quartier, qu'il courtisait avant son mariage.

DORVAL.

Et tu crois qu'il y viendra?

SAINT-LÉON.

Il se ferait pendre plutôt que d'y manquer. A minuit, une heure, il doit arriver sous les fenêtres de sa belle, qui demeure en face.

DORVAL.

Eh bien?

SAINT-LÉON.

Eh bien! eh bien! tu ne comprends rien? nous nous moquerons de lui, et nous lui ferons passer au corps-de-garde une nuit qu'il croyait mieux employer.

DORVAL, vivement.

C'est charmant! il nous paiera du punch.

SCÈNE VII.

SAINT-LÉON.

Et conçois-tu la colère!... les soupçons!... la jalousie de sa femme?... car elle est jalouse, ah! c'est une bénédiction!

DORVAL.

Ah! elle ne veut pas que nous voyions son mari, et elle nous refuse sa sœur!... nous verrons.

SAINT-LÉON.

Et ce l'Éveillé qui ne vient pas.

LE CAPITAINE, lisant près du poêle.

Eh bien! messieurs, cette patrouille?

SAINT-LÉON.

Voilà, voilà, mon capitaine.

Air : Ma belle est la belle des belles.

L'ordre en ce moment vous réclame,
Allons, messieurs, disposez-vous.
(Bas à Dorval.)
Juge du dépit de sa femme,
En ne voyant pas son époux.

DORVAL.

Certes la vengeance est cruelle.

SAINT-LÉON.

Je dois, pour ne pas être ingrat,
Condamner au veuvage celle
Qui me condamne au célibat.

Allons, messieurs, disposez-vous. M. Pigeon!

PIGEON.

Ce n'est pas encore mon heure de faction.

DORVAL.

C'est une patrouille, entendez-vous?

SCÈNE VIII.

Les précédens ; L'ÉVEILLÉ.

L'ÉVEILLÉ, bas à Saint-Léon.

J'ai remis la lettre.

SAINT-LÉON.

A lui ?

L'ÉVEILLÉ.

Non, à la femme de chambre. Monsieur n'était pas rentré, et madame l'attendait avec impatience.

DORVAL.

Et on la lui remettra ?

L'ÉVEILLÉ.

Avant qu'il ne se couche.

SAINT-LÉON.

Bon ! il ne se couchera pas. Tu as été bien long-temps.

L'ÉVEILLÉ.

Le temps de changer. Est-ce que je pouvais y aller en militaire ? J'ai mis ma veste, pour être en habit bourgeois.

LE CAPITAINE, les passant en revue.

C'est bien, fort bien ! Eh bien ! M. Pigeon, et votre giberne ? Messieurs, on ne doit pas sortir du poste sans gibernes.

DORVAL.

On ne doit même pas les quitter ; c'est de rigueur.

PIGEON, au capitaine.

Eh bien ! et la vôtre ? Ah ! pardon.

SCÈNE VIII.

SAINT-LÉON, bas, à l'Éveillé.

Air : Eh ! ma mère.

Surtout le plus grand silence,
Pas un mot, souviens-t'en bien.

L'ÉVEILLÉ.

Je vous en réponds d'avance,
Primo d'abord je n' sais rien !
Mais ma renommée est faite,
Et l'on sait qu'en fait d'amour
J'sis galant comme un trompette,
Et discret comme un tambour.

DORVAL, bas à Saint-Léon.

Et s'il devançait l'heure, s'il venait avant notre retour ?

SAINT-LÉON.

Je vais dire un mot à la sentinelle. Allons, partons.

LE CAPITAINE.

Air du Branle sans fin.

Allons, partez tous enfin
 En silence,
 Qu'on s'avance,
Et que sur votre chemin
Règnent l'ordre et la prudence.

SAINT-LÉON.

Versac en ces lieux conduit....
Nous allons tout à notre aise
Passer une bonne nuit,
Et sa femme une mauvaise.

TOUS.

Allons, partons tous enfin
 En silence,
 Qu'on s'avance,
Et que l'ordre et la prudence
Règnent sur notre chemin.

(Ils sortent.)

2.

SCÈNE IX.

LAQUILLE et L'ÉVEILLÉ *sur le lit de camp;* LA SENTINELLE *à la porte du fond;* LE CAPITAINE *achevant de lire la feuille.*

LAQUILLE.
Allons, je vois qu'ils ne prendront leçon qu'à leur retour... Bonne nuit, mon capitaine.
LE CAPITAINE.
Bonsoir, mon brave.
L'ÉVEILLÉ.
Prends garde au serein, malin.

SCÈNE X.

Les précédens; ERNEST *passant dans la rue.*

LA SENTINELLE.
Qui vive?
ERNEST.
Bourgeois.

(Ernest est en costume de bal, bas de soie blancs, etc., et la croix d'honneur.)

ERNEST, entrant.
Salut, camarades. Pourriez-vous avoir la bonté de me dire qui est-ce qui commande ici?
L'ÉVEILLÉ.
C'est le capitaine lui-même.

SCÈNE X.

ERNEST.

Me serait-il permis de lui parler?

LE CAPITAINE.

C'est moi, monsieur : que puis-je faire pour vous?

ERNEST.

Monsieur, je viens vous prier... de vouloir bien m'arrêter.

LE CAPITAINE.

Comment, monsieur!

ERNEST.

C'est un service que j'attends de votre obligeance.

LE CAPITAINE.

Enchanté de faire quelque chose qui vous soit agréable; mais ne puis-je savoir...

ERNEST.

C'est trop juste. Je vous avouerai donc que, quoique je sois militaire, et que j'aie vingt-cinq ans, j'aime prodigieusement à m'amuser.

LE CAPITAINE.

Voilà qui est bien étonnant!

ERNEST.

Mais j'ai une femme.

LE CAPITAINE.

Et cela ne vous amuse pas?

ERNEST.

Au contraire, monsieur, la plus jolie petite femme! gentille, aimable, spirituelle, qui m'aime, qui m'adore; il y a deux mois que je l'ai épousée.

LE CAPITAINE.

Tant que cela?

ERNEST.

Tout autant. Mais ce qui va bien plus vous surprendre, c'est que moi... Ah! ça, je vous demande le plus grand secret. C'est que j'en suis amoureux fou!

LE CAPITAINE.

Bah!

ERNEST.

Mais qui n'a pas eu de faiblesses! Vous même! les plus grands capitaines! et la mienne va au point que j'ai promis à ma femme de rentrer tous les soirs à neuf heures.

Air du Verre.

Croyez-vous que depuis deux mois,
Moi, jadis léger et frivole,
C'est ici la première fois
Que je lui manque de parole;
Et jugez de son désespoir,
Car soit amour, soit habitude,
Ma femme, à ce que j'ai cru voir,
Tient beaucoup à l'exactitude.

Elle sera désolée, mais que voulez-vous? Un dîner charmant, du vin de Champagne, de jolies femmes. On dîne si tard à présent! et puis, il y a eu un petit bal.

LE CAPITAINE.

Oh! je me mets bien à votre place.

ERNEST.

Vous voyez, d'après tout cela, que si je ne suis pas arrêté, je suis un homme perdu! tandis que si demain matin on me voit arriver au logis, conduit par deux gardes nationaux!... « Comment! ce pauvre mari!...

SCÈNE X.

« il a passé la nuit au corps-de-garde!... et moi qui
« osais l'accuser!... » Elle m'en aimera deux fois
mieux.

LE CAPITAINE.

C'est même une spéculation. Mais vous allez passer
une mauvaise nuit?

ERNEST.

Bah! l'autre sera meilleure. D'ailleurs, demain,
après-demain, ne puis-je pas être des vôtres?

LE CAPITAINE.

Ah! vous êtes aussi de la garde nationale?

ERNEST.

Je m'en fais un devoir.

AIR : Voulant par ses œuvres complètes.

Croyez que de votre obligeance
J'aurai toujours le souvenir;
Ah! pour combler mon espérance,
Que ne puis-je ainsi vous servir!
Si jamais les destins vous mettent
Dans le cas où nous nous trouvons,
Songez que nous nous fâcherons
Si d'autres que moi vous arrêtent.

LE CAPITAINE.

Vous êtes trop bon! mais je serais charmé de faire
plus ample connaissance, et de savoir le nom d'un
mari aussi fidèle.

ERNEST.

Ah! volontiers : je suis... (Il le tire du côté opposé à l'Éveillé
et à Laquille, et lui parle bas à l'oreille.)

LE CAPITAINE.

Comment! je l'ai vue autrefois chez son père. Elle

était bien jeune alors! Mais donnez-vous donc la peine d'entrer dans mon appartement.

Air : Nous verrons à ce qu'il dit (*de Bancelin.*)

Acceptez donc sans façons
L'asyle que je vous présente;
Oui, votre femme est charmante,
De ses attraits nous parlerons.
Ah! d'ici je vois
Son joli minois;
Je vois
Sa taille élégante
Et son air fripon,
Et son pied mignon.

ERNEST.

Eh bien !
Vous ne voyez rien.

ENSEMBLE.

LE CAPITAINE.

Acceptez donc sans façons, etc.

ERNEST.

Oui, j'accepte sans façons,
Monsieur, un offre qui m'enchante,
Puisque ma femme est absente,
De ses attraits nous parlerons.

SCÈNE XI.

L'ÉVEILLÉ, LAQUILLE, *endormis ;* ensuite MADAME DE VERSAC.

LA SENTINELLE, à la porte.

Qui vive?... qui vive?... qui vive? ou je tire.

MADAME DE VERSAC, paraissant à la porte du corps-de-garde.

Garde nationale!

LA SENTINELLE.

Comment, garde nationale! Soldat du poste, vous voulez dire?

MADAME DE VERSAC.

Oui, monsieur, soldat du poste.

LA SENTINELLE.

Comment! sans sabre ni giberne? (Vivement, à part.) Et cet homme suspect dont parlait le caporal. (Haut.) Entrez vous expliquer.

MADAME DE VERSAC.

Ne vous fâchez pas, je reste... il n'y a que manière de prier.

SCÈNE XII.

LAQUILLE, L'ÉVEILLÉ, *endormis;* LA SENTINELLE, *dans le fond;* MADAME DE VERSAC *en habit de garde national.*

MADAME DE VERSAC.

Ah! mon Dieu, et ma femme de chambre... (Apercevant Laquille.) Ah! il m'a fait une peur! Non, il dort... Mais qui m'aurait dit que jamais!... aussi, conçoit-on rien à mon aventure!.. Le perfide! à minuit n'être pas rentré! (Montrant une lettre.) et il arrive pour lui un rendez-vous, quand peut-être il est déja à un autre! Cette lettre que m'a donnée ma femme de chambre,... ce n'est pas bien à moi de l'avoir décachetée, c'est vrai! mais enfin, pour qui me trahit-il? pour une madame de Sénanges, la plus grande prude, ou plutôt la plus grande coquette. Fiez-vous donc aux femmes! Que j'aurais eu de plaisir à la confondre, à me trouver à ce rendez-vous; c'est pour cela que j'ai pris l'habit de mon mari; et encore, à peine suis-je descendue de ma voiture, où m'attend ma femme de chambre, que je me trouve arrêtée ici, dans un corps-de-garde : (regardant autour d'elle) ça n'est pas beau du tout. Des bancs, une table, ah! des cartes, des papiers, des livres. Nos maris ne sont pas si à plaindre qu'ils veulent bien le dire, et s'ennuient moins au corps-de-garde que nous à les attendre! C'est là sans doute que, tous réunis, ils rient à nos dépens, ou s'occupent peut-être des moyens de nous tromper.

AIR : du vaudeville de Jadis et aujourd'hui.

Hélas! crédules que nous sommes,
Plaignons donc encor nos époux!
Lorsque ces messieurs sont entre hommes,
Dieu sait ce qu'ils disent de nous.
Dans ces lieux où chacun outrage
Notre constance et nos vertus,
Que d'époux se perdraient, je gage...
S'ils n'étaient pas déja perdus!

— Aussi ma sœur ne se mariera pas, et quoi qu'elle en dise, je la forcerai bien à rester fille, et à être heureuse malgré elle.

SCÈNE XIII.

Madame DE VERSAC, LAQUILLE *se réveillant.*

LAQUILLE.

Si je n'y avais pas pris garde, j'allais m'endormir. Ah! voilà un camarade. Allons, camarade, voyons, la leçon.

MADAME DE VERSAC.

Quelle leçon?

LAQUILLE.

D'exercice, apparemment; est-ce que j'en donne d'autres?

MADAME DE VERSAC.

Comment me tirer de là?

LAQUILLE.

Allons, prenez votre fusil. Eh bien! ne savez-vous pas où est votre fusil?... là... avec les autres. Est-ce que vous êtes aussi amoureux? Il n'y a que des amoureux dans la compagnie.

MADAME DE VERSAC.

Allons, de la hardiesse; je ne m'en tirerai peut-être pas plus mal que beaucoup de ces messieurs.

LAQUILLE.

Bien, tenez-vous droit, l'œil fixe, les épaules effacées; rentrez-moi cet estomac. Comme c'est gauche un soldat qui n'a pas vu le feu! Attention au commandement. Portez... (Au commandement de porter, vous élevez l'arme vivement vers l'épaule gauche; la main gauche sous la crosse, la droite à la batterie.)

Portez armes! (Madame de Versac porte armes.) Pas mal, mais ça pourrait être mieux. Ah! j'oubliais de vous dire, ainsi qu'à ces messieurs, que je ne pourrai pas cette semaine aller donner de leçon chez vous.

MADAME DE VERSAC, à part.

Je n'y tiens pas du tout.

LAQUILLE.

Air du vaudeville de Sophie, *ou* de l'Auberge.

N'allez pas perdre en mon absence
La leçon qu' vous r'cevez ici.

La tête haute.

MADAME DE VERSAC.
Je vous en donne l'assurance;
Je n'oublierai pas celle-ci!

J'enrage!

LAQUILLE.
Jugez pour vous quel avantage,
D'être au poste venu coucher!
Vous n'auriez pas eu d' leçon, j' gage,
Si vous n'étiez v'nu la chercher.

MADAME DE VERSAC.

Il a raison.

LAQUILLE.

Allons, présentez armes! Eh bien! qu'est-ce que vous faites donc là?

MADAME DE VERSAC.

C'est qu'aussi c'est trop lourd.

LAQUILLE.

Bah! vous vous y ferez; et sur le champ de bataille donc! dix coups à la minute! Pif, paf; on tire, on tue, on est tué : la seconde fois on n'y fait pas attention.

SCÈNE XIV.

LA SENTINELLE.

Qui vive ?

SAINT-LÉON, en dehors.

Patrouille rentrante.

LAQUILLE

C'est notre ronde qui revient avec le caporal; je vais en prévenir le commandant. (Il entre chez la capitaine.)

MADAME DE VERSAC.

Si je pouvais parler à ce caporal, et obtenir de lui la liberté et le secret. Mais comment répondre aux premières questions ? Feignons de dormir.

(Elle s'assied sur une chaise, et tourne le dos à ceux qui arrivent.)

(On relève la sentinelle du fond ; les autres déposent leurs fusils, ou se couchent sur le lit de camp.)

SCÈNE XIV.

LA SENTINELLE, SAINT-LÉON, DORVAL, MADAME DE VERSAC, PIGEON, ET AUTRES GARDES NATIONAUX, *qui dorment.*

TOUS.

Air des Vendanges du Vaudeville.

Nous voilà tous de retour,
Nous avons fini la ronde
Quand on fait dormir le monde,
On peut dormir à son tour.

DORVAL.

Notre zèle fait merveille,
Et l'on doit être content ;
Dans le quartier tout sommeille.

PIGEON.

Moi, je vais en faire autant.

TOUS.

Nous voilà, etc.

LA SENTINELLE, bas à Saint-Léon.

J'ai fait entrer un homme au corps-de-garde; je ne sais pas si c'est votre homme. Tenez, il est là qui dort.

SAINT-LÉON.

C'est bien. (Bas à Dorval.) Versac est arrêté. (Ils s'avancent tous deux, pas à pas, et aperçoivent madame de Versac qui dort.) Que vois-je? c'est sa femme!

DORVAL.

Quelle rencontre!

SAINT-LÉON.

Ma foi, je n'y conçois rien. Mais ce tour-ci vaut mieux que le nôtre. Dors, et laisse-moi parler. (Haut.). Voyons donc ce garde national que l'on a arrêté. (Feignant d'apercevoir madame de Versac.) En croirai-je mes yeux!

MADAME DE VERSAC.

Monsieur de Saint-Léon!

SAINT-LÉON, à voix basse, les premiers mots.

Quoi! c'est vous, madame, à la caserne, en uniforme? Auriez-vous, par hasard, reçu un billet de garde? Notre sergent-major en envoie à tout le monde; ou plutôt, ce qu'on disait des dames de Paris serait-il vrai?

Air : Tu vois en nous le régiment (*Journée au camp*).

Ces dames avaient le projet
De former plusieurs compagnies;
Pour les commander on devait

SCÈNE XIV.

Choisir, dit-on, les plus jolies.
Mais je vois que c'est une erreur;
Si la nouvelle était certaine,
Au lieu d'être simple chasseur,
Madame serait capitaine.

MADAME DE VERSAC.

Vous triomphez, monsieur, vous pouvez m'accabler.

SAINT-LÉON.

Moi! ah! vous me connaissez bien mal. (Avec intention.) Et quoique vous n'aimiez pas les fats...

MADAME DE VERSAC, confuse.

Ah! monsieur, combien je suis honteuse!

SAINT-LÉON.

Non, je sais que vous ne les aimez pas. On ne peut pas disputer des goûts; mais un fat peut quelquefois être utile. Que puis-je faire pour vous?

MADAME DE VERSAC.

Vous le savez, me faire sortir de ces lieux.

SAINT-LÉON.

Impossible pour le moment, à moins d'en parler au sergent, qui en parlerait au capitaine, qui en parlerait...

MADAME DE VERSAC, avec impatience.

A toute la légion.

SAINT-LÉON.

Non, pas tout-à-fait, mais qui en ferait son rapport, et vous sentez que demain cela irait à l'état-major. J'aime mieux, sans en rien dire, saisir la première occasion. D'ailleurs, déja nous quitter, cela n'est pas galant.

MADAME DE VERSAC.

Et comment justifier mon absence aux yeux de mon mari? que lui dire?

SAINT-LÉON.

Mais ce qu'il vous dit lui-même en pareil cas.

MADAME DE VERSAC.

Oh! les maris ne manquent jamais d'excuses; ils s'entendent avec le capitaine; ils disent qu'ils sont de garde, et tout finit par là : mais moi, quel prétexte prendre? Encore, s'il y avait bal de l'Opéra.

SAINT-LÉON.

C'est si commode les bals de l'Opéra!

DORVAL, à part.

C'est la garde nationale des dames.

MADAME DE VERSAC.

Et d'ici là, si quelqu'un de connaissance, si quelqu'un moins discret que vous?...

SAINT-LÉON.

Il n'y en a pas. Personne ici ne vous connaît, à moins cependant que le jeune Dorval... N'avez-vous pas idée?...

MADAME DE VERSAC.

Oui, oui, je l'ai vu une ou deux fois en société; et peut-être aura-t-il remarqué ma figure.

SAINT-LÉON.

Il serait difficile qu'il ne l'eût pas fait. Mais rassurez-vous, je vais parer le coup. (Lui frappant sur l'épaule.) Hein, Dorval, Dorval!

MADAME DE VERSAC.

Quoi! vous le réveillez?

SCÈNE XIV.

SAINT-LÉON.

Ne connais-tu pas madame de Versac?

DORVAL, feignant de s'éveiller.

Oui, parbleu! la plus jolie femme du monde; un peu maligne, un peu prude, un peu...

SAINT-LÉON.

Je te présente M. Dorlis, son frère, un de mes camarades.

DORVAL.

Monsieur, enchanté de faire votre connaissance; comme vous voyez, je suis l'ami de la famille, et je tiens beaucoup à devenir le vôtre.

MADAME DE VERSAC.

Monsieur...

DORVAL, à madame de Versac.

C'est qu'en effet vous ressemblez beaucoup à votre sœur; charmante petite femme, qui ne peut pas me souffrir : c'est le seul défaut qu'on lui reproche dans le monde. Pardi, vous devriez bien nous raccommoder avec elle.

SAINT-LÉON.

Je n'osais vous en prier, mais c'est là le plus ardent de mes vœux.

Air du vaudeville de la Robe et les bottes.

Dites-lui bien qu'à l'amitié fidèle,
Parfois malin, mais toujours généreux.

DORVAL.

De faux rapports nous ont noircis près d'elle,
Des étourdis ne sont pas dangereux.

SAINT-LÉON.
Daignez, pour nous, employer vos prières.
De vos bontés c'est peut-être abuser;
(Avec intention, et lui prenant la main.)
Mais on sait qu'entre militaires
On ne peut rien se refuser.

TOUS TROIS.
Oui, l'on sait qu'entre militaires
On ne peut rien se refuser.

SAINT-LÉON, à madame de Versac.

Silence! voici le capitaine.

SCÈNE XV.

Les précédens; LE CAPITAINE.

LE CAPITAINE.

Eh bien! messieurs, vous voilà de retour. Qu'avez-vous vu pendant la patrouille?

SAINT-LÉON.

Oh! rien de nouveau, capitaine.

PIGEON.

Excepté la pluie.

LE CAPITAINE.

Encore faut-il que je sache...

SAINT-LÉON.

Oh! très-volontiers.

Walse du Hâvre.

Je pars,
Déja de toutes parts
La nuit sur nos remparts
Jette une ombre
Plus sombre.

SCÈNE XV.

Chez vous
Dormez, époux jaloux,
Dormez, tuteurs, pour vous
　　La patrouille
　　Se mouille.
　Au bal
Court un original,
Qui, d'un faux pas fatal
Redoutant l'infortune,
Marche d'un air contraint,
S'éclabousse et se plaint.
D'un réverbère éteint
Qui comptait sur la lune.
　Un luron,
Que l'instinct gouverne,
A défaut de sa raison,
Va frappant à chaque taverne,
La prenant pour sa maison.
　　J'examine,
　　Cette mine
　　Qu'enlumine
　　Un rouge bord;
　　Quand au poste
　　Qui l'accoste,
　　Il riposte :
　　Verse encor.
　Je vois
Revenir un grivois
Qui, charmé de sa voix,
Sort gaîment du parterre;
Il chante, et plus content qu'un dieu,
Il écorche avec feu
Un air de Boyeldieu.
　Plus loin,
Près du discret cousin,
En modeste sapin,
Rentre la financière;
Quand sa couturière

3.

Sort de Tivoli
Dans le galant wiski
Que prêta son mari.
A mes yeux s'ouvre une fenêtre
Que lorgnait un amateur,
Mais je crois le reconnaître,
Et ce n'est pas un voleur.
Je m'efface
Pour qu'on fasse
Volte-face
A l'instant;
(A voix basse.)
Car la belle,
Peu cruelle,
Était celle
Du sergent.
Jugeant
En chef intelligent
Que rien n'était urgent
Quand la ville
Est tranquille ;
Je rentre, et voici, général,
Le récit littéral
Qu'en fait le caporal.

LE CAPITAINE.

Bien! fort bien!

PIGEON.

Et ce qui m'en plaît, à moi, c'est que, grace à ma patrouille, mon heure de faction est passée, et que je ne la ferai pas.

DORVAL.

Laissez donc, votre tour va revenir.

PIGEON.

Comment, mon tour va venir! il y en a donc qui manquent? On devrait avoir l'œil à cela. Je ne monterai pas ma faction qu'on n'ait fait l'appel.

SCÈNE XV.

LE CAPITAINE.

C'est juste; aussi bien je ne l'ai pas encore fait.

MADAME DE VERSAC, bas à Saint-Léon.

Il va tout découvrir!

LE CAPITAINE.

Vous devez être dix, y compris le caporal.

PIGEON.

Voyez-vous, et je parie que nous ne sommes pas sept.

LE CAPITAINE.

Tambour, réveillez tout le monde.

L'ÉVEILLÉ, fait un roulement.

Allons, messieurs, à l'appel, à l'appel.

PLUSIEURS GARDES NATIONAUX, sortant de la chambre du Capitaine, ou venant du fond.

Présent, présent!

TOUS.

Présent, présent.

LE CAPITAINE.

Rangez-vous; je vais commencer par vous compter.

PIGEON.

On va bien voir.

(Ils se rangent tous sur la même ligne; Pigeon est à la tête, madame de Versac est à l'extrémité; après elle Saint-Léon, Dorval, etc. Laquille et l'Éveillé regardent.)

LE CAPITAINE, comptant.

AIR : Un bandeau couvre les yeux.

Un, deux, trois, quatre, cinq, six,
Et sept, et huit, et neuf, et dix :
Ma surprise est extrême,
Sur ma liste j'ai bien compté,
Notre nombre à dix est porté :
D'où vient donc le onzième?

TOUS.

Un onzième!

LE CAPITAINE, qui a examiné madame de Versac.

Eh mais!... cela serait trop singulier!

LAQUILLE.

Eh bien! vous voyez, monsieur Pigeon, il y en a un de trop au contraire. Qu'est-ce que vous disiez donc?

PIGEON.

Je dis... je dis que s'il y en a un de trop, je m'en vais. C'est qu'aussi... qui diable avait vu monsieur? (Montrant madame de Versac.) Je ne l'ai pas encore aperçu.

SAINT-LÉON, faisant signe à l'Éveillé de dire comme lui.

Bah! il y a cinq ou six heures que j'ai causé avec lui.

DORVAL.

Moi de même.

L'ÉVEILLÉ.

Moi de même.

LAQUILLE.

Pardi! je lui ai donné une leçon d'exercice.

LE CAPITAINE, même jeu.

Vous lui avez donné une leçon?

LAQUILLE.

Et bonne encore.

SAINT-LÉON.

C'est monsieur Dorlis.

DORVAL.

Notre ami intime.

LE CAPITAINE, avec surprise.

Dorlis!

SCÈNE XV.

PIGEON.

D'ailleurs, s'il est de garde aujourd'hui, son nom doit être sur la feuille ; on peut bien voir.

MADAME DE VERSAC, à Saint-Léon.

Je suis perdue !

LE CAPITAINE.

Ce n'est pas la peine. Vous dites Dorlis?... Oui je me le rappelle... c'était le troisième sur la liste ; je l'ai vu.

SAINT-LÉON.

Ah! vous l'avez vu ?

LE CAPITAINE.

Oui, j'en suis sûr à présent.

DORVAL, à part, à Saint-Léon.

Il est bon enfant, le capitaine.

LE CAPITAINE.

Oh, oh! voilà le jour qui paraît. (A Saint-Léon.) Caporal, je voulais vous prévenir. Il y aura une corvée à faire ce matin : c'est un mauvais sujet, à ce que je soupçonne au moins, qu'il faut reconduire chez lui ; vous l'escorterez, vous et un homme de bonne volonté.

PIGEON.

Ce n'est pas moi, d'abord. (Il se met sur la chaise et se rendort.)

LE CAPITAINE, montrant madame de Versac.

Mais peut-être pourriez-vous demander à monsieur Dorlis.

SAINT-LÉON, bas à madame de Versac.

Acceptez vite.

MADAME DE VERSAC.

Oui, volontiers, capitaine.

LE CAPITAINE, à part.

Ma foi, je ne m'attendais pas à une semblable aventure.

SAINT-LÉON, bas.

Nous sortons ensemble. Je vous reconduis chez vous ; cela vous convient-il ?

MADAME DE VERSAC.

A merveille ; et je ne sais comment reconnaître...

LE CAPITAINE, à Saint-Léon et à madame de Versac.

Ah ça, je vous prie d'avoir quelques égards pour ce jeune homme ; il se peut qu'il m'ait dit la vérité. Imaginez-vous qu'il est amoureux fou de sa femme.

TOUS se rassemblent près du capitaine.

Ah! ah!

LE CAPITAINE.

Et qu'il est venu me prier de l'arrêter... ah!... ah!... afin d'avoir un prétexte pour ne rentrer que ce matin... ah!... ah!... sans être grondé.

TOUS.

Ah! ah!

DORVAL.

Le moyen est délicieux !

SCÈNE XVI.

Les précédens; L'ÉVEILLÉ, *sortant de la chambre du capitaine.*

L'ÉVEILLÉ.

Grande nouvelle! ce monsieur... vous savez bien... ce malin qui est là dedans, veut, avant son départ, payer du punch à tout le corps-de-garde, et je vais en chercher. (Il sort.)

TOUS.

Comment, du punch! du punch!

PIGEON, s'éveillant.

(Se levant.) Présent! présent! Qu'est-ce que c'est?

DORVAL.

Bravo! il faut boire à la santé de cet original, et en même temps griser le nouveau camarade.

PIGEON.

C'est ça, il faut le rendre mauvais sujet.

DORVAL.

Air du vaudeville de Haine aux femmes.

Cet air et modeste et discret
Ne convient pas à la jeunesse;
Dites bonsoir à la sagesse,
Et devenez mauvais sujet.

SAINT-LÉON, à madame de Versac.
Que ce discours vous persuade,
Allons, prenez ce parti-là;
Vous n'y perdrez rien, camarade,
Et tout le monde y gagnera.

TOUS.
Oui, tout le monde y gagnera.

SCÈNE XVII.

Les précédens; ERNEST, *sortant de la chambre du capitaine, un peu endormi.*

ERNEST.

Eh bien! capitaine, vous me laissez là? (A madame de Versac et à Saint-Léon.) Ah! ce sont ces messieurs qui ont la bonté de me reconduire. (Prenant la main de madame de Versac.) Touchez là, camarade.

MADAME DE VERSAC, le regardant.

Ciel! mon mari!

ERNEST.

Ma femme!

PIGEON.

Tiens, le camarade est sa femme.

Air : On m'avait vanté la guinguette.

Quelle aventure surprenante,
Comment croire que deux époux,
Dans leur ardeur toujours constante,
Se donnent ici rendez-vous.

MADAME DE VERSAC, lui donnant une lettre.

Eh quoi! me tromper de la sorte!

VERSAC, prenant la lettre.

Eh quoi! c'est vous sous cet habit!

MADAME DE VERSAC.

Je devais vous servir d'escorte.

ERNEST.

J'étais vraiment fort bien conduit.

TOUS.

Quelle aventure, etc., etc.

(Pendant la reprise du chœur, Saint-Léon et Dorval ont eu l'air d'expliquer à Versac que ce sont eux qui ont écrit la lettre.)

SCÈNE XVII.

MADAME DE VERSAC, à son mari.

Si vous étiez chez vous, monsieur, quand il vous arrive des rendez-vous, je ne serais pas obligée d'y aller à votre place.

ERNEST.

Comment, un rendez-vous?

SAINT-LÉON, à madame de Versac.

Rassurez-vous, ce rendez-vous, adressé à votre mari, était de ma façon.

ERNEST.

Comment, ma bonne amie, vous osiez soupçonner?

MADAME DE VERSAC.

J'avais tort en effet; toute une nuit dehors!

SAINT-LÉON.

Qu'avez-vous à dire, vous l'avez passée ensemble? c'est comme si vous n'étiez pas sorti de chez vous.

MADAME DE VERSAC.

Et qu'en dira-t-on, s'il vous plaît?

SAINT-LÉON.

Air du Pot de fleurs.

On dira qu'en soldat fidèle,
Notre ami veillait avec nous,
Et que sa femme, aimable autant que belle,
Vint pour consoler son époux.

LE CAPITAINE.

L'aventure n'est pas moderne,
Et dans l'Olympe, nous dit-on,
Quand Mars était de faction,
Vénus venait à la caserne.

SCÈNE XVIII.

Les mêmes; L'ÉVEILLÉ, *avec un bol de punch allumé.*

L'ÉVEILLÉ.

Air : Honneur à ce grand sorcier (*Bachelier de Salamanque*).

Qu'on se mette
Tous en train,
Gai, gai, voici la recette,
Pour se mettre tous en train
Et pour bannir le chagrin.

TOUS.

Qu'on se mette
Tous en train, etc.

DORVAL, à Ernest.

A toi, je bois le premier verre,
Nous devons te remercier.

ERNEST.

A toi, c'est ça.

C'est toujours, en pareille affaire,
L'époux qui finit par payer.

CHOEUR.

Qu'on se mette
Tous en train,
Gai, gai, voici la recette
Pour se mettre tous en train
Et pour noyer le chagrin.

SAINT-LÉON, à madame de Versac.

En quittant l'habit militaire,
Daignerez-vous vous souvenir
Des promesses de votre frère?

MADAME DE VERSAC.

C'est à ma sœur à les tenir.

SCÈNE XVIII.

ERNEST.

Bien, ma femme.

CHŒUR.

Qu'on se mette
Tous en train, etc.

ERNEST, au capitaine.

Air : Bouton de rose.

Mon capitaine,
De vous je m'éloigne à regret,
Un autre sous ses lois m'enchaîne;
(Montrant sa femme.)
J'y reste, et voilà désormais
Mon capitaine.

CHŒUR.

Qu'on se mette
Tous en train,
Gai, gai, voici la recette,
Pour se mettre tous en train
Et pour noyer le chagrin.

(On entend le tambour.)

LE CAPITAINE.

Déja la garde montante! on vient relever le poste. Allons, messieurs, sous les armes.

LAQUILLE, à l'Éveillé, qui est occupé à boire.

Eh bien, joufflu, n'entends-tu pas l'appel? Allons donc, à ton instrument, le chef d'orchestre.

(L'Éveillé, prenant son tambour.)

RONDE.

LAQUILLE.

Air : P'tit bonhomme prend sa hache.

Entends-tu l'appel qui sonne?

L'ÉVEILLÉ, accompagnant avec son tambour.

R'lan tan plan, lironfa, lironfa.

LAQUILLE.
Au signal que l'honneur donne
Toujours le Français répondra.

TOUS.
Entends-tu, etc.

LAQUILLE.
Par fois un buveur sommeille,
Près d'un flacon qu'il vida;
Mais quand d'une autre bouteille
Le doux glou glou lui dira:

Entends-tu l'appel qui sonne?

L'ÉVEILLÉ.
R'lan tan plan, lironfa, lironfa.

LAQUILLE.
Au signal que Bacchus donne,
Toujours le Français répondra:

TOUS.
Entends-tu, etc.

SAINT-LÉON.
Goûtant, après tant d'alarmes,
Le repos qu'il désira,
Le Français pose les armes,
Mais quand l'honneur lui dira:

Entends-tu l'appel qui sonne?

L'ÉVEILLÉ.
R'lan tan plan, lironfa, lironfa.

SAINT-LÉON.
Au signal que l'honneur donne,
Toujours le Français répondra. (*bis*)

L'ÉVEILLÉ.
Hier près de nymphe mignonne,
J' m'embarquais dans l' sentiment;
J' triomphais quand la friponne,
Me repousse en me disant:

SCÈNE XVIII.

Entends-tu l'appel qui sonne ?
R'lan tan plan, lironfa, lironfa;
Lorsque le devoir l'ordonne,
Faut toujours qu'un tambour soit là. (*bis*)

TOUS.

Entends-tu, etc.

(Pendant ce couplet ils se sont mis sous les armes, et sur deux rangs.)

LE CAPITAINE.

Portez armes!

MADAME DE VERSAC, au public.

A l'appel toujours docile,
Aucun de vous n'y manqua ;
Et lorsque du Vaudeville
Le tambourin vous dira :

Entends-tu l'appel qui sonne ?

L'ÉVEILLÉ.

R'lan tan plan, rangeons-nous sous ses lois.

MADAME DE VERSAC.

Au signal que l'on vous donne,
Daignez répondre quelquefois. (*bis*)

TOUS.

Entends-tu l'appel qui sonne ?

LE CAPITAINE.

Présentez armes!

(Ils présentent les armes au public. — Roulement. — La toile tombe.)

FIN D'UNE NUIT DE LA GARDE NATIONALE.

LE
COMTE ORY,

ANECDOTE DU XIᵉ SIÈCLE,

VAUDEVILLE EN UN ACTE,

Représenté, pour la première fois, sur le théâtre du Vaudeville, le 16 décembre 1816.

SOCIÉTÉ AVEC M. POIRSON.

LE COMTE,

VRAI DIEU MADAME
PEUT-ON VOUS AIMER ASSEZ?

Comte Ory, Scene XIX

PRÉFACE.

Le comte Ory était fameux dans le moyen âge. On voit encore en Touraine et sur les bords de la Loire les ruines de ce couvent de Formoustier qui fut, dit-on, le théâtre de ses galantes entreprises. Du reste on ne connaît point l'époque précise où vécut le comte Ory; son historien n'a parlé que de ses exploits consignés dans cette ancienne légende que nous mettons sous les yeux de nos lecteurs, et qui a fourni le sujet de la pièce que l'on va lire.

LE COMTE ORY.

BALLADE.

Le comte Ory, châtelain redouté,
Après la chasse n'aime rien que la beauté
Et la bombance, les combats, et la gaîté.

Le comte Ory, disait, pour s'égayer,
Qu'il voulait prendre le couvent de Formoustiers
Pour plaire aux nonnes et pour se désennuyer.

— Holà, mon page! venez me conseiller:
« Que faut-il faire pour dans ce couvent entrer?
« L'amour me berce, et je n'en puis sommeiller.

— Sire, il faut prendre quatorze chevaliers,
Et puis en nonnes il vous les faut habiller,
Puis à nuit close au couvent il faut aller.

Holà! qui frappe? qui mène si grand bruit?
— Ce sont des nonnes, qui ne marchent que de nuit.
Tant sont en crainte de ce maudit comte Ory.

Survient l'abbesse, les yeux tout endormis:
Soyez, mesdames, bien venues en ce logis;
Mais comment faire pour trouver quatorze lits?

Chaque nonnette d'un cœur vraiment chrétien,
Aux étrangères offre la moitié du sien;
Soit: dit l'abbesse, sœur Colette aura le mien.

Or, sœur Colette, c'était le comte Ory,
Qui, pour l'abbesse d'amour ayant appétit,
Dans sa peau grille de trouver la pie au nid.

Fraîche et dodue, œil noir et blanches dents,
Gentil corsage, peau d'hermine et pied d'enfant,
La gente abbesse ne comptait pas vingt printemps.

Tous deux ensemble dans le lit bien pressés,
— Ciel! dit l'abbesse... Ah! comme vous m'embrassez!
— Vrai Dieu, madame, peut-on vous aimer assez?

— Holà, mes nonnes, venez me secourir,
Croix et bannière, eau bénite allez quérir,
Car je suis prise par ce maudit comte Ory.

— Cessez, madame, cessez donc de crier,
Laissez en place eau bénite et bénitier,
Toutes vos nonnes ont chacun un chevalier.

Neuf mois ensuite, vers le mois de janvier,
L'histoire ajoute comme un fait très singulier,
Que chaque nonne eut un petit chevalier.

PERSONNAGES.

ALOÏSE, comtesse de Formoustiers, jeune veuve.
URSULE, demoiselle d'honneur d'Aloïse.
RAGONDE, dame d'atours d'Aloïse.
LE COMTE ORY, seigneur châtelain.
ISOLIER, page du comte.
Dames de la suite d'Aloïse.
Chevaliers de la suite du Comte.

La scène se passe dans le château de Formoustiers.

Le théâtre représente un salon gothique avec trois portes de fond et deux latérales. Sur le premier plan à droite, une cheminée sur laquelle brûle une lampe; sur le premier à gauche, un balcon saillant donnant sur la campagne.

LE COMTE ORY,

ANECDOTE DU XIe SIÈCLE.

SCÈNE PREMIÈRE.

LA COMTESSE, URSULE, DAME RAGONDE,
DAMES D'HONNEUR DE LA COMTESSE.

(Au lever du rideau toutes les dames, différemment groupées et travaillant à divers ouvrages d'aiguille, écoutent dame Ragonde qui achève une histoire.)

RAGONDE.

AIR de M. Guénée (*de l'Académie royale de musique*).

« Quoi ! répond-elle à l'ermite,
« Dans votre pieux séjour,
« Par vos soins on guérit vite
« Du mal que l'on nomme amour ? »
— Ma fille, venez, courage ! »
Alors, le cœur plein d'émoi,
Lise entre dans l'ermitage ;
Mais jugez de son effroi :
  Ce saint anachorète,
  Ce dévot, ce prophète,
C'était lui, c'est encor lui, ⎫
  C'est le comte Ory.   ⎬ *bis.*
                   ⎭

TOUTES LES DAMES.

Eh quoi ! mesdames, c'était lui,
C'était ce méchant comte Ory ?

RAGONDE.

Oui, c'est lui, c'est encor lui,
C'est le comte Ory.

DEUXIÈME COUPLET.

Fier d'une brillante écharpe,
Si voyez beau damoisel ;
Si voyez avec sa harpe
Accourir gai ménestrel ;
Si voyez berger fidèle,
Ou bien chevalier galant,
Qui dit que vous êtes belle
Et jure d'être constant :
Fuyez, fuyez, pauvrettes,
N'écoutez ces fleurettes :
Car c'est lui, c'est encor lui, } *bis.*
C'est le comte Ory.

TOUTES LES DAMES.

Le ciel nous préserve de lui.
Fuyons ce méchant comte Ory.

RAGONDE.

Oui, c'est lui, c'est encor lui,
C'est le comte Ory.

URSULE.

Ah, mon dieu! le vilain homme que ce comte Ory! Pourtant on dit qu'il est charmant.

RAGONDE.

Voyez le grand mérite! Il est charmant, sans doute il est charmant; c'est le seigneur le plus élégant, toujours brillant, toujours paré : il n'a que cela à faire.

URSULE, à la comtesse.

Mais, madame, comment n'a-t-il pas suivi son père et tous les autres seigneurs de la province, qui combattent maintenant les Sarrasins?

SCÈNE I.

LA COMTESSE.

On dit que lors de leur départ, retenu par une fièvre ardente, qui faisait craindre pour ses jours...

RAGONDE.

Bah! est-ce que ces mauvais sujets-là meurent jamais? Voyez-les à nos genoux; à les en croire, ils expirent toujours, et ils ne s'en portent que mieux : c'est comme nous quand nous nous trouvons mal.

URSULE.

Je ne suis point curieuse, mais je voudrais bien le voir une fois dans ma vie, ce comte Ory.

CLAIRE.

Et moi aussi.

RAGONDE.

Miséricorde! et votre serment? N'avons-nous pas juré à nos maris de vivre toutes renfermées dans le château de Formoustiers, jusqu'à l'époque de leur retour?

URSULE.

Moi, l'oublier! eh, mon dieu! je me le répète tous les jours!

Air du vaudeville de Voltaire chez Ninon.

Ils partirent, quelles douleurs!
Nous restâmes dans ces tourelles.

CLAIRE.

Ils promirent d'être vainqueurs;
Nous jurâmes d'être fidèles.

LA COMTESSE.

Leur valeur et notre vertu
Seront dignes l'une de l'autre....

RAGONDE, soupirant.

Oui; mais leur serment n'a pas dû
Leur coûter autant que le nôtre.

CLAIRE.

Depuis trois ans, n'avoir pas seulement vu l'ombre d'un homme!

RAGONDE.

Il est vrai qu'aucun ne pénètre ici; et l'on se croirait dans un monastère, sans les caquets de ces dames, la médisance et les romans.

TOUTES.

Comment donc, dame Ragonde?

LA COMTESSE, se levant.

Eh bien! mesdames, je crains qu'en devisant ainsi, vous n'ayez oublié l'heure du souper. La nuit est close depuis long-temps.

RAGONDE.

Madame la comtesse a raison. Allons, mesdames, descendons au réfectoire.

TOUTES EN CHOEUR.

Air : Aussitôt que la lumière.

Toi qui vois notre souffrance,
Juste ciel que je bénis,
Donne-nous la patience
D'attendre encor nos maris!
Viens, soutiens notre constance;
D'elle dépend la vertu.
Dès qu'on perd la patience
Le reste est bientôt perdu.

(Elles sortent.)

SCÈNE II.

LA COMTESSE, URSULE.

LA COMTESSE.

Eh bien! Ursule, vous ne les suivez pas?

URSULE.

Oh! non, madame; je n'ai point d'appétit depuis qu'on m'a dit que la guerre était finie, et que nos maris pouvaient arriver d'un jour à l'autre.

LA COMTESSE.

Eh! qui vous a dit cela?

URSULE, baissant les yeux.

Oh! je le sais de bonne part... c'est-à-dire, je présume.

LA COMTESSE.

Voilà pourtant trois mois que je n'ai reçu des nouvelles du comte de Formoustiers, mon frère.

URSULE.

Ni moi de Gombaud, mon fiancé; mais tant mieux. Je parierais qu'ils veulent nous surprendre. Pauvre Gombaud!

Air du vaudeville du petit Courrier.

Quittant l'objet de ses amours,
Que son adieu fut doux et tendre!
Hélas! je crois encore entendre
Les premiers mots de son discours!
Le clairon sonna : quel martyre!
Il se tut, et je crois pourtant
Que ce qui lui restait à dire
Était le plus intéressant!

LA COMTESSE.

Plains-toi donc, l'espoir au moins te reste; mais moi! veuve à mon âge!... et de quel époux!...

Air : Rions, chantons, aimons, buvons.

Sur ton sort je t'entends gémir.
Entre nous quelle différence!
Le veuvage est le souvenir...
L'amour est plus; c'est l'espérance.

URSULE.

L'état de veuve a son plaisir,
Si j'en crois votre expérience,
Lorsqu'on garde le souvenir
Et qu'on ne perd pas l'espérance.

LA COMTESSE.

Que veux-tu dire, l'espérance?

URSULE.

Oui, madame, votre petit cousin Isolier, le page de ce terrible comte Ory.

LA COMTESSE.

Bon! Isolier, un enfant! D'ailleurs c'était le parent, le pupille de mon mari, qui l'aimait beaucoup! Et si j'ai consenti à le revoir, c'était par égard pour la mémoire du défunt! Tu sais, du reste, combien il me respecte.

URSULE.

Comment donc, madame, il me disait encore hier : « Ma chère Ursule, tu ne sais pas... vous ne savez pas ; « car il me respecte aussi beaucoup, madame, combien « j'idolâtre ma belle cousine! »

LA COMTESSE, vivement.

Il a dit cela? (Se reprenant.) Eh bien! il n'aurait jamais osé m'en dire autant.

URSULE.

Écoutez donc, madame, il est en bien mauvaise école auprès de ce comte Ory; et il faut qu'il possède un bien bon naturel, pour n'être pas plus mauvais sujet qu'il n'est.

LA COMTESSE.

Oh! voilà qui est décidé; ces dames d'ailleurs se croiraient autorisées par mon exemple, et je ne le recevrai plus : je le lui ai même déja signifié, et s'il osait jamais...

(On entend frapper en dehors.)

URSULE.

Madame! on frappe à la petite porte de la tourelle; si c'était lui!... (Ouvrant la croisée du balcon.) Ah! quel temps affreux!

ISOLIER, en dehors.

Ursule, est-ce toi?

URSULE.

Oui, c'est moi. (A la comtesse.) Madame, que faut-il faire? Il a déja attaché son cheval sous un arbre.

LA COMTESSE.

Dis-lui que je ne puis...

URSULE.

Ah! madame, il a l'air d'avoir bien froid.

LA COMTESSE, vivement.

Il a bien froid. Mais aussi quelle audace! malgré ma défense! Faites-le monter, Ursule; je vais lui parler. Tiens, descends par le petit escalier. Voici la clef.

URSULE.

J'y vais, madame.

SCÈNE III.

LA COMTESSE, *seule*.

Ursule a raison, la pluie tombe par torrens; et en conscience, on ne peut pas le laisser dehors, ce pauvre enfant!

Air du vaudeville de Turenne.

Il me souvient qu'inflexible et sévère,
En m'enfermant dans ce séjour,
Je fis le serment téméraire
De n'y laisser jamais entrer l'amour.
Oui, je jurai, redoutant ses outrages,
De lui fermer mon cœur et mon castel;
Mais en faisant ce serment solennel,
Je ne songeais point aux orages.

Mon dieu! qu'Ursule est lente! (*Regardant par la fenêtre.*) Ah! elle lui ouvre. Eh! mais je crois qu'il l'embrasse. Ne vous gênez pas, monsieur; je me repens maintenant de lui avoir ouvert : oh! oui, je m'en repens. Le voici; il n'est plus temps.

SCÈNE IV.

LA COMTESSE, URSULE, ISOLIER.

ISOLIER, mettant un genou en terre.

Bonjour, ma belle, ma bonne, ma divine cousine!

LA COMTESSE.

Votre cousine est très en colère contre vous, monsieur; j'ai à vous gronder. Mon dieu! comme il a

SCÈNE IV.

froid! Chauffez-vous, monsieur, chauffez-vous. Je vous trouve bien hardi! comment, malgré ma défense?... Dis donc, Ursule, il a peut-être faim? N'est-ce pas, monsieur, que vous avez faim? Eh! vite, Ursule, ces conserves qui sont sur mon oratoire.

(Ursule sort.)

ISOLIER.

Ma bonne cousine!

LA COMTESSE.

Oui, monsieur, je vous enverrai Ursule pour vous ouvrir désormais. La pauvre petite!

ISOLIER.

Comment! vous avez vu?

LA COMTESSE.

Oui, j'ai vu qu'avec votre apparente timidité, vous étiez le digne élève de votre maître.

URSULE, rentrant.

Tenez, beau chevalier!

(Isolier se met à table; la comtesse est à côté de lui, le sert et le regarde manger. — Ursule debout lui verse à boire.)

LA COMTESSE.

Aussi, a-t-on jamais vu courir les grands chemins à cette heure-ci?

ISOLIER, la bouche pleine.

C'est un message important dont j'étais chargé.

LA COMTESSE.

Encore quelque nouveau tour de ce méchant comte?

ISOLIER.

Oh! non, c'est au contraire une lettre pour lui, et qui pourra bien... (A part.) Diable! taisons-nous. (Haut.

C'était le plus long de passer par ici, (regardant la comtesse) mais c'était le plus beau!

URSULE.

Oui, le plus beau, de la pluie à verse.

ISOLIER.

Bah! en venant on ne la sent pas; c'est quand je m'en irai!...

LA COMTESSE, le contrefaisant.

Quand je m'en irai... Avec cet air câlin, qui ne le prendrait pour l'ingénuité même? Eh bien! c'est là le digne conseiller et souvent le compagnon des tours félons que le perfide comte joue aux femmes.

ISOLIER.

Vous le savez, c'est mon père qui m'a placé, en partant, auprès du jeune comte; et si ce n'était ses déloyautés en amour, il ne pouvait me choisir plus noble seigneur.

AIR de la romance du comte Ory.

Le comte Ory, châtelain redouté,
Après la gloire n'aime rien que la beauté,
Et la bombance, les combats et la gaité.

D'ailleurs,

AIR : Ah! daignez m'épargnez le reste.

Brave, généreux et galant,
Preux chevalier et noble prince,
On craint ses exploits... et pourtant
On le chérit dans la province.
Il voudrait, il le dit tout haut,
Voir chacun heureux à la ronde;
Et même, hélas! son seul défaut
Est de vouloir se mêler trop
Du bonheur de tout le monde.

SCÈNE IV.

(En confidence.) Mais vous ne savez pas, aujourd'hui je le crois amoureux.

LA COMTESSE.

Amoureux? Est-ce qu'il est jamais autrement?

ISOLIER.

Oh! cette fois, c'est sérieusement. Imaginez-vous que ce matin il me fait appeler.

Air du Pot de fleurs.

« Holà, dit-il, holà mon page,
« Ici venez me conseiller;
« A mon cœur rendez le courage.
« Amour me berce et ne puis sommeiller.
—« Hélas! seigneur, vos tourmens sont les nôtres;
« Et l'amour, sensible à nos maux,
« Vous prive à la fin du repos
« Dont vous avez privé les autres. »

J'ignore le nom de sa belle; car, pour la première fois, il a été discret : mais il paraît qu'elle est surveillée par un jaloux ou renfermée dans quelque moutier, car ce pauvre comte ne savait comment pénétrer près d'elle, et c'est sur cela qu'il me consultait.

LA COMTESSE.

Comment, monsieur?...

ISOLIER.

Oh! je lui ai donné une idée; je suis sûr qu'elle vous divertira. Sire, lui ai-je dit, il faut prendre...

LA COMTESSE.

C'est bon, c'est bon; je vous dispense des détails : encore quelque perfidie...

URSULE, à part.

Ah! quel dommage!

LA COMTESSE.

Écoutez-donc! j'entends du bruit dans les corridors.

URSULE.

Ce sont ces dames qui rentrent après le souper.

LA COMTESSE.

Comment! il est déja si tard? Allons, allons, monsieur, vite, il faut vous retirer.

ISOLIER.

Comment, ma belle cousine?...

LA COMTESSE.

Vous devriez être déja bien loin. Tenez, prenez ces fruits, prenez encore ces gâteaux. Bonsoir, encore une fois, bonsoir. Ursule, ouvre-lui la porte, et viens me rejoindre aussitôt.

(Elle sort par une des portes latérales.)

SCÈNE V.

ISOLIER, URSULE.

URSULE.

Vous vous en allez donc, monsieur Isolier?

ISOLIER.

Il le faut bien.

URSULE, à voix basse.

Bah! puisque vous voilà, quelques minutes de plus ou de moins... Si vous m'acheviez cette histoire du comte Ory, que tout à l'heure vous aviez commencée, que je la sache seulement.

SCÈNE VI.

ISOLIER.

Oui, pour aller la redire.

URSULE.

Non, je l'oublierai tout de suite.

ISOLIER.

Imagine-toi que je lui conseillai, pour entrer dans ce moutier, de prendre parmi ses chevaliers...

(On entend frapper à coups précipités.)

Qui peut, à pareille heure, venir vous rendre visite?

(Le bruit redouble.)

URSULE.

C'est à la grande porte du château; je cours voir ce que c'est. Mon dieu! que je suis malheureuse! je ne saurai encore rien. Tenez, monsieur, descendez vite par cet escalier; surtout tirez la porte sur vous, et qu'on ne vous revoie plus. Demain vous m'achèverez l'histoire, n'est-ce pas? Allons, partez, et ne revenez jamais.

(Elle sort par la porte du fond. On continue de frapper.)

SCÈNE VI.

ISOLIER, *seul*.

Voilà qui est singulier! Ceci se rapporterait-il aux dépêches dont je suis chargé? Oh! non; il est impossible qu'avant minuit... (Il regarde à la fenêtre à droite.) Que de lumières dans la cour! Toutes ces dames se serrent l'une contre l'autre; elles n'osent ouvrir. Si je descendais... non, craignons de compromettre ma belle cousine! Mais si c'était quelque aventure? si ma cousine était menacée? si on attaquait le château? oh! non, je ne suis pas assez heureux pour cela. J'entends monter; c'est Ursule.

SCÈNE VII.

ISOLIER, URSULE *entrant précipitamment.*

URSULE.
Comment! encore ici, monsieur?
ISOLIER.
Pouvais-je partir sans savoir la cause de tout ce bruit? tu vas m'expliquer....
URSULE.
Non, monsieur. Hâtez-vous de vous retirer, et laissez-moi entrer chez madame.
ISOLIER.
Bah! quand on y est, quelques minutes de plus ou de moins.
URSULE.
Eh bien! puisqu'il faut vous le dire, c'est encore un nouveau tour de votre maître : de malheureuses pèlerines qu'il poursuit, et qui nous demandent l'hospitalité.

AIR : *Adieu, je vous fuis, bois charmant.*

Je viens en bas de les trouver :
Si vous voyiez leur contenance!
Elles me priaient de sauver
Leur honneur et leur innocence.

De frayeur mon cœur hésitait;
Mais la pitié fut la plus forte :
On ne peut, par le temps qu'il fait,
Laisser l'innocence à la porte.

ISOLIER.

Et combien sont-elles?

URSULE.

Quatorze; je les ai comptées.

ISOLIER, étonné.

Quatorze! et tu les a fait entrer?

URSULE.

Sans doute; elles sont en bas, dans le parloir.

ISOLIER.

Ici, dans le château?

URSULE.

Oui; elles attendent ce que madame va décider de leur sort. Allons, vous voilà instruit, laissez-moi entrèr, et hâtez-vous de vous retirer. Surtout, fermez les deux portes sur vous.

(Elle sort par la porte à droite.)

SCÈNE VIII.

ISOLIER, seul.

Me retirer! il s'agit bien de cela maintenant. Ah, malheureux! qu'ai-je fait? Oui, tout me le dit, voilà l'effet de mes conseils. Ce déguisement, c'est moi qui en ai donné l'idée. Le comte et ses dévoués serviteurs sont maintenant dans cette enceinte; dans le castel de ma belle cousine. Je ne me doutais pas, il est vrai, que ce fût là cette beauté dont il était amoureux.

Grands dieux! que faire? Infortuné! et pourquoi me plaindre? je suis trop heureux, au contraire, de ne pas être parti; peut-être trouverai-je le moyen de déjouer les projets du comte, d'empêcher l'entrevue qu'il désire avec tant d'ardeur : car s'il la voit, qui sait? Ma cousine m'aime, mais elle est femme : le rang du comte, l'offre de sa main, peuvent l'éblouir!... Non, veillons sur ma belle cousine, sur mon seigneur, et montrons-nous le digne page du comte Ory! On vient. Prévenir ma cousine ne servirait à rien. Le comte n'est pas homme à s'éloigner si la ruse ne l'y force. Cachons-nous sur ce balcon, et tenons-nous prêt à tout événement.

(Il entre sur le balcon et referme la croisée.)

SCÈNE IX.

URSULE, *sortant de l'appartement de la comtesse;*
LA COMTESSE.

URSULE.

Oui, madame, on va leur offrir le meilleur repas possible.

SCÈNE X.

Les précédentes; dame RAGONDE.

URSULE.

Eh bien, dame Ragonde! que font nos pèlerines?

RAGONDE.

Ah, ma chère! elles avaient grand besoin du bon

SCÈNE XI.

feu que je leur ai fait allumer dans le parloir. Il fait un temps affreux.

LA COMTESSE, à part.

Pauvre Isolier!

RAGONDE.

Je crois que la frayeur les a rendues muettes, car elles ne disent pas un mot.

LA COMTESSE.

Quatorze femmes! Et leurs figures? car je n'ai pas eu le temps de les examiner.

RAGONDE.

Leurs figures? figures extrêmement respectables, regards pleins d'expression.

URSULE.

Allons, ne perdons pas de temps; je vais sur-le-champ leur faire servir à souper : après tant de fatigues, elles doivent en avoir bon besoin.

SCÈNE XI.

RAGONDE, *seule*.

Mais voyez pourtant quel malheur d'être femme, d'être belle, à quoi nous sommes exposées! Ah! perfide comte Ory!... si je te rencontrais... si nous nous voyions face à face, tu passerais un mauvais moment : comme je te traiterais!.. (Faisant un geste pour imposer respect.) Monsieur!...

AIR : Vers le temple de l'hymen.

Mainte beauté que je voi
Demande, au siècle où nous sommes,

Comment éloigner les hommes...
Hé! mon dieu! regardez-moi:
Pour n'être point méconnue,
Il me suffit à leur vue
D'une certaine tenue,
D'un certain je ne sais quoi.
Aussi je ne les crains guères:
Toujours les plus téméraires
Ont reculé devant moi.

SCÈNE XII.

RAGONDE, le comte ORY; *il porte une robe de pèlerine et s'appuie sur un bourdon.*

RAGONDE.

Ah! voici une de nos pèlerines; celle qui regarde avec tant d'expression.

LE COMTE.

Pardon, ma belle demoiselle, d'oser m'adresser à vous aussi librement.

RAGONDE, à part.

Ma belle demoiselle! Qu'elle est aimable.

LE COMTE.

N'êtes-vous point la maîtresse de ce château?

RAGONDE.

Vous êtes trop bonne : dame d'honneur, tout au plus. Mon nom est Ragonde.

LE COMTE.

Hé bien! vertueuse Ragonde, pourriez-vous me faire parler à votre maîtresse?

SCÈNE XIII.

RAGONDE.

Impossible, ma belle dame; la comtesse ne peut voir personne.

LE COMTE, à part.

Ah diable!... (Haut.) Dites-lui que ce sont des pèlerines qui reviennent de la Terre-Sainte.

RAGONDE.

De la Terre-Sainte! Sauriez-vous, par hasard, des nouvelles de nos maris?

LE COMTE.

De vos maris?... justement; ce sont de leurs nouvelles que j'apporte.

RAGONDE.

Ah! je cours sur-le-champ; je le dis à madame la comtesse, à tout le monde. De nos maris! quel bonheur! Madame, un peu de patience; la joie, l'émotion... Je reviens à l'instant.

SCÈNE XIII.

LE COMTE, seul.

Je vais donc la voir cette superbe dame! cette belle cousine dont Isolier m'a tant de fois parlé! Pauvre Isolier! il était loin de se douter que son conseil extravagant me conduirait en ces lieux. C'est que toutes ces petites femmes sont charmantes. J'étais venu ici avec les intentions les plus raisonnables, et je ne sais déjà quelles idées... J'ai laissé mes compagnons, ou plutôt mes compagnes, dans le parloir; et j'accours ici savoir quel destin me prépare l'Amour, prêt à profiter de toutes les chances qu'il me présentera pour toucher le cœur de cette fière comtesse, et pour l'obliger enfin à me pardonner la ruse qui m'a conduit à ses pieds. Encore cette folie; dans peu de jours le retour de mon père peut me forcer à la sagesse.

Air de la Cavatine de don Juan (*Mozart*).

Vive folie
Par qui ma vie
Fut embellie,
Entends mes vœux.
Si mon délire
Ici m'attire,
C'est pour te dire
Derniers adieux.
J'en fais promesse,
Belle comtesse,
Sage maîtresse
De ce séjour,
Quand ma tendresse
A toi s'adresse,
Vers la sagesse
C'est un retour.
Vive folie
Par qui ma vie, etc.

Mais quel bruit! Dieu me pardonne, ce sont ces dames qui parlent toutes ensemble.

SCÈNE XIV.

LE COMTE, LA COMTESSE, RAGONDE; toutes les dames, *excepté* URSULE.

Air : Courons aux Prés-Saint-Gervais.

CHOEUR.
Quoi! vous apportez ici,
Noble et gentille pèlerine;
Quoi! vous apportez ici
Des nouvelles de mon mari.
1re DAME.
Revient-il près de sa belle?
RAGONDE.
Est-il frais et bien portant?
2e DAME.
A-t-il battu l'infidèle?
CLAIRE, à voix basse.
Est-il constant?
TOUTES.
Vous que le ciel guide ici,
Parlez, gentille pèlerine,
Parlez, donnez-nous ici
Des nouvelles de mon mari.

LE COMTE, regardant la comtesse.
Isolier avait raison, elle est charmante.
LA COMTESSE.
Est-il vrai, madame, que la guerre soit terminée, et que les seigneurs de cette province se disposent à revenir en France?

LE COMTE.

La guerre est terminée, mesdames, mais non les exploits de vos maris; il leur reste encore trop à faire pour que vous puissiez compter sur leur prompt retour. Si cela continue, ils convertiront toute l'Asie.

RAGONDE.

Que voulez-vous dire?

LE COMTE.

Air : Les fillettes au village (*de M. Hyp. de la Marre*).

Vos maris, en Palestine,
Sont les soutiens de la foi.
Pour leur croyance divine
Les belles n'ont plus d'effroi.
Et sultane et pèlerine,
Ils soumettront tout, je croi.... (*bis*)
Vos maris, en Palestine,
Sont les soutiens de la foi.

Du grand Soudan de Syrie
Ils ont pris tout le serail...
Voulant par une œuvre pie
Le convertir en détail.
Ils y restent, j'imagine,
Par zèle pour notre loi... (*bis*)
Vos maris, en Palestine,
Sont les soutiens de la foi.

TOUTES.

Air du vaudeville de l'Écu de six francs.

Quoi! nos maris, est-il possible?
Voyez les traîtres, les ingrats.

1re DAME.

Le mien pour une autre est sensible.

RAGONDE.

Eh quoi! le mien ne revient pas?

SCÈNE XV.

CLAIRE, à une autre dame.

Toi qui depuis long-temps soupires...

RAGONDE.

Hélas! nos époux, je le voi,
Seront les soutiens de la foi,
Et nous en sommes les martyres.

LA COMTESSE.

Nous comptions sur leur retour pour nous soustraire aux poursuites de ce terrible comte Ory.

RAGONDE, au comte.

Terrible, c'est le mot, vous le savez par expérience.

LE COMTE.

Oui, je sais plus que personne de quoi il est capable. (A la comtesse.) Mais qu'avons-nous besoin de protecteurs, mesdames; notre sexe ne peut-il se défendre par lui-même?

Air : Restez, restez, troupe jolie. (*de Doche*).

Formons une étroite alliance;
Liguons-nous toutes contre lui,
Et pour punir son arrogance,
Abaissons ce fier ennemi.
Oui, de vous seule il peut dépendre
Que tous ses torts soient expiés,
Et si nous pouvions nous entendre,
Il serait bien vite à vos pieds.

SCÈNE XV.

Les précédens, URSULE, puis les autres dames.

LA COMTESSE, à Ursule.

Eh bien! mes ordres ont-ils été exécutés?

URSULE.

Oui, madame : quand toutes nos pèlerines ont été bien réchauffées, on les a fait passer dans le réfectoire; nous les examinions à travers les vitraux. Grands dieux! quel appétit! les pauvres femmes! elles dévorent!

LE COMTE, à part.

Les traîtres! ils vont me trahir.

URSULE.

Elles sont tellement reconnaissantes de notre accueil, qu'au moment où je suis entrée, elles voulaient toutes m'embrasser.

LE COMTE, à part.

Je l'aurais parié, morbleu!

LA COMTESSE.

Mais vous, madame, vous ne partagez point leur repas?

LE COMTE.

La crainte et l'émotion m'ont ôté l'appétit.

LA COMTESSE.

Votre situation me fait faire une réflexion qui m'embarrasse.

LE COMTE.

Laquelle?

LA COMTESSE.

Comptez-vous sur-le-champ vous remettre en route?

LE COMTE.

Mais, madame, à moins de risquer de retomber entre les mains du méchant comte, nous ne pouvons...

SCÈNE XV.

LA COMTESSE.

Je le sens bien, mais comment faire pour loger ainsi tant de monde ?

URSULE.

Mais, madame, nul inconvénient : nous veillerons avec ces dames ; elles doivent savoir de belles histoires, et cela est si divertissant!

LE COMTE, à part.

C'est charmant.

Air : Beaux Damoiseaux et Demoiselles (*du Prince troubadour*, de Méhul).

 Oui, noble dame et bachelettes,
 Vous dirai mieux qu'un ménestrel
 Tençons et récits d'amourettes,
 Car j'en sais beaucoup, grâce au ciel!
 Vous conterai récits de guerre,
 Vous conterai joyeux refrain...
 Enfin, si Dieu m'aide, j'espère
 Vous en conter jusqu'à demain.

TOUTES.

Nous en conter jusqu'à demain!...

LE COMTE.

Mais, dans ce moment, je ne vous cache pas que je suis un peu fatigué, et qu'un instant de repos...

RAGONDE.

Chacune de nous peut offrir l'hospitalité à ces dames ; moi d'abord, si madame veut accepter.

LE COMTE, à part.

Je suis perdu!...

LA COMTESSE, à part.

Non, je veux être pour ma part dans cette bonne action ; et puisque madame a besoin de repos, (prenant une lampe des mains d'une dame et la présentant au comte) suivez ce corridor, au bout duquel se trouve un cabinet attenant à mon appartement. Dame Ragonde, indiquez à cette aimable personne...

RAGONDE.

Volontiers ; venez, madame.

LE COMTE.

AIR : Un moment de gêne (*des Rendez-vous bourgeois*).

Bonsoir, noble dame ;
Croyez qu'en mon ame
N'oublirai jamais
D'aussi doux bienfaits.
Et bientôt peut-être
Avec loyauté
Saurai reconnaître
L'hospitalité.

CHOEUR.

Oui, le ciel peut-être,
Dans sa bonté,
Saura reconnaître
L'hospitalité.

(Le comte sort avec Ragonde par la porte à gauche.)

SCÈNE XVI.

LA COMTESSE, URSULE ; TOUTES LES DAMES.

URSULE.

C'est bien la personne la plus douce, la plus aimable !...

LA COMTESSE.

Avec toute son amabilité, je lui trouve une figure singulière !

SCÈNE XVI.

URSULE.

Il est vrai qu'elle n'est point de la première jeunesse.

LA COMTESSE.

Non, je veux dire dans ses manières.

URSULE.

Écoutez donc, ces pauvres femmes...

Air du Verre.

A leur âge c'est naturel!
Si d'abord vous les aviez vues :
A peine d'un effroi mortel
Sont-elles encor revenues.
La poursuite de tels amans
Doit donner de l'inquiétude
Surtout lorsque depuis long-temps
On en a perdu l'habitude!

LA COMTESSE.

De là vient sans doute cet air contraint et ce maintien embarrassé que j'avais remarqué d'abord.

(Ragonde rentre.)

URSULE.

Et si vous voyiez les autres, madame, c'est bien pire encore. Ce comte Ory ne doute de rien.

RAGONDE.

Quel homme!

LA COMTESSE.

Heureusement, nous n'en avons rien à craindre.

URSULE.

D'ailleurs nous venons de faire une bonne action, et cela doit porter bonheur.

Reprise du CHOEUR précédent.

Prenons confiance,
Car, dans sa bonté,
Le ciel récompense
L'hospitalité.
Rentrons en silence, etc.

(Elles sortent.)

SCÈNE XVII.

LA COMTESSE, URSULE.

URSULE, sur le point de partir.

Madame veut-elle accepter mes services?

(Allant chercher une robe dans le fond.)

Comme madame est bien ainsi! Ah, pauvre Isolier! où es-tu?

ISOLIER, entr'ouvrant la fenêtre du balcon.

On s'occupe de moi!

LA COMTESSE.

Que voulez-vous dire?

URSULE.

Je dis qu'il donnerait bien des choses pour être à ma place.

LA COMTESSE.

Quelle folie!

URSULE.

Lui, madame, il serait trop heureux; et je suis sûre qu'au prix de tout son sang...

LA COMTESSE.

C'est bon; retirez-vous.

SCÈNE XVIII.

URSULE.

Je me retire. (Revenant sur ses pas.) Madame, vous avez reçu des nouvelles de l'armée? Est-ce qu'on ne sait pas quand reviennent nos maris?

LA COMTESSE.

Mon dieu non. Tous les soirs vous me faites la même demande.

URSULE, tristement.

Bonsoir, madame.

SCÈNE XVIII.

LA COMTESSE, ISOLIER, *caché*.

LA COMTESSE.

Enfin me voilà seule, et je puis donc m'occuper de lui. Ce pauvre Isolier! dans quel état il doit être arrivé au château! Qu'il m'en a coûté de le renvoyer par un temps aussi affreux!

ISOLIER.

Bonne cousine!

LA COMTESSE.

Aussi, que mon frère revienne, et j'espère bien qu'il ne s'en ira plus. Comme il m'aime! comme il braverait tout pour moi!... jusqu'à la colère de son maître.

ISOLIER.

C'est ce que je fais. (Sortant du balcon.)

LA COMTESSE.

Ce n'est pas lui qui serait jamais audacieux ni mau-

vais sujet. Jamais il ne voudrait compromettre...
(L'apercevant, et jettant un cri.) Ah! qu'ai-je vu?

ISOLIER, mystérieusement.

Chut! c'est moi.

LA COMTESSE.

Malheureux! vous ici! Que venez-vous faire? me perdre?...

ISOLIER.

Vous sauver!

LA COMTESSE.

Ingrat, dans quel embarras vous me mettez!...

ISOLIER.

Je viens vous en tirer.

LA COMTESSE.

Vous! comment?

ISOLIER.

Chut! parlons bas. (Il va écouter à la porte du corridor.) Je n'entends rien.

LA COMTESSE.

Que signifie?...

ISOLIER.

Savez-vous à qui vous avez donné l'hospitalité?

LA COMTESSE.

A des pèlerines infortunées, poursuivies par le comte Ory.

ISOLIER.

Non, au comte Ory lui-même.

LA COMTESSE.

O ciel! quel affreux danger!

ISOLIER.

Ne nous alarmons pas, et voyons avant tout...

SCÈNE XIX.

LA COMTESSE.

Il faut fermer cette porte.

ISOLIER.

Faible obstacle pour lui.

LA COMTESSE.

Grands dieux! j'entends marcher dans le corridor.

ISOLIER.

Si nous pouvions seulement gagner du temps, jusqu'à minuit... Nous sommes sauvés!

LA COMTESSE.

Que voulez-vous dire?

ISOLIER.

Je n'ai ni le temps, ni le pouvoir de m'expliquer. On vient. (Il souffle la lampe.)

LA COMTESSE.

Que faites-vous?

ISOLIER.

Je vous sauve. (Il s'empare de la mantille que vient de quitter la comtesse.)

Moi, sur ce fauteuil; vous, derrière : chargez-vous seulement des réponses.

SCÈNE XIX.

Les précédens; LE COMTE, *en habit de chevalier.*

LE COMTE.

Me voici dans l'appartement de la comtesse. Quelle obscurité!

Air : Che Soave Zefiretto. (*Mozart.*)

Approchons-nous en silence.

ISOLIER, à la comtesse.

Silence!...

LA COMTESSE.

Silence !

LE COMTE.

Mon projet réussira. (*bis.*)

ISOLIER.

Mon projet réussira....

LE COMTE.

De l'adresse et de la prudence.

ISOLIER, à la comtesse.

Prudence!...

LA COMTESSE.

Prudence !...

ISOLIER.

L'Amour nous protégera.

LE COMTE.

L'Amour me protégera.

(Isolier fait signe à la comtesse de parler.)

LA COMTESSE.

Qui va là?

LE COMTE.

Comme sa voix est émue ! C'est moi, cette pauvre pèlerine à qui vous avez donné l'hospitalité.

LA COMTESSE.

Vous m'avez fait une frayeur! j'en tremble encore.

LE COMTE.

Pas plus que moi, je vous jure : c'est même cela qui m'amène. Je n'ai pu rester dans mon appartement. Il semble qu'à deux on ait moins peur.

SCÈNE XIX.

ISOLIER, à part.

Oui, quand on est deux.

LE COMTE.

Et j'ai même besoin de savoir que vous êtes là, auprès de moi.

(Rencontrant Isolier.)

Air : Sans être belle on est aimable (*d'Ambroise*).

Est-ce bien vous?

LA COMTESSE, répondant.

Oui, c'est moi-même.

LE COMTE.

Hélas! ma frayeur est extrême...

(Prenant la main d'Isolier.)

Elle se dissipe soudain...
Depuis que je sens cette main.

LA COMTESSE, à part.

Eh! mais, il croit tenir ma main.

LE COMTE.

Mon cœur à se calmer commence.

LA COMTESSE, à part.

La frayeur fait battre le mien.

LE COMTE, serrant sur son cœur la main d'Isolier.

Enfin, elle est en ma puissance.

ISOLIER, à part.

Comme il me tient!

LE COMTE, à part.

Ah! je la tien.

LA COMTESSE, à part.

Je puis la lui laisser, je pense;
Son bonheur ne me coûte rien.

TOUS TROIS.

Ah! je la } tien.
      le }

LA COMTESSE.

Maintenant, n'est-ce pas, vous pouvez rentrer dans votre appartement?

LE COMTE.

Non, cela me serait impossible; je ne sais quel charme me retient en ces lieux.

LA COMTESSE.

Que dites-vous?

LE COMTE.

Oui, je vous abusais : vous voyez en moi le plus tendre et le plus fidèle des amans.

LA COMTESSE.

Grands dieux!

LE COMTE, retenant Isolier dans le fauteuil.

Ne cherchez point à vous éloigner. Pouvez-vous douter de mon respect, de ma soumission? Je vous ai vue ce matin, et votre aspect seul a décidé de mon retour à la vertu.

LA COMTESSE.

A la vertu!

LE COMTE.

Oui, tout m'est possible si vous me permettez de vous revoir.

LA COMTESSE.

Me revoir!

LE COMTE.

On le peut sans danger, sans indiscrétion. J'ai déja remarqué au bout de ce corridor une secrète issue.

ISOLIER, à part.

Il n'a pas perdu de temps.

SCÈNE XIX.

LA COMTESSE.

Eh! qui vous a donné le droit de vous introduire avec cette audace?

LE COMTE.

Mon amour, vos cruautés. Mais, je vous l'avoue, l'idée d'une pareille ruse ne me serait jamais venue : c'est un de mes conseillers, un page, un mauvais sujet...

LA COMTESSE, à Isolier.

Comment, monsieur?

ISOLIER.

Ce n'est pas vr... (La comtesse lui ferme la bouche avec la main.)

LE COMTE.

Pourriez-vous m'en croire capable? moi! le comte Ory?

Air de la romance du comte Ory.

Ah! de mon âme
A la fin connaissez
La vive flamme.

(Il baise la main d'Isolier, qui, dans le même moment, baise celle de la comtesse.)

LA COMTESSE.

Ah! comme vous me pressez!

LE COMTE, avec expression.

Vrai Dieu, Madame,
Peut-on vous aimer assez?...

(On entend un grand bruit au dehors.)

Qu'entends-je?

(Le Comte rentre dans le corridor et Isolier sur le balcon.)

SCÈNE XX.

LE COMTE, ISOLIER, *cachés;* RAGONDE, URSULE, LES AUTRES DAMES, *arrivant par le fond avec des flambeaux.*

AIR : Ah ! quel scandale !

CHOEUR.

Ah ! quel scandale abominable !
Ah ! quelle horrible trahison !
Vit-on jamais rien de semblable ?

LA COMTESSE.
Répondez-moi, qu'avez-vous donc ?

RAGONDE.

Madame, ces pèlerines...

LA COMTESSE.

Eh bien ! où sont-elles ?

RAGONDE.

Elles sortent de table ; mais qui s'en serait jamais douté ?

AIR du Calife de Bagdad.

Ah ! qui jamais pourrait le croire ?
Quelle honte pour ce saint lieu !
En passant près du réfectoire,
J'entends : *Morbleu, sanbleu, parbleu !*
Lors je m'approche avec mystère :
Ces dames buvaient à plein verre,
En criant : Guerre à la beauté,
Vivent l'amour et la gaîté !

LA COMTESSE.

Guerre à la beauté !

RAGONDE.

J'ai compris quel danger me menaçait; j'ai été sur-le-champ prévenir ces dames, et nous accourons toutes. Tenez, ne les entendez-vous pas?

(On entend en dehors :)

Chantons le vin et la beauté;
Vivent l'amour et la gaîté...

SCÈNE XXI.

Les précédens; chevaliers de la suite du comte ORY, *paraissant à la porte du fond. Leur robe de pèlerine est entr'ouverte et laisse voir leurs habits de chevaliers.*

CHOEUR DE FEMMES, se pressant autour de la comtesse.
Grands dieux! hélas! protégez-nous.
CHOEUR DES HOMMES.
Belles, pourquoi nous fuyez-vous?
Vous nous voyez à vos genoux.

(Ils font un pas vers elles. L'horloge du château annonce minuit, et l'on entend sonner le beffroi. Ils s'arrêtent tous étonnés.)

SCÈNE XXII.

Les précédens; LE COMTE, *sortant du corridor.*

LE COMTE.
D'où vient ce bruit? Serions-nous menacés?
ISOLIER, sortant du balcon en face.
C'est minuit, et nous sommes sauvés!

LE COMTE.
Que vois-je? Isolier en ces lieux!
ISOLIER.
Vous y êtes bien, monseigneur; il faut venir vous y chercher : c'est une lettre que, depuis plusieurs heures, je suis chargé de vous remettre.
LE COMTE.
Mais, Dieu me pardonne, tu es arrivé par la fenêtre!
ISOLIER.
On doit tout braver, monseigneur, pour le service de son prince!
LE COMTE.
Fripon! Voyons de qui est cette lettre.
ISOLIER.
De monseigneur votre auguste père.
LE COMTE.
De mon père! (Lisant.) « Mon cher comte, je serai
« au château cette nuit même. (A part.) Cette nuit!
« Tous les gentilshommes de mon vasselage et le brave
« comte de Formoustiers arriveront à minuit dans
« leurs castels, dans le dessein de causer à leurs no-
« bles dames une douce surprise.
TOUTES LES DAMES.
A minuit! Ce sont eux!
URSULE, sautant de joie.
C'est mon mari!
LE COMTE, poursuivant.
« Quant à moi, qui n'ai pas les mêmes motifs pour
« me cacher, je t'envoie par Isolier la nouvelle de

SCÈNE XXII.

« mon arrivée. » Grands dieux! que pensera-t-il en ne me trouvant pas au château?

ISOLIER.

Mon prince, voulez-vous que je vous donne un conseil?

LE COMTE.

C'est ton habitude.

ISOLIER.

Vous avez déja eu l'adresse de remarquer au fond de ce corridor une secrète issue...

LE COMTE.

Comment?

ISOLIER.

Elle donne sur la campagne.

LE COMTE.

Ah, traître! tu sais...

ISOLIER.

Entendez-vous le beffroi? Laissez les maris faire leur entrée triomphale, et donnez à votre compagnie l'exemple d'une sage retraite.

LE COMTE.

Tu pourrais avoir raison, et tu vas nous guider.

ISOLIER.

Mon prince, j'aurai soin de fermer la porte sur vous. Le comte Formoustiers est mon cousin, et je dois rester pour le recevoir.

LE COMTE.

Je devine une partie de la vérité. Allons, mesdames, au revoir; adieu, charmante comtesse: nous n'aimons pas plus à rencontrer des frères que des maris. Mais je n'oublierai point certain baiser...

ISOLIER.

Las! monseigneur, je n'étais pas digne de cette précieuse faveur.

LE COMTE.

Comment! c'était toi? Ah! pauvre comte! à qui t'es-tu joué? (A voix basse.) Mesdames, je vous demande le secret, et promets de le garder.

Air du vaudeville du Mameluck.

Oui, sans bruit et sans escorte,
Pendant que chaque mari
Entrera par cette porte,
Nous, sortons par celle-ci...
Ne bougez, troupe craintive,
Nous sommes faits à cela.
Sitôt que l'Hymen arrive,
Prudemment l'Amour s'en va.

Air de la Sorbonne.

Vous pourtant,
Croyez-m'en,
Ayez la prudence
De ne point en faire part;
Gardez le silence,
Car
Que chez lui
Un mari
Trouve un téméraire,
Cela peut arriver, mais
Cela doit se taire.
Paix!

URSULE.

Quel bonheur!
Ouvrons-leur;

SCÈNE XXII.

Vite, ouvrons, Madame.
Pourtant quand on vient si tard
On prévient sa femme,
Car
On peut voir
Tout en noir...

RAGONDE.

En France, ma chère,
Un époux arrive... mais
Sait toujours se taire.
Paix !

LA COMTESSE.

Quand pour nous
Nos époux
Sont si débonnaires,
N'allez pas à notre égard
Être plus sévères,
Car :
Que l'auteur
Par malheur
N'ait pas su vous plaire,
Cela peut arriver... mais
Cela doit se taire.
Paix.

FIN DU COMTE ORY.

LE NOUVEAU
POURCEAUGNAC,

COMÉDIE-VAUDEVILLE EN UN ACTE;

Représentée, pour la première fois, sur le théâtre du Vaudeville, le 18 février 1817;

EN SOCIÉTÉ AVEC M. POIRSON.

PERSONNAGES.

M. DE VERSEUIL, colonel de hussards.
NINA, sa fille.
THÉODORE, lieutenant de hussards, amant de Nina.
JULES, } sous-lieutenans de hussards.
LÉON,
ERNEST DE ROUFIGNAC, jeune officier de cavalerie, prétendu de Nina.
M. FUTET, percepteur des contributions.
Mme FUTET, sa femme.
TIENNETTE, filleule de Nina.
DROLICHON, commis de Futet.
OFFICIERS DE HUSSARDS ET JEUNES GENS DE PARIS.

La scène se passe dans une petite ville voisine de Paris, dans laquelle est caserné le régiment de M. de Verseuil.

ERNESTE
JE VAIS PERCER LE COLLET ET L'OREILLE

LE NOUVEAU POURCEAUGNAC.

SCÈNE PREMIÈRE.

THÉODORE, LÉON, JULES, *et plusieurs* OFFICIERS DE HUSSARDS, *assis autour d'une table, et figurant un conseil de guerre.*

TOUS, parlant à la fois.

Moi, messieurs, je pense, et mon avis est que d'abord...

JULES.

Eh, messieurs! un peu de silence; on ne peut juger sans entendre, et si vous parlez tous ensemble...

THÉODORE.

C'est à moi de vous expliquer...

JULES.

Non, les amoureux sont trop bavards. (Se levant.) Voici le fait :

Air du vaudeville de la Robe et les Bottes.

> Théodore aime sa cousine,
> Qui tout bas brûle aussi pour lui ;
> Mais pour un autre on la destine,
> Et cet autre arrive aujourd'hui.
> Sur son hymen il vient, en homme sage,
> Pour implorer vos secours, vos avis,
> Persuadé qu'en fait de mariage
> On doit toujours compter sur ses amis.

J'ai dit.

LÉON.

Air : *Adieu, je vous fuis, bois charmant.*

Eh bien, messieurs, qu'en pensez-vous ?
Permettrons-nous qu'à nos yeux même
Un autre soit l'heureux époux
De la jeune beauté qu'il aime ?

JULES.

Nous seuls, puisqu'on veut la ravir,
Serons ses protecteurs suprêmes...
Et plutôt que de le souffrir,
Nous l'épouserions tous nous-mêmes !

THÉODORE.

Mes amis, mes généreux amis, c'en est trop.

JULES.

Non, voilà comme nous sommes. Mais nous aurions bien du malheur si, entre nous, nous ne trouvions pas quelque moyen de renvoyer le futur dans sa province.

THÉODORE.

Pensez-y donc, messieurs; un prétendu de Limoges, et qui se nomme monsieur de Roufignac.

TOUS.

De Roufignac!

JULES.

De Roufignac! Voilà qui rime terriblement bien à Pourceaugnac. Et quel homme est-ce ?

THÉODORE.

C'est ce qu'on ne sait pas précisément. Mais songez, de grace, qu'il arrive aujourd'hui, et qu'il n'y a pas de temps à perdre.

JULES.

Voyons donc quelque moyen bien extravagant. Si nous... non, cela ne vaut rien.

SCÈNE I.

THÉODORE.

Nous pourrions... oh! ce serait trop fort

LÉON.

Je le tiens... Nous n'avons qu'à... non, cela pourrait compromettre...

JULES.

Allons, voilà de beaux moyens! Eh, messieurs! au lieu de nous creuser la tête à chercher des inventions nouvelles, des farces ingénieuses pour éconduire un prétendu, n'avons-nous pas sous la main ce qu'il nous faut? Nous avons tous assisté ce soir à la représentation de monsieur de Pourceaugnac; voilà nos moyens tout trouvés : les farces de Molière en valent bien d'autres.

THÉODORE.

Laissez donc, c'est trop usé.

JULES.

Bah! avec des changemens et des additions, voilà comme on fait du neuf; c'est la mode d'ailleurs, et l'on a trouvé plus commode de refaire Molière que de l'imiter.

AIR : Un homme pour faire un tableau.

Des Cottins, qu'il peignit si bien,
Nous voyons la race renaître;
Mais d'un crayon tel que le sien
Nul encor ne s'est rendu maître.
Des hypocrites et des sots
On craindrait moins le caractère,
Si tous nos Tartufes nouveaux
Faisaient naître un nouveau Molière.

THÉODORE.

Ma foi! faute de mieux, tenons-nous-en donc à Molière. Va pour monsieur de Pourceaugnac.

TOUS.

Va pour monsieur de Pourceaugnac.

JULES.

Adopté à la majorité. Aujourd'hui l'arrivée du futur, demain son départ, et nous marions Théodore le mardi gras.

THÉODORE.

Comme tu y vas!

AIR : Il n'est pas temps de vous quitter.

Se marier un mardi gras!
Vit-on jamais rien de semblable?

JULES.

Eh, mon cher ami! pourquoi pas?
L'à-propos me semble admirable.
Ce mardi gras qui voit la gaîté fuir
D'un jour d'hymen m'offre l'emblème.
C'est encore un jour de plaisir;
Mais c'est la veille du carême.

Il ne reste plus qu'à distribuer nos rôles. Si encore nous avions ici notre cher Futet et sa digne épouse! ce sont eux qui nous seconderaient merveilleusement. Mais ce cher percepteur des contributions est à Paris depuis ce matin. Quel dommage! lui qui passe sa vie à faire des tours, des malices : quelle fête pour lui! Il sait pourtant la situation où nous nous trouvons; il avait promis de nous seconder. Eh! qu'entends-je? le voici!

SCÈNE II.

Les précédens; FUTET.

FUTET.

Air : Lorsque le Champagne.

Pour fuir l'humeur noire,
Jouer chaque jour
Un tour;
Chanter, rire et boire,
C'est là le fait
De Futet.
Nul sot ne m'échappe;
Sur chacun je drape;
Tous les jours j'attrape
Nouvel original.
Enfin sur la terre,
Par mon savoir-faire,
Mon année entière
Est un vrai carnaval.

TOUS.

Pour fuir l'humeur noire, etc.

THÉODORE.

Nous vous accusions déja, mon cher Futet.

FUTET.

Ingrat! je m'occupais de vous : je n'ai fait que rêver à votre aventure toute la nuit. Vous m'intéressez d'une manière toute particulière; ce n'est pas à cause des excellens dîners où vous m'invitez : je paie toujours mon écot... en gaîté. Mais vous aimez tant votre cousine; elle est si gentille, votre charmante Nina!

c'est un petit démon, en vérité. Je me suis dit : Futet, tu te dois tout entier à ce couple intéressant. Ce matin, je me lève à six heures, je m'arrache des bras de madame Futet, je selle Coco, et me voilà à Paris au bureau des diligences; deux ou trois entraient dans la cour. Quel spectacle qu'une descente de diligence!

Air : *Pégase est un cheval.*

Un monsieur, que je juge artiste,
Demandait le grand Opéra;
Tandis qu'une jeune modiste
Demande le Panorama;
« Corcelet, » crie un gastronome;
Plus loin, d'un air sentimental,
Je remarque un petit jeune homme
Demandant le Palais-Royal.

Je me retourne, et j'aperçois la diligence de Limoges; je m'informe adroitement du conducteur si monsieur de Roufignac est parmi les voyageurs. Réponse affirmative. Je vois descendre de la diligence bon nombre d'originaux, des têtes toutes particulières, comme nous les aimons, nous autres farceurs. Nous voilà donc assurés que notre victime est arrivée, qu'elle est digne de nos coups!

Air : *Suzon sortait de son village.*

Quand j'ai remarqué leur figure,
Je tourne bride vivement;
Et de Coco pressant l'allure,
J'arrive ici dans un instant,
 Pour concerter,
 Pour arrêter
Tous les bons tours qu'il faut exécuter.

Le carnaval
Sera fatal,
Je le parie, à cet original.
Condamnons, par maintes esclandres,
Notre victime au célibat,
Et nous brûlerons le contrat
Le mercredi des cendres.

TOUS.

C'est convenu.

FUTET.

Madame Futet nous secondera. C'est une commère... Suffit, je n'en dis rien; c'est mon épouse, et vous la jugerez dans le danger.

JULES.

Nous allons t'expliquer...

FUTET.

Songez, pour moi, que je veux, que j'ai droit à un bon rôle. Ah! je vous recommande mon commis à cheval, Drolichon, qui n'est pas une bête.

JULES.

Tu seras content... Il s'agit donc...

SCÈNE III.

Les précédens; TIENNETTE.

TIENNETTE.

Chut! Eh vite, retirez-vous!

JULES.

C'est Tiennette qui est notre sentinelle avancée.

FUTET.

Tant mieux. Joli talent. Elle peut nous seconder dans les ingénues, en l'instruisant un peu.

TIENNETTE.

Oh! j'ai de la bonne volonté. Mais il faut vous retirer. Monsieur le colonel est levé; il va sortir : il est d'une humeur!...

JULES.

Il n'est pas abordable depuis quelques jours.

THÉODORE.

Il attend à chaque instant le général, qui doit venir passer en revue notre régiment.

TIENNETTE.

Allons, voyons, allez-vous-en, car, d'un moment à l'autre, M. de Verseuil...

JULES.

Ah çà, Tiennette, avancez à l'ordre. Nous attendons plusieurs jeunes gens de l'endroit, et même de Paris, qui doivent nous servir dans nos projets.

TIENNETTE.

Oui, dans vos projets de comédie... Je sais...

LÉON.

Comment! tu sais?

TIENNETTE.

Oui, j'étais là, en sentinelle, et j'écoutais. Oh! soyez tranquille, j'ai tout entendu.

JULES.

Futet a raison; elle a des dispositions.

THÉODORE.

Si donc ces jeunes gens arrivent, tu sais ce dont nous sommes convenus.

SCÉNE III.

TIENNETTE.

C'est tout simple. Oh, mon dieu! vous pouvez vous en rapporter à moi. Je les fais passer tous dans le jardin, jusqu'à ce que le colonel soit parti; et s'il les rencontre, ce sont des messieurs qui viennent pour notre bal masqué; c'est entendu.

FUTET.

Voyez-vous la petite gaillarde! Embrasse-moi, mon enfant. Tu aurais été digne d'être mademoiselle Futet. Allons, messieurs, ne perdons point de temps.

Air du Pantalon.

Que chacun fasse
A l'instant
Le serment
De promener,
De berner,
Sans faire grace,
Le prétendu
Éperdu,
Confondu,
Et de rendre ses calculs
Nuls!

JULES.

Si, venant de son pays,
A Paris,
Ce beau-fils
Prend chez nos demoiselles
Les plus sages, les plus belles;
Par ce choix incivil
Que nous restera-t-il?

TOUS.

Que chacun fasse
A l'instant
Le serment, etc.

(Ils sortent.)

SCÈNE IV.

TIENNETTE, *seule.*

Me voilà de la confidence; c'est gentil d'être dans une confidence! et surtout pour servir mademoiselle Nina, ma marraine, qui est si bonne! Que mon papa dise maintenant que je suis une bête!

Air : *C'est ma mie, j'la veux.*

Tout bas quand on cause,
J'entends toujours bien;
Je sais mainte chose
Dont je ne dis rien;
Et pourtant papa
Dit que je suis bête,
Est-ce ma faute, da!
   S'il m'a faite
    Comm' ça?

J' sais que l' voisin Pierre
Gronde tant qu'il peut,
Et finit par faire
C' que sa femme veut.
Et pourtant papa, etc.

Je vois d'ordinaire
Maint et maint chaland
Qui vient voir mon père
Pour saluer maman.
Et pourtant papa, etc.

Je voudrais bien le voir ce monsieur de Roufignac... Roufignac! il me semble que quelqu'un qui a un nom comme celui-là doit avoir une figure bien drôle.

SCÈNE V.

TIENNETTE, ERNEST DE ROUFIGNAC, *en négligé d'officier de cavalerie* [1].

ERNEST.

Quel singulier pays! Comment, personne pour me recevoir? Ils ne sont pas curieux du tout. Si un prétendu arrivait à Limoges, toute la famille serait depuis le matin sur la grande route.

TIENNETTE.

Ah, mon dieu! voilà déja quelqu'un!

ERNEST.

Ma belle enfant...

TIENNETTE.

Chut!

ERNEST.

Qu'est-ce que c'est donc?

TIENNETTE.

Chut! vous dis-je. Vous venez de Paris?

ERNEST.

A l'instant même.

TIENNETTE.

Ces messieurs et mademoiselle Nina vous attendent; mais il ne faut pas paraître tout de suite.

ERNEST.

Eh! pourquoi donc?

---

[1] Frac et chapeau bourgeois, veste, pantalon et bottes d'uniforme.

TIENNETTE.

Le colonel n'est pas encore sorti, et je guette son départ et l'arrivée du prétendu.

ERNEST.

Du prétendu!

TIENNETTE.

Oui. Vous entendez bien qu'il ne faut pas qu'il sache...

ERNEST.

Parbleu! cela va sans dire.

TIENNETTE.

Parce que s'il se doutait seulement des tours qu'on veut lui jouer, ce ne serait plus cela.

ERNEST.

C'est juste. Mais, dites-moi, le prétendu, c'est ?...

TIENNETTE.

Cet imbécille qui arrive de Limoges.

ERNEST.

Ah! oui, oui, monsieur de Roufignac.

TIENNETTE.

Justement. Ah bien! si vous savez déja...

ERNEST.

Oui, je sais, confusément...

TIENNETTE.

Oh! nous allons bien nous amuser! Tous ces messieurs, ces messieurs les officiers sont avertis. C'est M. Futet, le percepteur des contributions, qui mène tout cela. Mademoiselle va se concerter avec eux : elle s'est déja entendue avec M. Théodore.

SCÈNE V.

ERNEST.

Eh! quel est ce monsieur Théodore?

TIENNETTE.

Air : Mon galoubet.

C'est son cousin,
Qu'elle aima dès son premier âge;
Et si quelqu'autre avait sa main,
Mad'moiselle est fidèle et sage,
Et n'aimerait jamais, je gage,
Que son cousin.

ERNEST.

C'est charmant!

TIENNETTE.

C'est son cousin
Qui toujours a la préférence;
Et si la noce s' faisait d'main,
Savez-vous qui lui f'rait d'avance
Danser la premièr' contre-danse?
C'est son cousin.

ERNEST.

Cette petite fille-là a de l'esprit pour son âge.

TIENNETTE.

N'est-ce pas, monsieur? Il paraît qu'on vous attendait pour commencer. Mais, dites-moi, qu'est-ce que vous faites donc là-dedans?

ERNEST.

Ma foi, je te l'avouerai, je ne sais pas trop quel rôle je dois jouer. Tu dis donc que Nina aime Théodore?

TIENNETTE.

Sans doute, ce qui n'empêche pas qu'ils n'aient quelquefois de grandes disputes, parce que monsieur

Jules est aussi fort aimable. Au fait, mademoiselle Nina a raison; on a des prévenances, des égards, et on l'accuse d'être coquette. Mais tous les hommes sont jaloux, jusqu'à monsieur Futet, qui, quoique marié depuis quatre ans, a fait, il y a six mois, une scène horrible à sa femme, parce qu'on prétendait l'avoir rencontrée en carriole dans les environs de Melun, tête-à-tête avec un jeune homme; et ça a fait des propos, des histoires... parce que dans une petite ville on est méchant, mauvaise langue et bavard, bavard, bavard, vous n'en avez pas d'idée.

ERNEST.

Si fait, si fait, je commence.

TIENNETTE.

Écoutez, c'est, je crois, le colonel; je vais le guetter. Courez vite rejoindre ces messieurs, et vous habiller pour la comédie; vous savez bien, cette comédie qu'ils jouent : monsieur de Pourceau... Pourceau...

ERNEST.

Pourceaugnac.

TIENNETTE.

Gnac, c'est ça.

ERNEST.

Ah! je vois alors le rôle qu'on me destine. Dites-moi, y a t-il ici un costumier?

TIENNETTE.

Comment donc, monsieur! et un qui vient de Paris encore, un élève de Babin, dans la grand'rue à droite, un magasin de masques à côté de l'évêché, tout ce qu'il y a de plus nouveau : des Gilles, des Ar-

lequins, Cendrillon, madame Angot et la Tête de mort. Votre servante, monsieur.

(Elle sort.)

SCÈNE VI.

ERNEST, *seul*.

Allons, le sort en est jeté, et je vois que c'est à moi de soutenir l'honneur des habitans de Limoges. Ne perdons point de temps, et de peur d'oublier, prenons mes notes comme au bal de l'Opéra. (Écrivant au crayon sur un carnet qu'il tire de sa poche.) M. Théodore, M. Jules; tous deux font la cour, et pour un rien seraient rivaux. — Mademoiselle Nina, ma future, tant soit peu coquette. — M. Futet, jaloux. — Madame Futet, vue en carriole dans les environs de Melun, avec un jeune homme; c'est charmant. On vient!... Eh vite! au magasin de masques. (Il sort.)

SCÈNE VII.

LE COLONEL DE VERSEUIL, NINA.

LE COLONEL, achevant de donner des ordres.

Qu'on tienne tous les chevaux sellés, et qu'au premier signal le régiment soit prêt à se rendre sur la place d'armes. Nous attendons le général d'un moment à l'autre; et j'ai prévenu MM. les officiers de ne oint quitter la caserne. Une revue! quel bonheur!

Air : Ça fait toujours plaisir.

Que je trouve de charmes
A voir tous mes guerriers
Rangés et sous les armes,
Lancer leurs fiers coursiers !
Ainsi sous la mitraille
Je les voyais courir...
C'est presque une bataille ;
Ça fait toujours plaisir.

Toi, ma fille, si monsieur de Roufignac arrivait, tu lui diras qu'un déjeûner de cérémonie m'a forcé de m'absenter pour quelques heures ; mais que tu t'es chargée de le recevoir.

NINA.

Mon père, je n'oserai jamais.

LE COLONEL.

Comment, tu n'oseras jamais ? le fils d'un ancien ami ! un jeune homme qui, j'en suis sûr, doit être fort bien !

NINA.

Mais je ne le connais pas.

LE COLONEL.

Qu'est-ce que ça fait ; vous ferez connaissance. Écoute-moi ; j'ai là dessus un système :

Air : Ces postillons sont d'une maladresse.

Oui, sans amour je veux qu'on se marie ;
Ainsi jadis ta mère m'épousa.
Quand l'amour vient à la cérémonie,
Le lendemain bien souvent il s'en va.
Mais quand ce dieu ne parut pas d'avance,
On n'a pas peur qu'il vienne à s'esquiver ;
Même, au contraire, on garde l'espérance
De le voir arriver.

Aussi arriva-t-il ; et tu l'éprouveras aussi.

SCÈNE VII.

NINA.

Je suis bien sûre que non.

LE COLONEL.

Allons, tu as des préventions contre lui. Parle franchement; il est impossible qu'il ait du mérite parce qu'il est de Limoges : voilà comme vous êtes, vous autres gens de Paris.

Air : Le briquet frappe la pierre.

Ton erreur est excusable :
A Paris tous les amans
Sont plus vifs et plus galans;
Leur ton est plus agréable.
Mais, je le dis entre nous,
En province les époux
Sont plus empressés, plus doux.

NINA.

Oui, j'obéirai, mon père.
Pourtant, malgré vos avis,
Si j'en crois maints beaux esprits,
Chacun prétend, au contraire,
Que c'est toujours à Paris
Qu'on trouve les bons maris.

LE COLONEL.

Chimères que tout cela. Tu sais d'ailleurs que ma parole est engagée, et quand j'ai une fois promis... Allons, rentre.

NINA.

Non, mon père, je veux vous reconduire et vous voir monter à cheval.

LE COLONEL.

Air : Ah! quel plaisir!

Dépêchons-nous
J'entends l'heure qui m'appelle;

Dépêchons-nous
On m'attend au rendez-vous.
Près de sa belle
Le futur
Peut attendre, le fait est sûr.

NINA.
Avec moi, mon père, je sens
Qu'il pourrait attendre long-temps.

LE COLONEL.
Dépêchons-nous, etc.

(Ils sortent; Jules, Léon et Théodore entrent de l'autre côté avec précaution.)

SCÈNE VIII.

JULES, THÉODORE, LÉON.

THÉODORE.
Vivat! le voilà enfin parti.

LÉON.
Et nous sommes maîtres du champ de bataille.
(On entend du bruit dans le fond.)

JULES.
Quel est ce bruit? Eh! vois donc quel original!
(On entend crier en dehors.)

SCÈNE IX [1].

Les précédens ; ERNEST, *habillé grotesquement et parlant à la cantonnade.*

ERNEST.

Eh bien! quoi? qu'est-ce? On dirait qu'il n'ont jamais rien vu. Je vous demande la maison de monsieur de Verseuil, oui, du colonel de Verseuil; il n'y a pas de quoi me rire au nez.

THÉODORE.

M. de Verseuil! Serait-ce notre homme?

JULES.

Ma foi! voilà bien l'idée que je m'en faisais. (*Se tournant et parlant vers le fond.*) Oui, messieurs, qu'est-ce que ça signifie d'accueillir ainsi les étrangers?

ERNEST.

A la bonne heure, voilà un honnête homme! (*Allant à la porte du fond, et s'adressant, comme Jules, à ceux du dehors.*) Qu'est-ce que ça signifie d'accueillir ainsi les étrangers?

JULES, même jeu.

Monsieur a-t-il en soi quelque chose de ridicule?

ERNEST, même jeu.

C'est vrai. Est-ce que j'ai quelque chose en soi de ridicule?

---

[1] L'entrée d'Ernest doit être la même que celle de Pourceaugnac; elle doit être accompagnée des mêmes lazzis.

JULES, *même jeu.*

Le premier qui se moquera de lui aura affaire à moi.

ERNEST, *même jeu.*

Le premier qui se moquera de moi aura affaire à lui. (*Il revient sur le devant du théâtre, et s'adressant aux officiers.*) Avez-vous vu? parce que je leur dis que je viens de Limoges, il semble que j'aie l'air d'arriver de Pontoise.

TOUS, *l'entourant.*

Comment! vous venez de Limoges?

ERNEST.

Air : Ma bouteille et ma brune.

Oui, vraiment, j'en arrive.
Youp, youp, j'arrive grand train.
La flamme la plus vive
Me guidait en chemin.
J' dois êtr' marié demain.

THÉODORE.

Quoi! vous seriez notre cousin?
Ah! pour nous quel heureux destin!

ERNEST.

Eh quoi! vous êtes mon cousin?
Ah! pour moi quel heureux destin!

TOUS.

Embrassons-nous, mon cher cousin!
Bravo! c'est notre cousin!

ERNEST.

Embrassons-nous, mon cher cousin!
Youp, youp, quel heureux destin!

Mais voyez donc comme ça se rencontre!

THÉODORE.

On n'attend que vous pour la noce.

SCÈNE IX.

ERNEST.

Ah! ah!

JULES.

Il y aura long-temps qu'on n'aura rien vu d'aussi beau.

ERNEST.

Oh! oh!

JULES.

Ah! ah! oh! oh! Le futur n'est pas fort sur les répliques.

ERNEST, riant comme d'inspiration.

Eh! eh! eh!

THÉODORE.

Qu'avez-vous donc à rire?

ERNEST.

C'est une idée qui me vient. Est-ce que vous ne comptez pas me faire quelque drôlerie pour mon mariage?

THÉODORE.

Nous y avions déja bien pensé.

ERNEST.

Oh! mais il faut des farces.

JULES.

Oh! nous ne sommes pas trop farceurs ici.

ERNEST.

Oh! Limoges n'est peuplé que de farceurs; les enfans, même hauts comme ça, sont déja de petits farceurs.

JULES.

Je suis sûr que monsieur est un des plus malins.

ERNEST.

Ah! ah! c'est vrai. Tel que vous me voyez, je ne suis pas bête.

THÉODORE.

Il y a comme ça des physionomies bien trompeuses.

ERNEST.

Mais il faut se faire des niches, des attrapes. Il n'y a pas de plaisir sans cela.

JULES, THÉODORE, LÉON.

Eh bien! l'on vous en fera, l'on vous en fera.

ERNEST.

Mais, par exemple, il faut avoir l'esprit bien fait, et ne jamais se fâcher. Moi, d'abord, on m'aurait assommé que j'aurais toujours ri.

THÉODORE, à part.

Il y a vraiment conscience de duper ce pauvre diable-là.

ERNEST.

Et même, pour que cela finît plus gaîment, c'étaient ceux qui avaient été pris pour dupes qui payaient un grand souper aux autres.

JULES.

Très bien vu.

THÉODORE.

On a de très bonnes idées à Limoges.

ERNEST.

N'est-ce pas?

JULES.

Va donc pour le grand repas. Mais tremblez, messieurs : avec un adversaire tel que monsieur de Roufignac, vous m'avez bien l'air d'en être pour vos frais. Moi, d'abord, je parie pour lui.

SCÈNE X.

Les précédens; FUTET.

FUTET.

Eh bien! qu'est-ce? Déjeûne-t-on aujourd'hui?

JULES, bas à Futet.

C'est notre homme.

FUTET.

Oh! alors, nous allons nous amuser. Laissez-moi faire (A part, en faisant un geste de surprise.) O ciel! en croirai-je mes yeux? Quelle heureuse rencontre! N'est-ce point là monsieur de Roufignac?

ERNEST.

Comment! monsieur?

FUTET.

Se peut-il que vous ne reconnaissiez pas le meilleur ami de toute la famille des Roufignac?

ERNEST.

Mais, monsieur, pas beaucoup.

THÉODORE.

Il y a cent choses comme cela qui passent de la tête.

FUTET.

Je vous ai vu pas plus haut que cela, et je ne sais combien de fois nous avons joué ensemble. Comment appelez-vous ce café de Limoges qui est si fréquenté?

ERNEST.

Aux Innocens.

FUTET.

Aux Innocens, c'est cela. Nous y jouions tous les jours au billard. Nous étions là une vingtaine de lurons.

ERNEST, cherchant à se rappeler.

Attendez donc... ah! oui, oui.

FUTET.

Vous me connaissez, n'est-ce pas? Embrassons-nous, je vous prie. (Ils s'embrassent.) (Bas.) Heim! est-il d'une bonne pâte! (A Ernest.) Et cet endroit où l'on dansait, comment l'appelez-vous donc?

ERNEST.

Ah! la Redoute. Heim! le beau bal.

FUTET.

Je n'en manquais pas un. C'était une foule. Et vous souvient-il de cette querelle que vous eûtes?

ERNEST.

Ah! dam', on en avait souvent, ne fût-ce que pour retenir ses places.

FUTET.

Oui; mais je vous parle de cette affaire où vous vous montrâtes si bien, et où vous reçûtes un soufflet.

ERNEST.

Comment! un soufflet? Qui est-ce qui vous a donc dit?...

FUTET.

Enfin vous reçûtes un soufflet, convenez-en. Vous voyez que je suis bien instruit. (Bas.) Est-il bête!

SCÈNE X.

ERNEST.

C'est vrai.

THÉODORE.

Comment! monsieur, vous avez reçu un soufflet?

ERNEST.

Sans doute. Ça peut arriver aux personnes les mieux constituées. (A Futet.) Mais d'où savez-vous?...

FUTET.

Parbleu! je dois bien le savoir, c'est moi...

ERNEST.

C'est vous?

FUTET.

Qui vous l'ai donné.

TOUS.

Ah! ah! ah! ah! ah!

ERNEST.

Comment! c'était vous? Est-ce heureux de se retrouver ainsi. Eh bien! imaginez-vous que je n'en savais rien, parole d'honneur!

FUTET.

Je crois bien.

ERNEST.

C'était dans la foule que je l'avais reçu; et je vous remercie de m'avoir instruit.

FUTET.

Il n'y a pas de quoi.

ERNEST, mettant son chapeau, et d'un air patelin.

Si, parce que je suis alors obligé de vous en demander satisfaction; et comme ces messieurs ont justement là leurs épées...

FUTET.

Comment! comment?

ERNEST, à Théodore.

D'autant plus qu'à Limoges nous sommes extrêmement mauvaises têtes.

JULES.

Ah! ah! nous allons rire.

FUTET.

Oui, nous allons bien nous amuser : c'est singulier comme je m'amuse!

THÉODORE.

Ah ça! vous êtes donc un brave, monsieur de Roufignac?

ERNEST.

Ah, mon dieu! non; mais comme j'ai dix ans de salle, et que je suis le premier tireur de Limoges, je suis toujours sûr de tuer mon homme sans qu'il m'arrive rien.

FUTET.

Ah, mon dieu!...

ERNEST.

Air : Ma commère, quand je danse.

J'appris, dès mon plus jeune âge,
  A manier le fleuret;
J'ai le jeu prudent et sage,
  Et suis ferme du jarret.
C'est que mon maître en détachait.
  Il m'a donné du courage
  A trois livres le cachet.

Croyez-vous, sans cela, que j'irais m'exposer à recevoir quelque coup qui me ferait mal? pas si bête.

SCÈNE X.

FUTET, cherchant à se sauver.

Un moment; je suis bien votre serviteur.

LES JEUNES GENS, le retenant.

Restez donc.

ERNEST, aux officiers.

Ah, messieurs! examinez ce coup-là. Je parie, en entrant en tierce, lui percer l'oreille gauche, et me retrouver en quarte.

THÉODORE.

Je parie pour...

FUTET.

Je ne parie pas.

JULES.

Je parie contre. (Bas à Futet.) Allez, allez toujours. La plaisanterie est divine : c'est délicieux!

FUTET.

N'est-ce pas? n'est-ce pas? Diable! comme il y va! Je voudrais bien vous y voir, vous autres. C'est qu'un butor comme cela est capable de faire quelque sottise.

ERNEST, à Futet.

Allons, en garde. Voulez-vous baisser un peu le collet de votre habit, s'il vous plaît, monsieur?

FUTET.

Pourquoi donc? monsieur?

ERNEST.

C'est pour l'oreille.

FUTET.

Comment! pour l'oreille? Non, monsieur, je ne le baisserai pas. (Ernest va à lui, et baisse le collet de son habit.) Eh mais! dites donc, monsieur, voulez-vous me laisser? Eh mais! c'est qu'à la fin... voyez-vous... Eh mais!...

ERNEST.

Vous ne voulez pas le baisser? eh bien! je vais percer le collet et l'oreille.

FUTET.

Monsieur, monsieur, réservez votre valeur pour une meilleure occasion.

ERNEST.

Comment! une meilleure occasion? Où voulez-vous que je trouve jamais des oreilles comme les vôtres?

FUTET.

Écoutez : le soufflet était de mon invention; je vous l'avais donné, je vous l'ôte : votre honneur est intact. Ainsi, rengainez. Mais c'est qu'il le croyait bonnement. Ah! ah! est-il bête!

ERNEST.

Comment! c'était donc pour rire?

FUTET.

Eh! sans doute.

ERNEST.

Pour vous moquer de moi?

FUTET.

Oui, oui.

ERNEST, remettant son chapeau.

Alors je suis obligé de vous en demander satisfaction. Allons, l'épée à la main.

FUTET, aux officiers.

Ah ça, quel enragé! Mais, est-il bête! est-il bête! je vous le demande? (A Ernest.) Je vous déclare, monsieur, que dans un jour consacré au plaisir, je me fais un devoir de ne point me battre, et je ne me battrai

SCÈNE XI.

pas un mardi gras; demain, si le cœur vous en dit.
(Bas, à Théodore.) C'est décidé, il faut le renvoyer aujourd'hui, et je m'en charge.

THÉODORE.

Comment! vous voulez?...

FUTET.

C'est une affaire qui devient la mienne. Justement, voici ma femme.

ERNEST.

Sa femme!

FUTET.

Soyez à vos rôles. Ça va commencer.

SCÈNE XI.

Les précédens; MADAME FUTET.

MADAME FUTET.

Air : Oh! oh! oh! ah! ah! ah!

Ah! ah! ah! ah! ah! ah! ah! ah!
Qui m'enseignera
L'infidèle
Qu'en vain j'appelle?
Ah! ah, ah, ah! ah! ah! ah! ah!
Ce perfide-là,
Qui donc ici me le rendra?
Ah! dans le siècle où nous sommes,
A quoi donc sert la vertu?
Oui, notre sexe est perdu,
Tant qu'existeront les hommes.
Oh! oh! oh! ah! ah! ah! ah! ah!

Qui m'enseignera
L'infidèle
Qu'en vain j'appelle?
Oh! oh! oh! ah! ah! ah! ah! ah!
Ce perfide-là,
Qui donc ici me le rendra?

FUTET.

Heim! joue-t-elle son rôle!

MADAME FUTET.

Est-il vrai que madame de Verseuil donne sa fille à un monsieur de Roufignac?

THÉODORE, montrant Ernest.

Le voici lui-même.

MADAME FUTET.

Ah, Dieu! c'est bien lui! c'est trop lui! Soutenez-moi, je vous prie.

ERNEST.

Qu'est-ce qu'elle a donc?

MADAME FUTET, se relevant.

Ce que j'ai? perfide! Tu ne me connais pas? après la promesse de mariage que tu m'as faite!

Air : Jeunes filles, jeunes garçons.

C'est ta coupable trahison
Qui seule égara ma faiblesse.
Pour toi j'ai perdu ma jeunesse,
Pour toi j'ai perdu la raison ;
   J'ai perdu, quelle école !
   Le sort qui m'était dû :
   J'ai perdu la vertu !...

ERNEST.

Vous n'avez pas perdu
La parole.

SCÈNE XI.

THÉODORE.

Comment, monsieur! oser faire la cour à ma cousine lorsque vous avez déja...

FUTET, bas à sa femme.

C'est bien, c'est bien. (Haut.) Le fait est que si vous avez déja...

MADAME FUTET.

Parle, perfide; oserais-tu le nier? et mon souvenir est-il banni de ta mémoire, après toutes les bontés que j'ai eues pour toi?

ERNEST.

En effet. Serait-ce possible? Eh oui! je crois reconnaître...

FUTET, à part.

Il reconnaît ma femme! C'est charmant! Est-il bête! est-il bête!

ERNEST.

C'est vrai; madame a raison. Moi, d'abord, je ne mens jamais. Mais je vous ai si peu vue! Cette carriole était si obscure; et puis ça ne s'est pas passé comme vous le dites.

TOUS.

Comment! comment?

ERNEST.

J'aime mieux tout vous raconter; (A Futet.) et c'est vous que je prends pour juge. Il y a environ six mois...

MADAME FUTET.

Monsieur...

ERNEST.

Oui, oui, madame, il y a six mois; j'allais à Melun.

FUTET.

A Melun!...

ERNEST.

Je me trouvai tête-à-tête, dans une petite carriole, avec une femme charmante, dont je ne pouvais pas distinguer les traits.

FUTET.

Une carriole!

ERNEST.

Je reconnais maintenant que c'est madame.

FUTET.

C'est madame?

ERNEST.

Je suis trop honnête homme pour ne pas le dire tout haut. Mais je vous demande si c'est ma faute. En carriole le sentiment va si vite.

FUTET, à sa femme.

Morbleu! madame...

ERNEST.

Mais je n'ai rien promis; dites-le vous-même.

FUTET.

Eh bien! avais-je tort d'être jaloux? (A Ernest.) Monsieur, ça ne se terminera pas ainsi.

ERNEST.

Oh! moi, je n'ai pas de rancune.

FUTET.

Je vous dis, monsieur, que ça ne peut pas se terminer ainsi; et nous verrons...

FUTET.

Est-ce qu'il voudrait revenir à notre querelle de tout à l'heure? Eh bien! soit. En garde!

SCÈNE XI.

FUTET.

Il ne s'agit pas de cela. Apprenez que madame est mariée; qu'elle a un mari respectable.

ERNEST.

C'est bien agréable pour lui !

MADAME FUTET, à Ernest.

Mais, monsieur... (A son mari.) Mais, mon ami...

FUTET.

Fi, madame !..

JULES, à Ernest.

Cela n'empêche pas, monsieur, que votre conduite ne soit très immorale, très blâmable. Croyez, mon cher Futet, que nous prenons sincèrement part à votre malheur. Mais vous serez vengé : il n'épousera pas mademoiselle Nina. Nous allons répandre partout son aventure.

THÉODORE.

Oui, je vais la raconter à tout le monde; et voici ma cousine elle-même, à qui nous allons tout apprendre.

SCÈNE XII.

Les précédens; NINA.

THÉODORE.
Venez, ma chère cousine, venez connaître l'époux que votre père vous destinait, et que le hasard vient heureusement de démasquer.

NINA.
Je sais tout; j'avais vu madame avant vous.

FUTET.
Oui; mais vous ne savez pas...

NINA, bas à Futet.
C'est très bien; tout va à merveille.

FUTET.
Mais non, au contraire. Maudit Limousin! va...

NINA.
J'espère, monsieur, qu'après l'éclat d'une pareille aventure, vous ne songez plus à ma main?

FUTET.
C'est ça; renvoyez-moi le provincial.

ERNEST.
Ah! ah! qu'est-ce que ça fait? On a une inclination, et on se marie; ça n'y fait rien. Vous le savez bien, puisque vous m'épousez.

NINA.
Comment! monsieur?...

ERNEST.
Eh, mon dieu! je sais tout. Vous sentez bien qu'on

SCÈNE XII.

n'est pas venu de Limoges sans prendre des informations. On assure que vous avez distingué un monsieur Théodore, un fort joli garçon que je ne connais pas : fort aimable, mais d'un caractère facile, et qui ne s'aperçoit pas qu'on l'abuse.

THÉODORE.

Monsieur...

NINA.

Eh! qui a pu vous dire que je l'aimais?

ERNEST.

On n'a point dit ça : c'est bien lui qui vous fait la cour; mais c'est un de ses amis, monsieur Jules, que vous aimez en secret.

THÉODORE, furieux.

Eh bien! je m'en suis toujours douté.

ERNEST.

Pardi! c'est connu; tout le monde vous le dira.

NINA.

Quelle indignité!

JULES, bas à Théodore.

Je te jure, mon ami...

THÉODORE.

C'en est assez, monsieur, et vous ne jouirez pas plus long-temps de votre triomphe.

JULES.

Écoute donc, comme il te plaira.

MADAME FUTET.

Mais, messieurs, de grace...

FUTET, vivement.

Taisez-vous, madame.

Air : Cœur infidèle (*Blaise et Babet.*)

THÉODORE, à Nina.

Cœur trop léger !

FUTET, à madame Futet.

Femme volage,
Peux-tu me faire un tel outrage ?

THÉODORE, FUTET.

Cœur volage !
Ne me parle pas davantage.

THÉODORE, à Jules.

A demain.

FUTET, à sa femme.

Il n'est point d'excuse.

JULES, à Théodore.

A demain, soit ; je vous attends.

FUTET, à part.

Ce Limousin dont je m'amuse,
S'amuserait à mes dépens !

ENSEMBLE.

FUTET, THÉODORE.

Cœur infidèle, etc.

TOUS LES OFFICIERS.

Dans le fond du cœur je partage
Un tel affront, un tel outrage.

MADAME FUTET, NINA.

Je n'entends rien à leur langage.
Cessons un pareil badinage,
Monsieur, après un tel outrage,
Ne me parlez pas davantage.

SCÈNE XIII.

NINA, ERNEST.

NINA.
C'est pourtant ce maudit prétendu qui est cause de tout cela. Oh! je m'en vengerai; et je vais le traiter de manière qu'il ne lui restera pas d'envie de m'épouser.

ERNEST.
Ma future est vraiment fort jolie! et a l'air de m'aimer beaucoup.

NINA.
Eh bien, monsieur! vous êtes content. Voilà tout le monde brouillé, et cela, grace à vous.

ERNEST.
Ah dam'! ils ont l'air fâché; mais pourquoi cela? moi, je n'en sais rien.

NINA.
Comment! vous n'en savez rien, quand vous allez justement leur dire?... (A part.) Au fait, il a si peu d'intelligence, qu'il ne se doute pas même... (Haut.) Dites-moi, monsieur de Roufignac, croyez-vous qu'un sot puisse épouser une demoiselle malgré elle?

ERNEST.
Ah! ah! voyez-vous?

NINA.
Répondez-moi donc?

ERNEST.

Pardon, mademoiselle, c'est que je ne sais pas ce que vous me demandez.

NINA.

Écoutez : (Le faisant reculer.) je suis bonne, je suis naturellement douce; mais savez-vous que l'amour peut changer le caractère?

ERNEST.

Oui, je le sais : c'est justement ce que je viens d'éprouver en vous voyant. Vous pouvez deviner, sans que je vous le dise, que je n'ai pas grand esprit, tranchons le mot, je suis un franc imbécille, sans éducation, sans talens, sans usage : eh bien! du moment où je vous ai aperçue, je ne sais quelle révolution soudaine s'est opérée en moi : il m'a semblé qu'un nouveau jour m'éclairait; de nouvelles idées se présentaient à mon imagination : et sans peine, sans efforts, les mots s'offraient d'eux-mêmes pour les exprimer.

NINA.

Quel langage!

ERNEST.

Et qu'a-t-il donc de si étonnant? De tout temps l'Amour n'a-t-il pas fait des prodiges? Douteriez-vous de ses miracles? et qui, plus que vous cependant, serait capable d'y faire croire?

Air du vaudeville du Piége.

Ah! d'un semblable changement
Il faut vous en prendre à vous-même
On devient bien vite éloquent
Lorsqu'on est près de ce qu'on aime.

SCÈNE XIII.

Plus d'un amant fut interdit
Près de charmes comme les vôtres;
Et si vous me donnez l'esprit,
Vous l'avez fait perdre à bien d'autres.

NINA.

Serait-ce une plaisanterie?

ERNEST.

Qui, moi! plaisanter sur un pareil sujet? j'en suis incapable, et vous aussi; je le parierais. Et si notre mariage vous avait déplu, si quelques raisons secrètes s'étaient opposées à cette union, je suis sûr que vous m'en auriez averti; que, loin de me tourner en ridicule, vous auriez eu pour moi les égards, les procédés qu'on doit à un ami de son père : que loin de confier votre secret à une jeunesse imprudente, légère, qui peut vous compromettre, vous m'auriez tout avoué franchement, et vous vous seriez confiée à ma délicatesse. N'est-il pas vrai?

NINA.

Monsieur...

ERNEST.

Jugez donc de ce qui aurait pu arriver, si, en voyant un jeune homme, simple, sans défiance, vous vous étiez fait un jeu de le tourmenter; si ce malheureux vous aimait réellement; si, à votre vue, il n'avait pu se défendre d'un sentiment fatal : si, trompé, désabusé, forcé de renoncer à vous, il emportait dans son cœur le trait qui l'a blessé, et qui doit peut-être le conduire au tombeau!

NINA.

Grand dieu!

ERNEST.

Rassurez-vous; il faut espérer que cela n'ira pas jusque là. Mais si ce n'est pas pour lui que je parle, que ce soit au moins pour vous. A quoi ne vous exposiez-vous pas en vous livrant ainsi? car enfin vous ne savez pas qui il est; vous ignorez son secret, et il possède le vôtre. Et s'il profitait de ses avantages, quel parti n'en pourrait-il pas tirer dans une petite ville amie du bruit et du scandale?

NINA.

Ah, monsieur!...

ERNEST.

Mais, heureusement, tout dépend de vous. Ma discrétion se règlera sur la vôtre. Vous aviez voulu m'intriguer un peu, je vous l'ai bien rendu : ma vengeance se bornera là. Surtout pas le mot à ces messieurs; je n'exige pas non plus que vous agissiez contre eux : restez neutre, c'est tout ce que je vous demande. Je croirai avoir remporté une assez belle victoire en détachant de leur coalition l'alliée la plus redoutable.

NINA.

Je reste stupéfaite, et je ne sais plus où j'en suis.

SCÈNE XIV.

Les précédens, TIENNETTE.

TIENNETTE, les apercevant.

Ah, comment! c'est vous, monsieur? A la bonne heure; vous voilà bien déguisé. Vous avez bien trouvé le magasin. Mais ce n'est plus cela : il faudra encore changer. Si vous voyiez les autres, ils sont tout en noir.

NINA, à Tiennette.

Comment! est-ce que tu connais monsieur?

TIENNETTE.

Sans doute; mais ne craignez rien : il est aussi du secret. Madame Futet a rassemblé les jeunes gens de la ville; ils s'habillent de ce côté : allez, allez, ils sont bien drôles, et nous allons bien rire. Vous ne savez pas, il paraît que ça allait mal : tous ces messieurs étaient brouillés, mais M. Futet les a raccommodés, et les a réunis tous contre l'ennemi commun. C'est comme ça qu'il parle. Mais il faut que M. Futet en veuille bien au prétendu, car il y met un zèle, une ardeur!...

ERNEST, se mettant à une table.

(A part.) Ah, diable! (Haut.) Attends, je vais le seconder.

NINA.

Mais je ne reviens pas de tout ce que je vois! et comment il se fait!...

ERNEST.

Oh! vous en verrez bien d'autres.

TIENNETTE.

Oh! oui, vous en verrez bien d'autres.

ERNEST, à Tiennette.

Tiens, cette note au pâtissier, cette autre au glacier, ce billet au colonel, et cette bourse pour toi.

NINA.

Mais, monsieur?...

ERNEST.

Vous m'avez promis de rester neutre. (A Tiennette.) Le colonel est au château; il faut trouver, à l'instant, quelqu'un pour lui porter ce billet.

TIENNETTE.

Nous avons Jacques, le postillon.

ERNEST.

C'est bon. Passe à la poste.

TIENNETTE.

Oh! ce n'est pas là qu'on le trouvera : c'est au cabaret du coin, ou chez l'orangère en face. Oh! ça ne sera pas long. A propos, le prétendu est-il venu ici? l'avez-vous vu? est-il bien drôle?

ERNEST.

Oui, oui; mais dépêche-toi.

TIENNETTE, courant.

Votre servante, monsieur.

(Elle sort)

SCÈNE XV.

NINA, ERNEST.

NINA.

Que dit-elle? le prétendu est-il venu? Est-ce que vous n'êtes pas monsieur de Roufignac? Au nom du ciel! qui êtes vous, décidément?

ERNEST.

Le plus dévoué de vos serviteurs. Vous saurez tout dans un instant, pourvu que vous gardiez le silence avec ces messieurs.

SCÈNE XVI.

NINA.

Ah! je vous le promets.

ERNEST, lui présentant la main.

Me sera-t-il permis de vous reconduire jusqu'à votre appartement?

NINA.

Vous vous méfiez de moi?

ERNEST.

Non; mais je veux vous éloigner du théâtre de la guerre.

(Il la reconduit jusqu'a la porte, et la salue.)

SCÈNE XVI.

ERNEST, seul.

Bon! voilà une partie de l'armée ennemie hors d'état de me nuire. Il paraît que, malgré la division que j'avais semée parmi les autres, ils se sont réunis pour frapper les grands coups; heureusement, mes renforts vont arriver. N'importe, tenons-nous sur nos gardes, et courons faire en sorte...

SCENE XVII.

ERNEST, FUTET, DROLICHON, *en robe de médecin.*

FUTET, arrêtant Ernest.

Non pas; halte-là. (Bas.) Allons, Drolichon, à votre rôle, mon ami!

ERNEST, se dégageant et voulant s'échapper.

Qu'est-ce que cela veut dire?

DROLICHON, l'arrêtant de l'autre côté.

Vous n'irez pas plus loin.

FUTET.

D'après les inquiétudes qu'on a conçues pour votre santé, votre beau-père et votre nouvelle famille nous envoient vers vous.

DROLICHON.

Vous nous êtes recommandé.

FUTET.

Et vous ne sortirez de nos mains que radicalement guéri.

DROLICHON.

Radicalement guéri.

ERNEST, à part.

Ah! j'y suis. Les médecins... C'est ça, la scène obligée. Sans doute les apothicaires ne sont pas loin. Allons je n'éviterai pas la promenade.

FUTET.

Voilà un pouls qui n'est pas bon.

SCÈNE XVII.

DROLICHON.

Voilà un pouls qui n'est pas bon.

ERNEST.

Je crois déja les entendre, et je vois d'ici l'arme fatale! Morbleu!

DROLICHON.

Cet homme n'est pas bien.

ERNEST.

Non, c'est vrai. (A part.) Quelle idée! (Haut.) Ça commence même à m'inquiéter, et je ne serai pas fâché de vous consulter; car la fatigue du voyage... Il y a pourtant déja huit jours. (Faisant la grimace.) Ahi!... Mais ils disent comme ça que le neuvième... Ahi!

FUTET.

Eh bien! qu'est-ce qu'il a donc?

ERNEST, faisant la grimace.

Maudit animal!

DROLICHON.

Comment?

ERNEST.

Non, ce n'est pas à vous que j'en veux : c'est à un petit chien, pas plus haut que cela, qui, il y a quelques jours, s'attacha à mes jambes, et me mordit avec une affection toute particulière.

FUTET et DROLICHON.

Un chien!

ERNEST.

Je sais bien qu'ils voulaient tous me faire accroire qu'il était enragé. Ah bien! oui, pas si bête!

FUTET, reculant.

Enragé!

ERNEST, le retenant.

Vous sentez bien que ça n'est pas vrai; mais vous allez toujours me faire une petite ordonnance de précaution.

FUTET et DROLICHON.

Ah, mon dieu!

ERNEST, les retenant.

Oh! vous ne me quitterez pas; et je veux que vous me voyiez, parce que depuis quelque temps j'éprouve de momens à autres certaines émotions : mes yeux s'enflamment, mes nerfs se contractent. Eh bien! qu'est-ce que je sens donc? (Il fait plusieurs contorsions.) Je crois que cela me prend.

FUTET.

Grand dieu!

DROLICHON.

Nous sommes perdus!

(Ernest marche d'un air furieux.)

FUTET, appelant.

Au secours! à moi, messieurs! il est enragé.

SCÈNE XVIII.

Les précédens; THÉODORE, JULES, LÉON, *en médecins, et tous les autres jeunes gens en apothicaires, entrent aux cris de Futet et de Drolichon. On entend au même instant battre le tambour et sonner le bouteselle. Chacun reste étonné.*

SCÈNE XIX.

Les précédens; LE COLONEL.

LE COLONEL, entrant.

Eh bien! messieurs, sommes-nous prêts? Le général va bientôt arriver, et je... (Apercevant les officiers déguisés.) Corbleu! que veut dire cette plaisanterie?

TOUS.

Air : Courons aux Prés Saint-Gervais.

Colonel, vous l'avez vu ?
Au devoir nous allions nous rendre;
Mais chacun est retenu
Par un revers inattendu.

LE COLONEL.

Que veut dire ce mystère
Et ces armes-là? Corbleu !
Est-ce donc là la manière
D'aller au feu ?

TOUS.

Colonel, vous l'avez vu ? etc.

FUTET.

Oui, colonel, quand vous saurez que monsieur est enragé.

LE COLONEL.

A l'autre...

SCÈNE XX.

Les précédens ; TIENNETTE.

TIENNETTE, accourant sans voir le colonel.

Monsieur, les voilà! les voilà!

FUTET.

Qui donc?

TIENNETTE.

Eh bien! les pâtissiers, les traiteurs, les glaciers, les limonadiers! que sais-je? Tout ce que ce monsieur qui est si farce a commandé pour le repas que ces messieurs doivent lui payer ce soir.

TOUS.

Comment! le repas?

TIENNETTE, à Ernest.

Jacques a remis à monsieur le colonel la lettre que vous m'aviez donnée pour lui.

LE COLONEL, à part.

Ma lettre, serait-ce celle?...

TIENNETTE.

Ah, mon dieu! le voilà!

LE COLONEL.

Ah ça! m'expliquera-t-on ce que signifie tout ceci? Qui diable êtes-vous, monsieur l'enragé, qui faites venir des pâtissiers, des traiteurs; qui m'annoncez

SCÈNE XX.

des revues d'un général qui heureusement n'arrive pas, et qui enfin, rendez muet et tranquille un régiment de démons, que j'ai l'honneur de commander?

ERNEST.

Mon colonel, je suis un de ces pauvres provinciaux sur le compte desquels on cherche toujours à se divertir : dans ce moment-ci, ces messieurs s'amusaient à mes dépens.

LE COLONEL.

Eh bien! je ne m'en serais pas douté.

ERNEST.

Demandez plutôt à mademoiselle (voyant Nina qui arrive.), qui, mieux que personne, vous dira qui je suis.

NINA.

Qui, moi? je craindrais trop de me tromper. C'est Tiennette qui seule vous connaît.

TIENNETTE.

Point du tout. C'est un jeune homme de Paris : c'est un ami de ces messieurs.

FUTET.

A d'autres : c'est le diable!

ERNEST.

Pas tout-à-fait, et puisqu'il faut vous le dire...

AIR : Il me faudra quitter l'empire.

Mon père et vous d'un heureux mariage
 Aviez conçu l'espoir flatteur;
Mais j'aurai fait un long voyage
   (Montrant Théodore et Nina.)
Pour assister à leur bonheur.

Oui, j'aime mieux, en homme sage,
De ces messieurs, pour éviter les traits,
Les divertir avant le mariage,
Que de les amuser après.

LE COLONEL, aux officiers.

Messieurs, une pareille plaisanterie...

ERNEST.

Est bien permise, colonel : je suis militaire comme ces messieurs, à ce titre, s'ils veulent bien me pardonner de ne point m'être laissé attraper, la belle Nina d'avoir voulu un instant troubler son bonheur, monsieur Futet d'avoir un peu alarmé sa jalousie, vous, colonel, d'avoir interrompu un déjeuner de corps, que le dîner de ces messieurs va remplacer, nous n'aurons rien à nous reprocher.

FUTET.

Comment! La carriole de Melun?

ERNEST.

Je ne vais jamais en carriole.

DROLICHON.

Et le petit chien, pas plus haut que cela?

ERNEST.

Il court encore.

FUTET.

Eh quoi, ma femme!...

MADAME FUTET.

Pouvais-tu douter de moi? (A part, regardant Ernest.) J'étais bien sûre que ce n'était pas lui.

SCÈNE XX.

ERNEST.

Ah! nous avons aussi à Limoges quelques plaisanteries pour les jours gras, et si ces messieurs veulent bien m'accorder leur amitié...

TOUS.

Monsieur...

ERNEST.

S'ils me jugent digne de m'associer à eux, nous chercherons, ensemble, quelques bons tours pour passer gaîment le carnaval.

VAUDEVILLE.

Air : Que Pantin, etc.

Célébrons le carnaval,
 Le délire
 Qu'il inspire;
Célébrons le carnaval :
Des plaisirs c'est le signal.

MADAME FUTET.

Air : Un soir, que, sous son ombrage.

Pauvres humains dans la vie,
Qu'on vous joue, hélas! de tours :
La fortune, la folie,
Et plus encor les amours.
En vain, d'avance, on se vante
De ne plus être trompé;
 Qu'un minois se présente,
 Encore un d'attrapé.
Célébrons, etc.

JULES.

L'amour nous ravit les belles;
Bientôt l'hymen nous les rend :

Car l'hymen est auprès d'elles
Notre allié le plus grand.
Chacun dans l'espoir précoce
D'un succès anticipé,
  Peut dire à chaque noce :
  Encore un d'attrapé.
Célébrons, etc.

TIENNETTE.

Quand j'étais petite fille,
L's amans n' songeaient pas à moi ;
J' devins un peu plus gentille :
L'un d'eux me lorgna, je crois.
Maintenant rien ne m'échappe.
D' moi plus d'un est occupé.
A chaque grace que j'attrape,
  Encore un d'attrapé.
Célébrons, etc.

ERNEST.

De tout ce qui m'environne
A quoi bon m'inquiéter ?
Les ans que le ciel me donne,
Je les prends tous sans compter.
Des jours qui forment ma vie,
Bien loin de m'être occupé,
  Chaque soir je m'écrie :
  Encore un d'attrapé.
Célébrons, etc.

FUTET.

Dès qu'on parle ou qu'on discute,
Pour échauffer je suis là.
Hier, dans une dispute,
Certain sot m'apostropha ;
Mais voyez le bon apôtre,
Ce coup dont il m'a frappé,
  Il était pour un autre.

                    (Se frottant les mains.)

  Encore un d'attrapé.
Célébrons, etc.

SCÈNE XX.

NINA, au Public.

A la critique on échappe
Dans ces jours où tout est bien.
Si la pièce est une attrape,
Silence! n'en dites rien,
Pour que tout Paris s'avise,
Comme vous, d'être attrapé,
Et qu'à chacun l'on dise :
    Encore un d'attrapé.
Célébrons, etc.

FIN DU NOUVEAU POURCEAUGNAC.

LE SOLLICITEUR,

OU

L'ART D'OBTENIR DES PLACES,

COMÉDIE EN UN ACTE, MÊLÉE DE COUPLETS;

Représentée, pour la première fois, à Paris, sur le théâtre des Variétés, le 7 avril 1817.

EN SOCIÉTÉ AVEC MM. YMBERT ET WARNER.

PERSONNAGES.

M. LESPÉRANCE, solliciteur.
Madame DE VERSAC, jeune solliciteuse.
ARMAND, surnuméraire.
GEORGES, garçon de bureau.
Madame DURAND, vieille solliciteuse.
ZURICH, Suisse.
SORBET, limonadier.
CRIARDET, huissier.

La scène se passe dans le vestibule d'un ministère.

Le théâtre représente le vestibule d'un ministère. A gauche du spectateur une grande porte vitrée, qui est censée donner sur la cour, au-dessus de laquelle est écrit : *Fermez la porte S. V. P.* Une table à droite, un poêle à gauche, un plan au dessus de la porte vitrée. A droite, l'entrée des bureaux. Au fond, et faisant face aux spectateurs, un vaste escalier, qui est celui du ministre.

L'ESPÉRANCE.

VOILÀ UNE JAMBE À SUCCÈS.

LE SOLLICITEUR,

OU

L'ART D'OBTENIR DES PLACES.

SCÈNE PREMIÈRE.

GEORGES, *avec une petite table, près le bureau n° 1;* CRIARDET, *en noir, avec une médaille, se promenant au bas de l'escalier du fond;* ARMAND; MADAME DE VERSAC, *sortant du bureau à droite.*

MADAME DE VERSAC.

Oui, mon cher Armand, vous avez beau dire, je parlerai pour vous, et je réussirai.

ARMAND.

Je n'en doute point, ma jolie cousine, mais, pourtant, je vous prie de n'en rien faire.

MADAME DE VERSAC.

Eh! pourquoi donc? Quand on ne demande pas pour soi, on est bien hardi. L'entrée de votre ministère m'avait d'abord effrayée; ces grandes portes, ce concierge, ces factionnaires... *Où va madame? Que demande madame?* Votre suisse a un air rébarbatif! mais vos chefs de bureau, c'est bien différent! Quel air gracieux! quel ton prévenant! comme le son de leur voix s'adoucit quand ils vous offrent le fauteuil obligé! c'est charmant de solliciter! je ne m'étonne plus si tant de gens s'en mêlent.

ARMAND.
Et voilà justement ce qui me désespère.

Air : Il me faudra quitter l'empire.

Qu'un intrigant vante ses artifices,
Prône en tous lieux et son zèle et sa foi,
  Loin de parler de mes services,
  Eux seuls ici doivent parler pour moi.
  Oui, l'honnête homme qu'on oublie,
Loin de se plaindre et de solliciter,
Met à servir son prince et sa patrie
Le temps qu'un autre emploie à s'en vanter.

MADAME DE VERSAC.

Entendons-nous, cependant: c'est fort bien d'avoir du mérite, mais faut-il que le mérite parle.

Air : Le premier pas.

Il faut parler :
  Le talent et le zèle
A la faveur doivent se rappeler.
Des protecteurs la mémoire est rebelle,
Et près des grands, comme auprès d'une belle,
  Il faut parler.

Et si vous gardez le silence, le ministre ira-t-il deviner que vous êtes un officier distingué? que vous avez payé de votre personne sur le champ de bataille? que depuis un an vous travaillez gratis dans ses bureaux?

ARMAND.
Quoi! vous voulez que j'aille demander moi-même?

SCÈNE I.

MADAME DE VERSAC.

Non, certes; mais si je prends ce soin, qu'avez-vous à répondre?

ARMAND.

Je répondrai que ce n'est pas le ministre qu'il m'importe le plus de fléchir.

MADAME DE VERSAC.

Que voulez-vous dire?

ARMAND.

Air d'Agnès Sorel.

Il est une personne encore
Qui peut bien plus pour mon bonheur!
Vous la connaissez; mais j'ignore
Si vous voudrez parler en ma faveur.
Loin de croire à la réussite,
Tout espoir est pour moi perdu.
Depuis un an, hélas! je sollicite,
Et n'ai rien encore obtenu.

MADAME DE VERSAC.

Comment! vous sollicitez quelque chose de moi? eh mais! il fallait donc parler. Je suis comme le ministre : je n'entends pas les gens qui se taisent, et ne peux accorder ce qu'on ne me demande pas.

ARMAND.

Pouvez-vous blâmer mon silence? Vous êtes riche, moi, sans état dans le monde, sans place...

MADAME DE VERSAC.

Raison de plus pour en avoir une. Votre chef m'a fait espérer aujourd'hui une audience du ministre; et j'étais si empressée à venir, que je n'ai oublié qu'une chose, assez essentielle : c'est votre pétition, que j'ai laissée sur ma toilette. Vous aviez raison, pour une solliciteuse, je n'ai pas une trop bonne tête. Mais il est encore de bonne heure, et je vais...

ARMAND.

Vous avez le laissez-passer pour rentrer?

MADAME DE VERSAC.

Oh! j'ai tout ce qu'il faut.

Air : Bonsoir, noble dame. (*Comte Ory.*)

Prenez confiance;
Moi, j'ai l'assurance
Que ce projet-là
Nous réussira.

ARMAND.

Sans peine on défie
Le sort et ses coups,
Quand femme jolie
Veille ainsi sur nous.

ENSEMBLE.

MADAME DE VERSAC.

Oui, c'est mon génie
Qui veille sur vous.

ARMAND.

Quand femme jolie
Veille ainsi sur nous.

(Armand conduit madame de Versac.)

SCÈNE II.

ARMAND, GEORGES.

GEORGES.

Pardon, monsieur, est-ce que cette jolie dame n'aurait pas pu entrer?

SCÈNE II.

ARMAND.

Non; elle avait oublié quelques papiers importans.

GEORGES.

Ah bien! elle est bien bonne; ce n'était pas la peine. Tiens, des papiers avec ces yeux-là! ça vaut un laissez-passer.

ARMAND.

Ah! tu crois?

GEORGES.

Il y en a bien qui n'ont pas ses yeux et qui entrent tout de même : tenez, ce grand monsieur sec, qui sollicite toujours, et qu'on appelle M. l'Espérance; malgré le suisse, le concierge et la consigne, il trouve toujours le moyen de passer : je ne sais pas comment il fait son compte, et je m'étonne de ne pas le voir encore.

ARMAND.

Il est de bonne heure; neuf heures, je crois.

GEORGES.

Et vous voilà déja au bureau? c'est superbe! Été comme hiver, je vous vois toujours brûlant du même zèle, et le premier à l'ouvrage. Mais, dam'! vous êtes surnuméraire; et comme le chef de division n'arrive qu'à midi, c'est trop juste...

ARMAND.

Allons, Georges, taisez-vous. D'ailleurs, qu'a donc de si triste l'état de surnuméraire?

<small>Air du vaudeville de la Partie carrée.</small>

Sous ce titre, sans importance,
On est souvent très important;

On y gagne de l'influence,
Si l'on n'y gagne pas d'argent.
Oui, ces messieurs ont, d'ordinaire,
Plus de crédit qu'un grand seigneur.

GEORGES.

Ça se peut; (A part.) mais ils n'en ont guère
Chez le restaurateur.

ARMAND.

D'ailleurs, ça viendra; de la patience.

GEORGES.

De la patience ; ça n'est pas cela qui vous manque. A propos, nous aurons tous ces messieurs aujourd'hui, car c'est le jour de paiement.

ARMAND.

Qu'est-ce que ça me fait?

GEORGES.

C'est vrai ; je n'y pensais pas : le paiement, ça ne vous touche pas, ce sont ces messieurs qui touchent, et vous...

ARMAND.

Et moi, je vais me mettre à l'ouvrage. Si cette jeune dame revient, tu la feras entrer; il vaut mieux qu'elle attende dans le bureau qu'ici.

GEORGES.

Oui, monsieur.

(Il sort.)

SCÈNE III.

GEORGES, *seul*.

Ces pauvres surnuméraires! Ça viendra, ça viendra. Croyez cela, et buvez de l'eau : c'est le plus clair de leur déjeuner. Ça me fait penser au sien que j'ai oublié de lui porter, le pain et la caraffe d'eau. A cela près, c'est un bel état que celui de surnuméraire : je sais ça, moi, qui l'ai exercé pendant trois ans.

Air : Un homme pour faire un tableau.

Hormis qu'on travaille pour deux,
Et qu'on se passe de salaire,
C'est au fait l'emploi l' plus heureux
Qu'on puisse avoir dans l' ministère.
En fait de places, ici bas,
J' vois chacun trembler pour la sienne;
Et, du moins, quand on n'en a pas,
On ne craint pas qu'on vous la prenne.

Mais qu'est-ce qui vient là? Déja des solliciteurs! Ça commence bien ; la journée sera bonne.

SCÈNE IV.

GEORGES, MADAME DURAND, *entrant par la gauche*.

MADAME DURAND, parlant au suisse.

Oui, monsieur, voilà mon laissez-passer. (A Georges.) Monsieur, la première division, bureau n° 1 ?

GEORGES.

Il n'y a encore personne.

MADAME DURAND.

Oui, monsieur; mais vous voyez que j'ai un laissez-passer, et ce n'est certainement pas sans peine.

GEORGES.

Je vous dis qu'il n'y a encore personne, excepté un surnuméraire.

MADAME DURAND.

Eh bien! dès qu'il y a quelqu'un.

GEORGES.

Qu'est-ce qui vous parle de quelqu'un? Je vous dis un surnuméraire. Vous arrivez de trop bonne heure.

MADAME DURAND.

Pardon, je croyais qu'on ne pouvait jamais arriver de trop bonne heure. Je vous demanderai alors la permission d'attendre et de me chauffer au poêle?

(Elle prend la chaise du garçon.)

GEORGES.

Eh bien! c'est sans gêne.

MADAME DURAND.

Voyez-vous, c'est un entrepôt de tabac que je sollicite depuis long-temps, et que j'aurais déja sans mon mari.

GEORGES.

Est-ce qu'il ne voudrait pas?

MADAME DURAND.

Eh, bon dieu! il n'a jamais eu de volonté, et encore moins à présent, le pauvre cher homme; mais il n'a

SCÈNE IV.

jamais su faire les choses à propos. Imaginez-vous qu'il vient de se laisser mourir.

GEORGES.

C'est bien malheureux!

MADAME DURAND.

Oui, sans doute, car sans cela j'avais l'entrepôt de Saint-Malo : on prétend qu'il faut un homme pour remplir cette place. Dieu sait, pourtant, comme le défunt s'entendait à remplir une place! Mais comment trouver un mari? Dites-moi, vous qui voyez tant de monde ici, vous ne pourriez pas m'indiquer?...

GEORGES.

Eh, mon dieu! attendez; je vois d'ici votre homme; c'est même un concurrent, et un concurrent redoutable : M. Lespérance, le plus rude solliciteur.

MADAME DURAND.

Et vous croyez qu'il voudrait?...

GEORGES.

Lui? pour obtenir un place, il est capable de tout. Vous ne le connaissez pas.

AIR : Je me suis marié.

C'est le roi des furets;
Il guette, il rôde, il trotte:
Son unique marotte
Est de courir après
Ses éternels placets.
Du ministère au Louvre,
Dès que la porte s'ouvre,
Soudain on peut le voir
Avec son habit noir.

Chef de bureau, préfet,
Commis, il vous menace;

Craignez d'entrer en place,
Vous aurez son billet
Avec votre brevet :
Car c'est d'après la Gazette
Qu'il règle sa courbette,
Et son souris flatteur
D'après le Moniteur.

En mai comme en janvier ;
Que le ministre change,
Lui, rien ne le dérange :
Il est, sur l'escalier,
Ferme comme un pilier.
Et l'huissier du ministère,
S'il faisait l'inventaire
Ne pourrait l'oublier
Dans notre mobilier.

Dans les mêmes instans
On le voit aux finances ;
Il est aux audiences,
Et trouve encor du temps
Pour nos représentans.
En un mot, il se fatigue,
Marche, travaille, intrigue :
Le tout, pour parvenir
A ne rien obtenir.

MADAME DURAND.

Il pourrait finir par arriver, et c'est un rival trop dangereux. Mais dès que vous me promettez de lui parler... Que d'obligations je vous aurai. (Fouillant dans son sac.) Mon dieu ! je n'ai là que mon mouchoir et ma pétition. Mais je crois entendre sonner dix heures. Je puis entrer, je crois?

GEORGES.

Oh ! sans difficulté; mais une autre fois ayez plus de mémoire, et rappelez-vous qu'on n'entre qu'à dix heures. C'est qu'en venant si tôt, on se presse, et on oublie toujours quelque chose. (A part.) Attrape ça. (Madame Durand entre dans le bureau à droite.) Et moi, n'oublions pas le déjeuner de M. Armand. (Il entre également à droite, avec un petit pain et une carafe d'eau.)

SCÈNE V.

LESPÉRANCE, *en bas noirs; habit noir serrant la taille, chapeau sur la tête; il ouvre la porte vitrée à gauche, et regarde autour de lui.*

Personne. Si je me suis bien orienté sur ma carte topographique du ministère, voici la grande entrée et l'escalier du ministre; et c'est par là que moi, Félix Lespérance, je prétends enlever l'entrepôt de tabac de Saint-Malo, vacant par décès du titulaire. Ils sont là, par l'entrée ordinaire, trois ou quatre cents personnes à attendre leur tour, chacun son numéro. On appelle n° 1, n° 2, n° 3; moi qui ai justement le 399, et dès que je voulais me faufiler ou anticiper sur le voisin, ils étaient tous à crier : *à la queue! à la queue!* et puis les bourrades, vlan, vlan; encore si ça avait dû me faire avancer, je ne dis pas : parce que dès qu'on avance, le reste n'est rien. Mais quand j'ai vu que c'était en pure perte, je les laisse là; je fais le tour, et j'entre par la grande porte avec Azor, qui ne me quitte pas, et qui connaît tous les ministres comme moi-même. « Monsieur! monsieur! les chiens n'entrent pas. » Je ne prends pas ça pour moi; je continue mon chemin. « Monsieur, votre chien ! » Je ne fais pas semblant de le connaître; je vas toujours comme s'il n'était pas de ma compagnie; et, pendant que le suisse, en baissant sa hallebarde, poursuit ce pauvre Azor dans la cour, je me glisse imperceptiblement derrière lui, et me voilà; et il y a des musards qui vous disent: « Mais comment donc faites-vous? on vous trouve partout. » L'audace; je ne connais que l'audace, moi. Audacieux et fluet, et l'on arrive à tout.

SCÈNE VI.

LESPÉRANCE, ZURICH, *en Suisse, avec le baudrier et la hallebarde.*

ZURICH.

Où il être donc ste petite monsir ?

LESPÉRANCE.

Ah, diable !

ZURICH.

Comment havre-fous fait pour entrir, toi ?

LESPÉRANCE.

Pardi, par la porte.

ZURICH.

Tairteff ! toi n'entrir pas.

LESPÉRANCE.

Vous voyez bien que si, puisque me voilà.

ZURICH.

Où être la petite feuilleton, le garte de babier pour la passage ?

SCÈNE VI.

LESPÉRANCE.

Vous voulez dire ce papier par le moyen duquel on passe sans difficulté? Vous voyez bien qu'il me serait inutile, ainsi n'en parlons plus.

ZURICH.

J'entendire boint, et être ingorruptible. (Tendant la main.)

LESPÉRANCE.

Mais encore...

ZURICH, tendant toujours la main.

A moins de afoir des motifs brébondérans.

LESPÉRANCE.

Mais quand je vous dis en bon français...

ZURICH.

Je entendire point le français.

LESPÉRANCE, à part.

Et moi, au contraire, j'entends fort bien le suisse. J'entends bien ce qu'il veut dire avec ses motifs prépondérans; je le comprends mieux que lui : mais si une fois on les habituait à cela, on n'en finirait pas. J'aime mieux prendre le plus long, c'est plus court.

ENSEMBLE.

Air de Gilles en deuil.

Allons, puisqu'il faut que je sorte,
Solliciteur intelligent,
Gagnons tout doucement la porte,
Disparaissons pour un instant.

ZURICH.

Allons, falloir que monsir sorte...
Je suis un souisse intelligent.
Allons, vite, gagnez la porte,
Et disparaissez à l'instant.

LESPÉRANCE.

Le hasard me sera propice,
Et je n'ai nul désir, vraiment,
D'aller me faire avec un Suisse
Une querelle d'Allemand.

ENSEMBLE.

Allons, puisqu'il, etc.

ZURICH.

Allons, falloir que, etc.

(Lespérance sort.)

SCÈNE VII.

ZURICH, *seul.*

Il être ponne ste monsir de fouloir attraber moi, qui hafre été autrefois le loustic de la réchiment, et qui être toujours crantement fine pour le malice. Ce être pien crantement tommache que j'hafre la fue un beu passe, ce être gabable bour empêcher moi de faire mon jemin; n'imborte. Qui fa là ?

SCÈNE VIII.

ZURICH, LESPÉRANCE. *Il ouvre vivement la porte et traverse le théâtre d'un air leste et dégagé; il a sur les yeux des lunettes vertes; il est sans chapeau et l'habit ouvert; il a une plume dans la bouche, des papiers sous le bras, et un rouleau à la main. Il se dirige vers la porte du bureau.*

ZURICH.

Qui fa là ?

SCÈNE IX.

LESPÉRANCE, parlant avec la plume entre les dents.
Je suis de la maison, je suis de la maison.

ZURICH.
C'est chuste, ce être un employé. Je retourne à mon boste.

(Il sort.)

SCÈNE IX.

LESPÉRANCE, *seul*.

C'est encore moi. Je suis sûr qu'à ma place un solliciteur ordinaire, un pauvre diable, comme on en voit tant, se serait tenu pour battu. (Prenant son chapeau, qui est attaché sous la basque de son habit.) Mais aussi il faut savoir solliciter. (Articulant.) Il faut savoir solliciter; c'est un art comme un autre, et un art qui a ses principes : pour y exceller, il faut avoir de certaines qualités personnelles ; ça ne se donne pas. Par exemple, une jambe taillée pour la course : voilà une jambe à succès. Mais me voilà enfin dans le camp des Grecs; il faut songer à l'attaque. J'ai là ma demi-douzaine de pétitions, jamais moins, quelquefois plus, parce qu'on ne sait pas ce qui peut arriver. Si j'essayais... Justement voici le garçon de bureau avec lequel j'ai fait connaissance en parlant de la pluie et de la politique.

SCÈNE X.

LESPÉRANCE, GEORGES, *sortant du bureau.*

LESPÉRANCE.

Si je pouvais me le gagner par quelques familiarités.
(Voyant que Georges prend du tabac, il s'avance derrière lui et prend une prise dans sa tabatière.)

GEORGES, se retournant.

Eh! c'est monsieur Lespérance!

LESPÉRANCE.

Moi-même, mon cher Georges. (Le regardant.) Heim! quelle santé ils ont dans ces bureaux; se porte-t-on comme ça?

GEORGES.

Parbleu! je parlais de vous tout à l'heure à une dame.

LESPÉRANCE.

Voyez ce brave Georges? Je te dirai quelque chose tout à l'heure; pour le moment j'ai une affaire indispensable, qui me force à entrer là dedans.

GEORGES.

Non, ça ne se peut pas.

LESPÉRANCE.

Comment! tu crois qu'il n'est pas possible?...

GEORGES.

Non, à moins qu'un de ces messieurs ne vous fasse entrer: moi, je ne puis prendre sur moi... (L'espérance regarde toujours la porte sans écouter Georges.) Pour en revenir à cette dame, elle voulait vous faire avoir l'entrepôt de Saint-Malo.

LESPÉRANCE, vivement.

Heim! qu'est-ce que c'est? de Saint-malo, celui que je sollicite?

GEORGES.

Et même elle vous offre sa main.

LESPÉRANCE.

Par exemple, c'est dans ces momens-là qu'on apprécie vivement l'avantage d'être célibataire.

GEORGES.

Si vous consentez à l'épouser, vous n'avez qu'à parler.

LESPÉRANCE.

Il n'y a pas de doute, et dès qu'elle a l'entrepôt...

GEORGES.

Je ne dis pas cela; je dis qu'elle est sûre de l'avoir dès qu'elle vous aura.

LESPÉRANCE.

Non, non, nous ne nous entendons plus.

GEORGES.

Songez donc qu'il lui faudrait un mari pour avoir l'entrepôt.

LESPÉRANCE.

Au contraire, il faut qu'elle ait l'entrepôt pour avoir le mari. Diable! ne confondons pas; rien d'obtenu, rien de fait. Dis-lui qu'elle sollicite toujours; si elle est nommée, on verra: mais en attendant, je vais tâcher de... Eh mais! voilà justement quelqu'un qui sort. C'est aujourd'hui jour de paiement, et j'ai remarqué que ces jours-là on est mieux disposé. (Montrant Armand qui arrive.) Il fait sans doute partie des bureaux ?

GEORGES.

Partie, jusqu'à un certain point.

LESPÉRANCE.

Ah! je devine... En effet, je ne lui trouvais pas cette gaîté... Au fait, il n'est pas payé pour ça, c'est égal.

SCÈNE XI.

GEORGES, LESPÉRANCE, ARMAND, *auquel Lespérance fait plusieurs salutations.*

ARMAND, sans remarquer Lespérance.

Georges, est-ce que madame de Versac n'a point encore reparu ?

GEORGES.

Non, monsieur.

ARMAND.

Allons, je vais profiter de cela pour déjeuner ; car j'ai tant d'ouvrage qu'il m'a encore été impossible...

LESPÉRANCE, à part.

Qu'entends-je ? il n'a pas déjeuné! C'est un homme à moi. Il n'y a que deux moyens : il faut prendre les gens par les sentimens ou par la faim; il ne serait pas régulier de commencer par la faim, débutons par les sentimens. (Il tousse pour se faire remarquer, et recommence ses révérences.) Monsieur...

SCÈNE XI.

ARMAND, à part.

Quel est cet original? que me veut-il avec ses saluts?

LESPÉRANCE, saluant toujours.

Vous devinez sans doute ce qui m'amène; s'il vous restait la plus légère incertitude... (Il salue de nouveau.)

ARMAND.

Vous saluez avec une grace, une aisance...

LESPÉRANCE.

C'est la grande habitude : il y a dix ans que j'exerce.

ARMAND.

Je devine que vous sollicitez.

LESPÉRANCE.

Vous l'avez dit; et je compte sur vous, aimable jeune homme : il faut que vous me donniez un coup de main ou un coup d'épaule. Préférez-vous me donner un coup d'épaule? ça m'est parfaitement égal, pourvu que vous me poussiez.

ARMAND.

Songez donc que je ne suis rien dans l'administration.

LESPÉRANCE.

C'est ce qui vous trompe : vous ne recevez point de salaire, c'est fort bien; vous ne retirez aucun fruit de votre labeur, c'est à merveille; vous travaillez *gratis*, *pro Deo*, c'est encore mieux : mais on vous paie en égards, en bienveillance, et, sous ce rapport, vous jouissez d'un fort joli traitement. (A part.) Voilà pour les sentimens, nous verrons après. (Haut.) Parlez-moi des égards, de la bienveillance : cela tient lieu de tout.

ARMAND.

Les égards, la bienveillance, tout cela ne suffit pas.

LESPÉRANCE.

C'est ce que je dis... (A part.) Oh! alors, il faut lâcher le déjeûner. (Haut.) Quand je dis que ça tient lieu de tout, c'est une façon de parler. Je conçois, par exemple, qu'on n'engraisse pas avec de l'estime : moi qui vous parle, je jouis d'une considération très distinguée, et cependant... et cependant si je n'avais pas déjeuné... Avez-vous déjeuné?

ARMAND, offensé.

Monsieur!...

LESPÉRANCE, affirmativement.

Vous n'avez pas déjeuné, vous chercheriez en vain à le dissimuler. Vous n'avez pas déjeuné.

ARMAND, souriant.

Monsieur, je ne prends jamais rien.

LESPÉRANCE.

Je sais cela à merveille. Vous autres, vous ne prenez jamais rien, mais vous acceptez quelque chose.

ARMAND.

Monsieur!...

LESPÉRANCE.

Une bavaroise au lait.

ARMAND.

Vous vous moquez.

SCÈNE XII.

LESPÉRANCE.

Je vois que vous êtes pour la côtelette; eh bien! va pour la côtelette et le carafon. (A part.) Ma foi! lâchons la côtelette.

ARMAND, avec dignité.

C'est assez plaisanter.

AIR : Fils imprudent, etc.

En ces lieux je n'ai point d'empire;
Si jamais je dois en avoir,
En vain on voudrait me séduire :
Je ferai toujours mon devoir.
Je suis Français, et je fus militaire.
L'honneur, monsieur, jamais ne se paya :
Telle est ma loi.

(Il sort.)

LESPÉRANCE.

Ce garçon-là
Sera toujours surnuméraire.

Allons, c'est jouer de malheur. Tomber sur un surnuméraire qui ne déjeune pas! Mais c'est égal, il faudra bien... Quelle est cette jeune dame?

SCÈNE XII.

LESPÉRANCE, MADAME DE VERSAC.

LESPÉRANCE, à part.

Je suis bien sûr qu'une figure comme celle-là ne sera pas refusée. Si je pouvais m'accrocher à elle. (Haut.) Oserais-je m'informer de ce que demande madame?

MADAME DE VERSAC.

Je cherche quelqu'un qui puisse m'annoncer.

LESPÉRANCE.

Je vois que madame a un laissez-passer ?

MADAME DE VERSAC.

Oui, monsieur.

LESPÉRANCE.

Si j'osais lui offrir mon bras : une femme seule se trouve souvent embarrassée. Comment se reconnaître dans ces corridors, dans ces escaliers? tandis qu'avec un cavalier...

MADAME DE VERSAC.

Je vous remercie; je ne veux point abuser...

LESPÉRANCE.

Ça ne me gêne pas du tout, au contraire. S'agit-il d'une place, une réclamation, une pétition? Si je pouvais être utile à madame... J'ose dire que je suis assez connu...

MADAME DE VERSAC, à part.

En vérité, voilà un monsieur bien obligeant. (Haut.) C'est une pétition que je dois donner à son excellence; mais je dois lui être présentée par un chef de division, et je ne sais pas au juste où est son bureau.

LESPÉRANCE.

Voulez-vous me permettre de voir son nom? (Prenant la pétition.) Oui, M. de Saint-Ernest; c'est bien là son bureau. (Gardant la pétition, et offrant son bras à madame de Versac.) Et quand vous voudrez, nous pourrons entrer.

MADAME DE VERSAC.

Mais si vous voulez seulement m'indiquer.

SCÈNE XIII.

LESPÉRANCE.

Je tiens à vous conduire moi-même.

MADAME DE VERSAC.

Non, décidément, je ne souffrirai pas... Je vous rends mille graces.

LESPÉRANCE.

Mille, c'est beaucoup; mais quand on en possède autant que vous, on peut, sans se gêner, en accorder une quantité plus ou moins grande, ce qui fait que je vous en demanderai une. Vous refusez ma protection : eh bien ! moi, je ne suis pas fier, je vous demande la vôtre.

MADAME DE VERSAC, à part.

Voilà qui est singulier ! (Haut.) Certainement, monsieur, je ne demanderais pas mieux; mais ne vous connaissant pas, il est indispensable...

LESPÉRANCE.

C'est-à-dire indispensable, si l'on veut. Il y a beaucoup de gens qui sollicitent sans savoir précisément ce qu'ils demandent, et même sans savoir au juste pour qui.

SCÈNE XIII.

Les précédens ; ARMAND.

ARMAND.

Eh quoi, madame, vous êtes là ! moi qui, depuis une heure, vous attendais pour vous conduire !

LESPÉRANCE, à part.

Maudit surnuméraire! encore une tentative inutile; je n'arriverai point au ministère. Eh si! vraiment. Quelle idée!.... Qu'est-ce que je risque?.... Il aura toujours de ma prose, et présentée par une jolie main... Allons, en avant le bureau des pétitions.

(Il fouille rapidement dans sa poche de côté et tire une pétition qu'il présente à madame de Versac à la place de la sienne.)

Air : Quand on sait aimer et plaire.

Puisqu'un autre ici vous donne
Le bras que l'on vous offrait,
A lui je vous abandonne,
Et je vous rends ce placet.

MADAME DE VERSAC.

Croyez qu'au fond de mon ame...

LESPÉRANCE.

Ah! je ne perds pas l'espoir;
Peut-être allez-vous, madame,
Me servir sans le vouloir.

ENSEMBLE.

ARMAND.

Souffrez qu'ici je vous donne
Le bras que l'on vous offrait.
A l'espoir je m'abandonne :
J'attends tout de ce placet.

MADAME DE VERSAC.

J'accepte, puisqu'on l'ordonne,
L'offre qu'ici l'on me fait.
A l'espoir je m'abandonne :
J'attends tout de ce placet.

LESPÉRANCE.

Puisqu'un autre ici vous donne, etc.

(Madame de Versac et Armand sortent.)

SCÈNE XIV.

LESPERANCE, seul.

LESPÉRANCE.

Récapitulons un peu. Nous disons donc une entre les mains de cette dame, deux ou trois que j'ai glissées dans la loge du portier, sous l'enveloppe du *Moniteur*, trois ou quatre qui me restent; il faut croire que, sur la quantité, il y en aura quelqu'une qui arrivera jusqu'au ministre. Où est le mal de faire ses demandes par duplicata? Quand on devrait avoir deux ou trois places au lieu d'une, voilà tout ce qu'on risque..Voyons donc la pétition de cette dame. (Il lit.) Diable! une place d'inspecteur! rien que cela. Le ministre ne peut qu'y gagner, je ne lui demande qu'un entrepôt. Pourtant, si je pouvais parvenir jusqu'à lui, et lui parler moi-même, ça vaudrait encore mieux. (Il ploie la pétition, et la remet dans sa poche de côté.) Allons, Lespérance, un dernier effort. Il faut réussir ou perdre ton nom.

CRIARDET, sur l'escalier.

Le déjeûner de M. le secrétaire général!

GEORGES, allant vers la porte vitrée.

M. Sorbet! le déjeûner de M. le secrétaire général!

LE SUISSE, en dehors.

Le décheuner de la secrétaire chénéral!

LESPÉRANCE.

Mon dieu! quel bruit! voilà tout l'hôtel en rumeur. Il paraît que c'est une affaire importante, et qu'elle est de celles qui demandent à être expédiées promptement.

SCÈNE XV.

LESPERANCE, M. SORBET, une serviette sous le bras, et un grand plateau chargé d'un déjeuner.

SORBET, entrant.

Me voilà! me voilà! à peine aujourd'hui a-t-on le temps de se reconnaître. A cette heure-ci tout le bureau est au café.

LESPÉRANCE.

Diable! quelle gaucherie à moi de n'avoir pas déjeûné chez lui! Il peut m'être fort utile. C'est décidé, dorénavant j'y fais tous mes repas. Il ne résistera pas à une consommation un peu active. Dites-moi, monsieur Sorbet, il paraît qu'il y a de l'appétit parmi les employés?

SORBET.

Dieu merci, ça n'est pas la faim qui leur manque; et si ce n'était les crédits, ça irait bien. On s'en retire toujours, parce que les jours de paiement, aujourd'hui, par exemple, on est là des premiers. (Regardant par la porte vitrée.) Ah, mon dieu!

LESPÉRANCE.

Qu'est-ce que c'est donc?

SCÈNE XV.

SORBET.

Vous ne voyez pas dans la cour, ce monsieur?

Air de la Partie carrée.

C'est l'employé que toute la semaine
Dans son logis j'ai cherché vainement.
Pour me solder une quinzaine,
Il m'a remis au jour de son paiement.

LESPÉRANCE.

Je parierais qu'il vous redoute.
A grands pas je le vois marcher.
Qu'il est léger!

SORBET.

Ah! plus de doute,
C'est qu'il vient de toucher.

Et s'il passe la porte, je suis perdu, parce que vous pensez bien que le marchand de vin et le propriétaire...

LESPÉRANCE.

Eh, bien! courez-y donc, courez vite. (Lui prenant le plateau et la serviette.) Laissez-moi cela.

SORBET.

Je reviens dans l'instant.

(Il sort.)

SCÈNE XVI.

LESPERANCE, seul, tenant le plateau et regardant par la porte vitrée.

Oh! il l'attrapera! il l'attrapera! (Regardant le plateau.) Eh mais! ma foi, dans la situation où je suis, il n'y a qu'un parti déterminé qui puisse me sauver. (Regardant autour de lui.) Personne. Il faudra bien qu'on laisse passer le déjeûner de monsieur le secrétaire général. (Il s'attache autour du corps la serviette de Sorbet, et prend dans ses mains le plateau.) Je l'ai déjà dit : audacieux et fluet, et l'on arrive à tout.

(Il monte par l'escalier du fond; Criardet se range pour le laisser passer; il disparaît.

SCENE XVII.

ARMAND, madame DE VERSAC, sortant du bureau a gauche.

MADAME DE VERSAC.

Concevez-vous mon malheur? le ministre qui ne peut pas nous recevoir aujourd'hui; il n'a accordé d'audiences particulières qu'à deux ou trois personnes dont je viens de voir les noms inscrits : un général, une duchesse, et un M. de la Ribardière que je ne connais point.

SCÈNE XVII.

ARMAND.

Notre chef de division est désolé de ce contre-temps.

MADAME DE VERSAC.

Et moi j'en suis d'une humeur... Malheur aux personnes qui me feront la cour aujourd'hui!

ARMAND.

Je vois qu'il ne faudrait pas vous demander d'audience particulière.

MADAME DE VERSAC.

Non, certainement. Le ministre a des caprices, tout le monde s'en ressentira. Comment! pas d'audience avant huit jours!

ARMAND.

Il faut espérer qu'une autre fois...

MADAME DE VERSAC.

Et si un autre vous prévient, s'il obtient la place malgré vos droits... Vous voyez bien que si l'on accuse les grands d'injustice, on n'a pas toujours tort.

ARMAND.

On ne peut cependant pas répondre à tout le monde.

MADAME DE VERSAC.

Si, monsieur; et si jamais je suis ministre, on verra.

ARMAND.

C'est différent. Je vous trouve déjà un air ministériel tout-à-fait imposant; et dans le cas de votre nomination, je vous prie de ne point oublier ma pétition.

MADAME DE VERSAC.

La voilà, cette maudite pétition que je n'ai pu présenter! Mais je pense maintenant à cet original qui voulait à toute force m'offrir son bras. Je commence à le plaindre, depuis que je sais combien il est désagréable de rester à la porte.

ARMAND.

Lui? il n'y restera pas; il finira par entrer. Il y réussira peut-être plus tôt que vous.

SCÈNE XVIII.

Les précédens; LESPÉRANCE.

(Sur la ritournelle de l'air, on voit Lespérance descendre rapidement l'escalier.)

LESPÉRANCE.

Air: Je triomphe! ah! quel bonheur!

Ah! je triomphe! ah! quel bonheur!
Je suis nommé, j'ai l'entrepôt.

Eh bien! vous ne vouliez pas croire à mon crédit.

ARMAND.

Comment! vous auriez vu le ministre?

MADAME DE VERSAC.

Malgré la consigne?

LESPÉRANCE.

Bah! la consigne, est-ce qu'il y en a pour moi? Je ne vous dirai pas comment j'ai franchi l'escalier; me voilà dans le corridor...

SCÈNE XVIII.

Air : J'ai vu le Parnasse des dames.

Je conçois que de cette enceinte
On connaisse mal les détours ;
Moi-même dans ce labyrinthe
J'ai fait, je crois, plus de cent tours.
Vainement on passe, on repasse,
L'on va, l'on vient : peu s'en fallait
Qu'en ces lieux je ne m'égarasse...
J'avais vraiment l'air d'un placet.

J'arrive, sur la pointe du pied, jusqu'à l'antichambre du ministre; je guette, j'observe; j'aperçois une vieille face de solliciteur, physionomie féodale, dont les bâillemens annonçaient au moins deux heures d'attente. Je prête l'oreille; il grommelait entre ses dents : « Faire ainsi croquer le marmot à M. de la Ribardière ! »

MADAME DE VERSAC, à Armand.

C'est celui dont je vous parlais.

LESPÉRANCE.

Il avait l'air de méditer sur l'éternité, à laquelle un solliciteur doit toujours croire. Son tour vient; les deux battans s'ouvrent, et l'huissier annonce, d'une voix de Stentor : « M. de la Ribardière ! » Notre homme cherche à se soulever d'un fauteuil où il avait, pour ainsi dire, pris racine. Embarrassé de sa toux, de son parapluie à canne et surtout de son épée, une faiblesse le fait retomber dans son fauteuil. Je ne perds pas un instant, et, tandis qu'il s'efforce de se redresser, je m'élance comme une flèche : j'étais dans le cabinet du ministre, et j'avais déjà fait deux ou trois révérences, qu'il n'était pas encore debout.

MADAME DE VERSAC.

J'avoue que je ne connaissais pas cette manière d'escamoter une audience.

LESPÉRANCE.

Son Excellence témoigne d'abord quelque surprise. Je tire au hasard de ma poche une de mes pétitions; Son Excellence daigne la lire, en disant : « Ah ! je sais « ce que c'est. » Je le crois bien : c'était peut-être là quatrième qu'il recevait. « Je connais les talens de « ce jeune homme. » Ce jeune homme ! Votre Excellence est bien bonne, ci-devant jeune homme. « D'ailleurs, « continue-t-il, c'est une famille de braves. » Je ne sais pas qui a pu dire cela à Son Excellence ; le fait est que j'ai eu un frère conscrit. Alors, après avoir écrit quelques mots de sa main, le ministre a remis la pétition au secrétaire, en disant : « Que le brevet soit « expédié sur-le-champ. »

MADAME DE VERSAC.

Comment ! il est possible...

LESPÉRANCE.

Comme j'ai l'honneur de vous le dire. Ma pétition est au secrétariat général ; et comme c'est à votre bureau que ça vient, je vous prierai de me faire délivrer cela promptement.

MADAME DE VERSAC.

Eh bien ! qu'en dites-vous ?

ARMAND.

Ma foi, si c'est là ce qu'on appelle l'art d'obtenir des places, je risque bien de ne jamais en avoir.

SCÈNE XIX.

Les précédens; madame DURAND.

MADAME DURAND.
Ah, mon cher Georges! félicitez-moi.

GEORGES, à Lespérance.
C'est la dame dont je vous ai parlé pour ce mariage.

MADAME DURAND.
Je suis certaine d'avoir l'entrepôt de Saint-Malo; j'ai la parole formelle du chef.

MADAME DE VERSAC.
Allons, tout le monde réussit, excepté nous.

LESPÉRANCE.
Vous avez la parole, c'est fort bien; mais moi j'ai la place, et vous sentez qu'alors...

MADAME DURAND.
Ah, mon dieu! est-il possible?

LESPÉRANCE.
Et cet autre qui voulait m'engager à vous épouser; j'étais joli garçon.

Air: Ces postillons sont d'une maladresse.

Non, c'en est fait, non, plus de mariage;
Je suis placé, je suis heureux;
L'entrepôt me tombe en partage;
J'obtiens enfin l'objet de tous mes vœux.
Depuis dix ans que, malgré mon astuce,
Je cours toujours; je commence à m'user:
On me devait une place, ne fût-ce
   Que pour me reposer.

SCÈNE XX.

Les précédens ; SORBET.

SORBET.

Il m'a toujours donné un à-compte, mais ce n'est pas sans peine. Où est donc mon déjeûner?

LESPÉRANCE.

Mon ami, je sais ce que vous cherchez; c'est monsieur le secrétaire général qui s'en occupe dans ce moment.

SORBET.

Qui est-ce qui s'est donc donné la peine de le porter?

LESPÉRANCE.

Que ça ne vous embarrasse pas. (Tirant la serviette de sa poche.) Tenez, voilà toujours la serviette; c'est trop juste, elle vous appartient.

SCÈNE XXI.

Les précédens ; CRIARDET.

CRIARDET, à Armand.

C'est un ordre que le ministre a mis au bas de cette pétition.

ARMAND.

Et qu'il faut expédier; c'est bon.

SCÈNE XXI.

LESPÉRANCE.

Oui, je ne serais pas fâché qu'on m'expédiât.

CRIARDET.

Ah! c'est monsieur? (Le saluant.) Je vous en fais mon compliment.

LESPÉRANCE.

Ce que c'est que le vent de la faveur! ça vous courbe les uns, ça vous redresse les autres. Je suis persuadé que dans ce moment-ci je gagne au moins deux bons pouces.

MADAME DURAND.

L'entrepôt de Saint-Malo donné à un autre, après ce qu'on m'a promis! Ça n'est pas possible!

LESPÉRANCE.

Signé du ministre, rien que ça. (A Armand.) Donnez-lui en lecture, je vous en prie.

ARMAND.

Volontiers. (Il jette les yeux sur la signature.)

LESPÉRANCE.

Non, lisez dès le commencement; je ne suis pas fâché qu'on voie comment je rédige une demande.

ARMAND, lisant.

« A Son Excellence, etc.

« Monseigneur,

« Jules Armand, ancien lieutenant de chasseurs,
« a l'honneur de vous exposer... » Que vois-je?

LESPÉRANCE, l'interrompant.

Qu'est-ce qu'il lit donc là? Ne faites donc pas de

mauvaises plaisanteries ; lisez comme il y a : Benoît-Félix Lespérance.

ARMAND.

Mais non, c'est bien mon nom, Jules Armand; et plus bas, de la main du ministre : « Accordé. Je me « ferai toujours un devoir de rendre justice au mé- « rite. »

LESPÉRANCE, l'interrompant.

De rendre justice au mérite ! Effectivement, ce n'est pas ça.

ARMAND, continuant.

« Et je connais celui de monsieur Armand. »

MADAME DE VERSAC.

Eh! mon dieu! c'est ma pétition ! Qui donc s'est chargé de la présenter ?

LESPÉRANCE, fouillant dans sa poche.

Là, vous verrez que c'est moi-même ; je me serai trompé d'exemplaire.

MADAME DE VERSAC, regardant dans son sac.

Pourtant elle n'est point sortie de mes mains! Que vois-je ? Benoît-Félix Lespérance !

LESPÉRANCE.

C'est une des miennes; nous avions changé. (Il montre d'autres pétitions.) Tenez, voilà les pareilles. Eh bien ! voilà la première place que j'obtiens de ma vie, et c'est pour un autre ! (A madame Durand.) Il ne m'appartient pas, madame, de vanter mon crédit ; mais vous voyez ce que je viens de faire pour monsieur, et vous sentez qu'il serait facile, en nous entendant bien...

SCENE XXI.

MADAME DURAND.

Il n'est plus temps, monsieur; je suis sûre de l'entrepôt, et n'ai plus besoin de mari.

LESPÉRANCE.

C'est différent. J'ai fait là une jolie journée. Jeune homme, vous pouvez vous vanter que votre place m'a donné du mal. C'est égal, il faudra bien que je finisse par en accrocher une.

MADAME DE VERSAC.

Maintenant que j'ai l'honneur de vous connaître, je peux vous y aider, et, si vous le voulez, vous en enseigner le moyen.

LESPÉRANCE.

Comment, si je le veux !

MADAME DE VERSAC.

Air de Turenne.

Du temps qui fuit se montrant moins prodigue,
Au travail seul consacrer ses instans ;
 Ne rien espérer de l'intrigue,
 Attendre tout de ses talens.
Loin de chercher à surprendre des graces,
Les mériter par son zèle et sa foi :
Voilà, monsieur, voilà, sous un bon roi,
 Le seul art d'obtenir des places.

LESPÉRANCE.

J'en essaierai. (*Tirant sa montre vivement.*) Ah, mon dieu ! trois heures et demie ! cela ne sera pas fermé à l'intérieur. J'ai bien l'honneur de vous saluer.

ARMAND, *tirant aussi sa montre.*

Qu'est-ce que vous dites donc, trois heures et demie ? Deux heures et demie.

LESPÉRANCE.

Dans ce cas je reste. Aussi bien, j'ai encore quelque chose à solliciter. (Tirant une pétition de sa poche, et s'adressant au public.) Messieurs, Benoît-Félix Lespérance a l'honneur de vous exposer que :

Air du Pot de fleurs.

Dans ce pays on rencontre à la ronde
Nombre de gens qui ne sont pas placés.
   Pour qu'ici nous ayons du monde,
Envoyez-nous ceux que vous connaissez.
Et s'ils craignaient encor quelques disgraces,
   Messieurs, dites-leur de ma part :
Qu'on est chez nous, *à six heures un quart*,
   Toujours sûr d'obtenir des places.

FIN DU SOLLICITEUR.

FRONTIN MARI-GARÇON,

COMÉDIE-VAUDEVILLE EN UN ACTE,

Représentée, pour la première fois, sur le théâtre du Vaudeville, le 18 janvier 1821.

EN SOCIÉTÉ AVEC M. MÉLESVILLE.

PERSONNAGES.

LE COMTE EDOUARD.
LA COMTESSE, sa femme.
FRONTIN, domestique du comte.
DENISE, sa femme.
LABRANCHE, domestique du comte.
Un Maître-d'hôtel.
Un Cocher.

La scène se passe en province, au château du comte Édouard.

Le théâtre représente un parc élégant. A droite, un mur une petite porte; un berceau sur le devant de la scène. A gauch un pavillon orné de deux colonnes et de deux vases de fleur indiquant l'entrée d'un appartement au rez-de-chaussée.

NOUS LA FERONS ROSIÈRE.

FRONTIN MARI-GARÇON.

SCÈNE PREMIÈRE.

FRONTIN, PARLANT DANS LE FOND A LA CANTONADE.

Oui, madame la comtesse. (*S'inclinant respectueusement.*) Je souhaite un bon voyage à madame la comtesse, Eh bien! eh bien! Lafleur, prenez donc garde à vos chevaux! C'est ça... Fouette cocher... Les voilà en route!

SCÈNE II.

FRONTIN, EDOUARD.

ÉDOUARD.
Frontin, ma femme est-elle partie?
FRONTIN.
Oui, monsieur. Elle sera bientôt arrivée, car il n'y a qu'une lieue d'ici au château de madame votre tante.
ÉDOUARD.
Oui, elle a voulu aller voir cette bonne tante; il y

avait long-temps... Et puis, dès que cela lui était agréable... Certainement, moi j'ai été le premier... Elle ne revient que dans trois jours, n'est-ce pas?

FRONTIN.

Oui, monsieur; elle l'a dit en partant.

ÉDOUARD.

Elle est charmante ma femme! bonne, aimable, spirituelle et jolie! Sais-tu, Frontin, que j'en suis toujours amoureux?

FRONTIN.

Vous, monsieur!

ÉDOUARD, froidement.

Comme un fou! Et depuis six mois que nous sommes enfermés tête à tête dans cette campagne...

FRONTIN.

Trois mois, monsieur.

ÉDOUARD.

Tu crois? Qu'importe? le temps n'y fait rien. Depuis trois mois, jamais, je crois, je ne l'ai trouvée plus aimable! Tout à l'heure, quand elle est venue me dire adieu!... Si tu savais quelle inquiétude elle avait pour ma santé! Pauvre petite femme!

Air : Je loge au quatrième étage.

Ma femme a vraiment du mérite.

FRONTIN.

C'est ce qu'on répète en tous lieux.

ÉDOUARD.

Tous les jours je me félicite
D'avoir formé de pareils nœuds.

FRONTIN.

Ah! vous ne pouviez faire mieux.

SCÈNE II.

Chacun bénit ce mariage,
Qui doit, dit-on, fixer enfin
Le bonheur dans votre ménage
Et le repos chez le voisin.

ÉDOUARD.

Ah! pour ça, je puis bien jurer qu'à présent... Dis-moi, Frontin, qu'est-ce que nous allons faire pendant son absence? Moi, je ne sais que devenir.

FRONTIN.

Il me semble que monsieur est habillé, et prêt à sortir.

ÉDOUARD.

Oui; mais faut-il que je sorte?

FRONTIN.

Comment donc, monsieur, ça vous distraira.

ÉDOUARD.

Eh bien! à la bonne heure; je vais me promener quelques instans.

FRONTIN.

Ah!

ÉDOUARD.

Frontin, je rentrerai peut-être un peu tard; il serait même possible que... Dans tous les cas, qu'on ne m'attende pas.

FRONTIN.

Ah! ah! (En confidence.) Suivrai-je monsieur?

ÉDOUARD.

Non (gaîment); non, non : j'aime autant que tu restes. Tu profiteras de ces deux jours pour faire décorer le salon de ma femme; tu sais comme elle le désirait : des vases de fleurs, des candélabres. Ah! tu auras soin aussi de lui avoir une femme de chambre, dont elle a besoin, afin qu'à son retour elle ait le plaisir de la surprise, et voie que nous n'avons pas cessé de penser à elle.

FRONTIN.

Ah, monsieur! vous êtes le chef-d'œuvre des maris!

ÉDOUARD.

Adieu, Frontin. J'aurai peut-être besoin de tes services. Tu es garçon, toi; tu es célibataire : on peut se fier à toi. Allons, allons, nous verrons.

Air du vaudeville des Deux Matinées.

Ici, de ma confiance
Reçois un gage nouveau
Je permets qu'en mon absence
Tu commandes au château.

FRONTIN.

Je suis donc propriétaire...

ÉDOUARD.

Te voilà maître aujourd'hui
De la maison tout entière.

FRONTIN.

La cave en est-elle aussi?

ÉDOUARD, souriant.

Allons, la cave en est aussi.

ENSEMBLE.

ÉDOUARD.

Je pars, etc.

FRONTIN.

Ici, de sa confiance
J'obtiens un gage nouveau :
Il permet qu'en son absence
Je sois maître du château.

(Edouard sort.)

SCENE III.

FRONTIN, seul.

Maître du château ! ma foi, une belle propriété ! Madame est absente ; monsieur est parti (se frottant les mains.); je me doute, à peu près, pour quel motif ; en conscience, il était temps. Ma place de valet de chambre ne me rapportait presque plus rien, et j'avais déjà demandé celle d'intendant ; mais, heureusement, cela s'annonce bien. Et cette petite Denise qui n'arrive pas ! A ce battement de cœur précipité, on ne se douterait guère que c'est ma femme que j'attends. (Regardant autour de lui.) Ma femme ! Ah, mon dieu ! si mon maître savait que je suis marié malgré ses ordres, ce serait fait de ma fortune ! Est-ce étonnant, moi qui, dans ma vie, n'avais jamais eu de goût pour le mariage ? Depuis le jour où mon maître me l'a défendu, impossible de résister.

Air de Julie.

>Malgré son ordre et mes justes alarmes,
>Je n'ai pu vaincre un fatal ascendant ;
>Ce qu'on défend a toujours tant de charmes !
>Nous sommes tous enfans d'Adam !
>Moi je le suis, et Dieu sait comme,
>Au point que si l'on m'ordonnait
>D'être fripon... cela seul suffirait
>Pour que je devinsse honnête homme.

Par bonheur, je suis seul aujourd'hui ; j'ai mon château et mes gens. Je peux recevoir Denise chez moi, et lui donner une certaine idée de la considéra[tion] dont jouit son mari. Cette petite fille, qui n'e[st] jamais sortie de son village, ne se doute pas de [ce] que c'est qu'un valet de chambre ! (On frappe au dehors[.)] Voilà le signal ! C'est Denise! (Il va ouvrir la porte.)

SCÈNE IV.

FRONTIN, DENISE.

DENISE.

Ah! c'est bien heureux!

Air : Del senor Baroco.

Depuis une heure entière
Je suis au rendez-vous.
J' viens toujours la première
D' puis qu'il est mon époux.
Avant le conjugo,
   Oh!
Vous n'étiez pas comm' ça.
   Ah!
Mais changez au plutôt,
   Oh!
Ou sans ça l'on verra,
   Ah!

FRONTIN.

Qu'est-ce que c'est donc, on verra?

DENISE.

Dam'! si vous croyez que c'est agréable d'arrive[r] comme ça en catimini, quand on est mariée pour d[e] vrai...

SCÈNE IV.

FRONTIN.

Allons, embrasse-moi, et faisons la paix.

DENISE.

Non, monsieur.

FRONTIN.

Tu ne veux pas m'embrasser?

DENISE.

Du tout; je suis fâchée contre vous. Tenez, je viens de chez le petit notaire bossu, qui est au bout du village, il m'a délivré ce papier, qui prouve comme quoi je suis votre femme.

FRONTIN.

Ah! notre contrat. (Le mettant dans sa poche.)

DENISE.

Ah çà! n'allez pas le perdre, au moins : ce serait à recommencer.

FRONTIN.

C'est bon.

DENISE.

Il dit aussi que l'usage est de le faire signer à tous nos parens et connaissances.

FRONTIN.

Oui, excellent moyen quand on veut qu'un mariage soit secret.

DENISE.

Mais ce secret-là, ça ne peut pas tenir. Ma tante et moi nous avions d'abord promis de nous taire, parce que nous ne savions pas à quoi nous nous engagions; mais v'là tout à l'heure huit jours que ça dure : j'en tomberai malade. La langue me démange, et j'allons mettre tout le village dans la confidence.

FRONTIN.

Je te le demande, de quoi te plains-tu? Je t'aime à la fureur!

DENISE.

Bel amour, ma foi, qui me force à m'ennuyer d'un côté, tandis que monsieur s'amuse de l'autre. Enfin, depuis not' mariage, j' sommes, tout juste, comme la lune et le soleil : je n' pouvons plus marcher de compagnie. Arrangez-vous; je n'ai pas épousé un homme en place pour rien. J' veux loger au château, moi, et jouir, comme vous disiez, des prérogatives de mon rang!

FRONTIN.

Voyez-vous l'ambition?

DENISE.

Air du lendemain.

Je n' veux plus d' ce mystère
Qui m' tient toujours loin d'ici.
J' vous épousai pas, j'espère,
Pour me trouver sans mari!
Puis, ça fait rougir un' belle,
Lorsqu'elle a quelques vertus,
De s'entendre app'ler *mamzelle*,
Quand all' n' l'est plus.

FRONTIN.

Ah! voilà le grand mot lâché! Songe donc qu'il y va de notre fortune. Monsieur le comte Édouard, mon maître, qui, pour reconnaître certains services que je lui avais rendus quand il était garçon, m'a fait douze cents livres de rentes, à la seule condition de rester à son service, et de ne jamais me marier.

SCÈNE IV.

DENISE.

C'est drôle, il déteste donc les femmes?

FRONTIN.

Lui? pas du tout; il les adore! c'est le mariage qu'il ne peut souffrir.

DENISE.

Comment se fait-il donc que lui-même soit marié?

FRONTIN.

Il l'a bien fallu : une femme charmante! soixante mille livres de rentes : il y a bien des honnêtes gens qui oublient leurs principes à meilleur marché. Mais il prétend qu'un valet marié n'est plus bon à rien; qu'il devient négligent, paresseux.

DENISE.

Ah çà! monsieur Frontin, il n'a pas tort : il est sûr que depuis notre mariage vous êtes bien plus...

FRONTIN.

Enfin, vois ce qu'une seule indiscrétion peut nous enlever : j'ai la promesse d'être son intendant, et tu sens bien qu'alors...

DENISE.

Oui, oui. Mais combien qu'il vous faudra de temps pour faire fortune?

FRONTIN.

Comme j'ai de la probité, il me faudra bien dix-huit ou vingt mois.

DENISE.

Tant que ça?

FRONTIN.

Je sais bien qu'il y a des intendans qui font fortune

en moins d'un an, mais ce sont des fripons que l'on méprise ; il vaut mieux y mettre le temps.

DENISE.

Et aurons-nous un carrosse?

FRONTIN.

Sans doute.

DENISE.

Moi, d'abord, je veux aller en carrosse avant d' mourir.

FRONTIN.

Eh bien! tu iras dès aujourd'hui.

DENISE.

Vrai?

FRONTIN.

Nous dînerons ici, au château, en tête-à-tête, et je te mène ensuite à la fête du hameau voisin, dans la calèche de mon maître, que je vais commander sur-le-champ.

DENISE, sautant de joie.

Dans la calèche! c'est-i possible! Queu plaisir!

FRONTIN.

Mais j'espère que tu feras un peu de toilette pour donner le bras à un intendant!

DENISE.

J' crois bien. J' vas me requinquer.

FRONTIN.

Tiens, pour que tu ne sois plus obligée d'attendre, prends la clef de cette porte, et surtout dépêche-toi.

(Il lui donne une clef.)

DENISE.

Air : Courons aux Prés Saint-Gervais.

J' vas mettr' mes plus beaux habits;
J' veux éclipser tout le village...
Dans peu vous verrez qu' j'ai pris
Les airs de vos dam's de Paris
Les jeun's fill's du voisinage
Autour d' moi vont s'empresser...
Ah! j' voudrais dans c't équipage
Me voir passer!

ENSEMBLE.

Oui, mets tes plus beaux habits;
Mais ne va pas, suivant l'usage,
Prendre les airs qu'à Paris
On prend avec certains maris.

DENISE.

J' vas mettr' mes plus beaux habits, etc.

(Denise sort par la petite porte.)

SCÈNE V.

FRONTIN, LABRANCHE, LE MAÎTRE-D'HÔTEL. LE COCHER.

FRONTIN, appelant.

Holà! quelqu'un! Viendra-t-on, quand j'appelle? Qu'ils se permettent de faire attendre mon maître, à la bonne heure; mais moi... Ah! vous voilà, c'est bien heureux! Approchez, j'ai des ordres à vous donner.

LABRANCHE.

Mais, monsieur Frontin, puisque monsieur le comte est parti...

FRONTIN.

Eh bien! ne suis-je pas là, chargé de ses pleins pouvoirs? Ainsi, point de murmure, point de révolte d'antichambre, ou morbleu!...

Air : Qu'il est flatteur d'épouser celle.

Moi je suis au fait du service;
Je sais ce que c'est qu'ordonner.
J'entends ici qu'on m'obéisse;
Qu'on commence par mon dîner.

LABRANCHE.

Puisqu'à vos ordres on doit être,
Nous ferons, sans rien oublier,
C' que vous faites pour notre maître.

FRONTIN.

Je serai servi le dernier.

Du tout, messieurs; j'entends qu'on me serve bien. Oh! c'est que je suis ferme sur la discipline domestique. Vous, monsieur le chef... Eh mais! c'est le nouveau cuisinier?

LE MAITRE-D'HÔTEL.

Oui, monsieur, je suis entré d'hier.

FRONTIN.

C'est bon. Eh bien, mon cher, il me faut pour aujourd'hui un petit dîner délicat; deux couverts, vous entendez? Il est essentiel que je m'assure de votre capacité : je vous ferai subir un examen très détaillé. (Au cocher.) Pour vous, maître Lapierre...

LE COCHER.

Je suis en train de nettoyer la grande berline.

FRONTIN.

La berline? Non, je ne m'en servirai pas aujourd'hui : je vais faire un tour à la fête de l'endroit ; ainsi...

<small>Air du vaudeville de l'Écu de six francs.</small>

Allons vite, qu'on se dépêche...
Au fait... tout bien considéré,
Je préfère ici la calèche ;
Pour aujourd'hui j'y monterai.

LABRANCHE.

Quoi, dedans ?

FRONTIN.

Oui, monsieur Labranche...
Lorsque l'on est contre son goût,
Toute la semaine debout,
On peut bien s'asseoir le dimanche.

TOUS.

Mais, monsieur Frontin...

FRONTIN.

Pas de réflexions ! Le dîner dans deux heures ; la calèche au bas du perron : ce sont les ordres de monseigneur, et si l'on réplique je le lui dirai.

ÉDOUARD, en dehors.

C'est bon, attache mon cheval.

LABRANCHE.

Justement, je l'entends. A notre poste. (Ils sortent.)

FRONTIN, déconcerté et regardant à droite.

Eh bien, qu'est-ce que ça veut dire? Oui, ma foi ; c'est bien lui ! Il faut que je fasse donner contre-ordre à Denise. Qui diable peut le ramener sur ses pas ? Allons, de l'aplomb, et faisons bonne contenance.

SCENE VI.

EDOUARD, FRONTIN.

FRONTIN.

Comment! monsieur, déjà de retour?

ÉDOUARD, *d'un air agité*.

Oui, je l'avoue, jamais on ne piqua plus vivement ma curiosité; et tu ne te douterais pas...

FRONTIN.

Si fait, monsieur; je connais déjà votre secret : quelque nouvelle passion qui vous met en campagne.

ÉDOUARD.

Une passion? non; mais c'est très-singulier : un minois charmant, que j'ai entrevu il y a quelques jours, et que depuis je n'ai pu découvrir.

FRONTIN, *à part*.

Une intrigue à conduire, bonne affaire pour moi! (*Haut.*) Voyons, monsieur, que voulez-vous?

ÉDOUARD.

Air : *Depuis long-temps j'aimais Adèle.*

Je veux m'informer, en bon maître,
Si tous ses vœux sont satisfaits;
Par moi-même je veux connaître
Si ses vertus méritent mes bienfaits;
Je veux savoir si son cœur est fidèle
Je veux surtout... mais je saurai bien mieux,
Quand je me trouverai près d'elle,
Expliquer tout ce que je veux.

Mais, avant tout, il faudrait la joindre, et comment? Je viens d'entrer, je crois, dans toutes les maisons du village; je n'étais pas fâché de visiter mes vassaux, de connaître par moi-même leur situation: eh bien, mon cher! je n'ai trouvé personne! et j'avais presque envie d'envoyer Labranche dans les environs.

FRONTIN.

Comment, monsieur! employer Labranche dans une affaire aussi délicate? Je n'ai rien fait, pourtant, pour démériter de monsieur...

ÉDOUARD.

Sois tranquille: tu vois que j'ai recours à toi. Te doutes-tu de ce que ce peut être? Une brune, jolie taille, un air de candeur....

FRONTIN.

J'y suis. (A part.) C'est la femme du receveur: depuis trois jours elle est chez sa belle-sœur, et revient aujourd'hui même. (Haut.) Eh bien! monsieur, je vous en réponds!

ÉDOUARD.

Comment! mon cher Frontin, tu pourrais...

FRONTIN.

Mon plan est là. (A part.) Ce brave receveur, je ne serais pas fâché... (Haut.) Vous me croirez si vous voulez, j'y avais déjà pensé, sans vous en rien dire.

(La petite porte s'ouvre, Denise entre, la referme et paraît interdite en voyant le comte.)

EDOUARD.

Tu sais, Frontin, comment je reconnais un service: vingt-cinq louis si tu me l'amènes ici!

FRONTIN.

C'est comme si je les avais!

SCÈNE VII.

Les précédens ; DENISE.

ÉDOUARD, voyant Denise.

Qu'ai-je vu ? Frontin ! mon cher Frontin ! (Tirant une bourse, et la lui donnant.) Tiens, ils sont à toi.

FRONTIN.

Eh bien, monsieur ! qu'est-ce que vous avez donc ?

EDOUARD.

Ne le vois-tu pas ? C'est elle, mon ami, c'est elle !

FRONTIN, voyant Denise.

Dieu ! qu'est-ce que j'ai fait là ?

DENISE, interdite.

Air du Renégat.

M' sieur Frontin, j' v'nons vous avertir,
(à Édouard.) Excusez la liberté grande....

ÉDOUARD.

Oui, Frontin vous a fait venir,
Mais c'est moi seul qui vous demande.
(à part.) Quel doux minois ! quel air simple et discret.

FRONTIN, bas à Denise.

C'est monseigneur, songe à notre secret.

ENSEMBLE.

ÉDOUARD, à part.

Je sens déjà que je l'adore,
Et je pourrai bientôt, je crois,
De l'amour que son cœur ignore
Lui révéler la douce loi. (*bis*).

SCÈNE VII.

FRONTIN, à part.

On dirait déjà qu'il l'adore.
Pour un époux le bel emploi !
Ça commence mal, et j'ignore,
Comment ça finira pour moi...
Pour un époux le bel emploi !

DENISE, à part.

Hélas ! j'en suis tremblante encore,
Je n' reviens pas de mon effroi ;
Comme il me regarde... J'ignore
Comment ça finira pour moi...
Je n' reviens pas de mon effroi.

ÉDOUARD.

Comment vous appelle-t-on ?

DENISE.

Denise, monseigneur, nièce de ma tante, la veuve Gervais, qui demeure au bout du village, pour vous servir, en face du marchand de vin.

ÉDOUARD.

Ah ! la veuve Gervais ? je la connais beaucoup : une pauvre femme ?

DENISE.

Non, monseigneur : elle est riche.

ÉDOUARD.

C'est qu'il me semblait que dans le temps elle avait demandé une place au château.

DENISE.

C'est égal, monseigneur : on est riche, et on demande.

ÉDOUARD.

C'est trop juste. Eh bien ! mon enfant, cette place, il faut la lui donner. Je ne veux cependant pas la séparer de sa nièce, et nous vous garderons au château. Voyons, Frontin, où la placerons-nous? Ah! pour inspecter la lingerie; cette place vous conviendra parfaitement.

(Frontin lui fait signe de dire non.)

DENISE, imitant le signe de Frontin.

Non, non, monseigneur; j'y entends rien.

ÉDOUARD.

Ah! et l'office? (Même signe.)

DENISE, de même.

Ah! encore moins.

ÉDOUARD.

C'est malheureux. Et que savez-vous donc faire, charmante Denise?

DENISE, suivant toujours les signes de Frontin.

Rien, monseigneur, absolument rien.

ÉDOUARD.

A quoi passez-vous donc votre temps?

DENISE.

Dam', monseigneur, je bats le beurre, et je fais des petits fromages à la crême.

EDOUARD, vivement.

Justement, c'est pour cela que je vous ai fait appeler. (A Frontin.) Comme c'est heureux qu'elle sache faire des petits fromages! Tu les aimes, Frontin, n'est-ce pas?

FRONTIN.

Du tout, monsieur; je ne peux pas les souffrir.

ÉDOUARD.

Moi, j'en suis fou. C'est décidé, je vous mets à la tête de la laiterie.

DENISE.

Mais, monseigneur...

ÉDOUARD.

Nous allons arranger tout cela. N'est-ce pas, belle Denise, vous consentez à rester avec nous ?

DENISE, toujours embarrassée.

Dam', monseigneur, faut que je consulte ma tante : v'là justement l'heure de son dîner (voulant sortir.), et j' vous demanderai la permission...

ÉDOUARD, la retenant.

Eh, mon Dieu, quel dommage! si j'avais eu à dîner au château, je vous aurais retenue.

FRONTIN.

Y pensez-vous, monseigneur? une paysanne à votre table!

ÉDOUARD.

Oui, c'est d'un bon exemple : cela encourage la vertu, la sagesse; mais on ne m'attendait pas, et rien n'est disposé.

SCÈNE VIII.

Les précédens ; LABRANCHE.

LABRANCHE.

Monsieur Frontin, le dîner est prêt.

ÉDOUARD.

Comment le dîner?

FRONTIN, à part.

Ah, le butor!

LABRANCHE.

Oui : un dîner que monsieur Frontin a commandé par ordre de monseigneur; tout ce qu'il y a de plus délicat et deux couverts.

ÉDOUARD, à Frontin.

Deux couverts! Toi qui tout à l'heure blâmais... Par exemple, mon ami, voilà une surprise, une attention!... (A part.) Il n'y a que ce coquin-là pour penser à tout. (Haut.) C'est bien, nous dînerons sous ce feuillage. Denise, vous ne me refuserez pas?

DENISE.

Mais, monseigneur, et ma tante?

ÉDOUARD.

Je vous reconduirai chez elle. (A Labranche.) Que l'on tienne la calèche prête, aussitôt après le dîner.

LABRANCHE.

Elle l'est, monseigneur.

ÉDOUARD.

Comment?

LABRANCHE.

Monsieur Frontin avait fait atteler par ordre de monseigneur.

ÉDOUARD, stupéfait d'admiration.

Ah çà! Frontin, c'est trop fort; je ne pourrai jamais payer un domestique comme celui-là. (Lui donnant une autre bourse.) Tiens, mon garçon.

FRONTIN, à part.

Dieu! quelle situation! (Il met la bourse dans sa poche, d'un air de désespoir.) Mais, monsieur, que va penser la tante de cette petite fille? Elle la croira perdue, enlevée, ou

SCÈNE VIII.

quelque chose comme cela. Moi, je me figure son inquiétude.

ÉDOUARD.

Tu as parbleu raison, mon ami; tu vas sur-le-champ aller la prévenir qu'elle peut être tranquille; que sa nièce...

FRONTIN, troublé.

Moi, monsieur, pourquoi pas plutôt... (Regardant un autre domestique.)

ÉDOUARD.

Oh! tu t'expliqueras mieux; toi, tu sais donner une couleur, une tournure aux choses.

FRONTIN.

Comment! monsieur...

ÉDOUARD.

Air du vaudeville de la Belle Fermière.

Oui, pour sortir d'embarras,
Je sais que ton adresse est grande.
Eh bien !... ne m'entends-tu pas ?...
Obéis, quand je le commande.

FRONTIN, à part.

Par quelque nouvel assaut,
Mettons mon maître en défaut...
Le péril presse... Allons, il faut
Détourner la tempête
Qui déjà gronde sur ma tête.

(Il sort en faisant des signes à Denise.)

SCÈNE IX.

EDOUARD, DENISE.

ÉDOUARD.

C'est un usage que je veux adopter : tous les ans je recevrai à ma table les jeunes villageoises de ce canton. (Lui prenant la main.) Je doute, par exemple, que j'en trouve jamais d'aussi aimables et d'aussi gentilles.

DENISE, à part.

Est-ce que par hasard monseigneur voudrait m'en conter? ça s'rait bien fait : ça apprendrait à c' glorieux d' Frontin, qui ne veut pas m'avouer pour sa femme...

ÉDOUARD.

Dites-moi, Denise, est-ce que votre tante veut continuellement vous laisser dans ce village?

DENISE.

Dam', faudra bien.

ÉDOUARD.

Je prétends, moi, qu'à la fin de la saison, ma femme vous emmène avec elle.

DENISE.

Comment! monseigneur, vous croyez que je pourrai aller à Paris?

ÉDOUARD.

Une jolie femme ne peut pas vivre ailleurs.

SCÈNE IX.

Air de Saphira.

Séjour
D'amour
Et de folie,
Ce charmant pays
Aux yeux éblouis,
Offre un nouveau paradis.
Des jours
Trop courts,
L'éclat varie;
Car pour embellir
Le temps qui va fuir,
Chaque instant est un plaisir.
Chez vous l'aurore,
Qui vient d'éclore
Déjà colore
Vos légers rideaux;
Une soubrette,
Jeune et discrète,
Soudain apprête
Négligés nouveaux.
Il fait beau,
Et dans son landau,
Pour déjeûner on vole à Bagatelle.
Vos forêts
Ne sont rien auprès;
C'est à Paris que la campagne est belle.
Au retour,
Voyez tour à tour,
Ce séjour
Où votre œil admire...
De Golconde ou de Cachemire
Les tributs,
Ou les fins tissus.
Partout,
Le goût,
Vous accompagne...
Mais j'entends sonner

L'heure du dîner,
Que vos attraits vont orner.
Festin
Divin,
Dont le champagne,
Double les douceurs,
Quand l'amour d'ailleurs,
Avec vous fait les honneurs.
Dans nos spectacles,
Que de miracles,
Là... sans obstacles,
Vous entrez !... déjà...
Chacun s'écrie,
Qu'elle est jolie !...
Et l'on oublie
Martin ou Talma.
Le jour fuit,
L'amour vous conduit.
C'est à minuit
Que le plaisir commence.
Oui du bal
J'entends le signal,
Le galoubet nous invite à la danse;
Dans ces lieux,
De ce couple heureux,
Que vos yeux
Admirent la grace...
En walsant,
Il passe et repasse,
Oubliant
Le jour renaissant.
A ces
Portraits
Rendez les armes...?
Déjà vous verriez
Chacun à vos pieds;
Et si vous y paraissiez...
Paris
Surpris,

Malgré les charmes
Qui s'y trouvent tous,
N'aurait, entre nous,
Rien de plus joli qué vous.

DENISE.

Ah, monseigneur! je ne croirai jamais à tant de belles choses.

ÉDOUARD.

Si je mens, je veux que ce baiser soit le dernier que je prenne de ma vie. (Il lui baise la main.)

SCÈNE X.

Les précédens; FRONTIN, entrant, le voit et laisse tomber une pile d'assiettes qu'il tenait.

FRONTIN, une serviette sous le bras, aux domestiques.

Aïe! prenez donc garde. Les maladroits!

(On place la table sous le berceau.)

ÉDOUARD.

Qu'est-ce que c'est?

FRONTIN, tout troublé.

Le... le dîner que je vous annonce.

ÉDOUARD.

Comment! te voilà déjà de retour?

FRONTIN.

J'ai réfléchi que vous auriez besoin de moi pour servir à table : dans ce cas-là, il faut un homme de confiance.

ÉDOUARD.

Oui, il vaut mieux que tu sois là qu'un autre.

FRONTIN.

C'est ce que je me suis dit, et j'ai envoyé quelqu'un avec des instructions détaillées. (A part.) Le cheval de monseigneur était encore sellé, et fouette postillon; mon messager doit être déjà arrivé.

(Pendant cet à-parté, Denise et le Comte se sont mis à table, Frontin s'approche la serviette sous le bras.)

DENISE.

Ah, mon Dieu! à table avec monseigneur! Si ça se savait dans le village, ça ferait de fières jalousies!

ÉDOUARD, découpant et servant Denise.

Eh! bien, Denise! vous ne mangez pas?

DENISE.

Oh, monseigneur! j'ose pas : la joie me coupe l'appétit.

FRONTIN, à part.

Quelle humiliation! Me voir là, la serviette sous le bras, quand je devrais l'avoir à la boutonnière.

ÉDOUARD.

Frontin, à boire.

FRONTIN.

Voilà, monsieur. (A part.) O soif insatiable des richesses! (Il verse.)

DENISE.

A vot' santé, monsieur Frontin, sans vous oublier, monseigneur.

ÉDOUARD, à Frontin.

Eh bien! Frontin, comment la trouves-tu?

SCÈNE X.

FRONTIN, à demi-voix.

Hum! au premier coup d'œil, elle a assez d'éclat, mais après...

ÉDOUARD, bas.

Qu'est-ce que tu dis donc? Le minois le plus piquant, un sourire...

FRONTIN.

Un peu niais.

ÉDOUARD.

Des yeux...

FRONTIN.

Qui ne disent rien.

ÉDOUARD.

Pour toi, c'est possible, mais pour nous autres...

LABRANCHE, à Frontin.

Monseigneur a raison; elle est charmante!

FRONTIN, à part.

Détestable flatteur! (Haut.) Monsieur Labranche, ce n'est pas ici votre place; sortez, et songez au service.

(Labranche sort.)

ÉDOUARD.

Belle Denise, je bois à votre fortune future.

DENISE.

Monseigneur veut se gausser de moi; mais, tout d'même, j'ons des bouffées d'ambition. On sait ce qu'on vaut, et quelquefois.... (Regardant Frontin en-dessous.) je pense que je méritais peut-être mieux que ce que j'ai.

FRONTIN, à part.

Merci.

ÉDOUARD.

Voyons, parlez franchement : combien avez-vous d'amoureux?

DENISE.

Vous me croirez si vous voulez : je n'en ai qu'un.

ÉDOUARD.

Aimable?

DENISE, imitant le ton de Frontin.

Au premier coup d'œil, mais après...

ÉDOUARD.

Allons, c'est quelque sot...

FRONTIN, à part.

J'en ai peur.

ÉDOUARD.

Jaloux peut-être?

DENISE.

Comme un Turc! Je suis sûre qu'il m'espionne, et je n'ai qu'à bien me tenir. Quand nous serons seuls, il me fera une scène...

FRONTIN, à part.

Ah! sans les douze cents livres de rentes, morbleu!
(Frappant du pied.)

ÉDOUARD.

Qu'est-ce que c'est?

FRONTIN.

Une crampe... qui m'a pris.

DENISE.

Monsieur Frontin, je vous demanderai une assiette.

SCÈNE X.

ÉDOUARD.

Air de Marianne.

Vraiment on n'est pas plus jolie ;
J'en perdrai la tête...

FRONTIN, à part.

Grand Dieu !

ÉDOUARD, à Frontin.

Mon cher, je l'aime à la folie...

FRONTIN, à part.

Pour un pauvre époux, quel aveu !
Ah ! je me meurs...
(Au comte.) Songez d'ailleurs
Au décorum ainsi qu'aux bonnes mœurs,
A la vertu...

ÉDOUARD.

Hein... que dis-tu ?

FRONTIN.

Oui, la vertu,
Car j'en ai toujours eu...
Et cette innocence première,
Qui d'un rien se ternit souvent,
Vous n'y songez pas...

ÉDOUARD.

Si vraiment,
Nous la ferons rosière.

FRONTIN, à part.

Rosière ! je suis perdu ! (Hors de lui.) Eh bien, monseigneur, puisqu'il faut tout vous dire...

SCÈNE XI.

Les précédens, **LABRANCHE**, deux valets.

LABRANCHE.

Monseigneur, la voiture de madame vient d'entrer dans la cour.

ÉDOUARD, troublé.

Comment! ma femme? qui peut la ramener?

FRONTIN, s'essuyant le front.

Je suis sauvé! il était temps.

LABRANCHE.

Madame la comtesse monte l'escalier de la terrasse.

ÉDOUARD.

Il serait vrai! Déjà de retour! j'en suis enchanté! Eh bien! Labranche, vous restez là? Allez donc au devant de votre maîtresse. (Aux deux valets.) Vous, cachez vite cette table. (Labranche sort; les deux valets cachent la table dans le bosquet et sortent.) (A Denise.) Quant à vous, ma belle enfant, je ne pourrai pas vous reconduire chez votre tante; mais l'on va vous accompagner. (S'approchant de la petite porte, à Frontin.) Eh bien! comment s'ouvre cette porte?

DENISE.

Ah, mon Dieu! la clef sera restée en dehors.

ÉDOUARD, à Frontin.

Et la tienne, bourreau?

SCÈNE XII.

FRONTIN, troublé.

Moi, la mienne? je ne l'ai pas.

ÉDOUARD, vivement.

Et comment veux-tu que je fasse? Quoique certainement je n'aie que les intentions les plus innocentes, comment justifier aux yeux de la comtesse la présence de cette petite fille? On vient de ce côté. Il n'y a pas d'autre moyen : entrez dans cet appartement.

(Denise entre dans l'appartement à gauche.)

SCÈNE XII.

LES PRÉCÉDENS; LA COMTESSE.

LA COMTESSE, avec empressement.

Ah, mon ami! que je suis contente de vous voir! J'avais beau presser les postillons, je craignais toujours d'arriver trop tard. (Avec intérêt.) Eh bien! comment vous trouvez-vous?

ÉDOUARD, étonné.

Comment je me trouve?

LA COMTESSE.

Oui. Il paraît que cela va mieux, et que c'est passé.

ÉDOUARD.

En vérité, je ne vous comprends pas!

LA COMTESSE.

Pourquoi me regardez-vous d'un air étonné? Vous voyez bien que je suis instruite; on m'a tout dit : on a eu la bonté de me prévenir.

ÉDOUARD.

Par exemple!

LA COMTESSE.

Voyez plutôt ce billet, écrit à la hâte et au crayon. Vous m'avez fait une peur...

ÉDOUARD, lisant.

« Ne perdez pas de temps, madame : votre mari
« est en ce moment dans le plus grand danger. »

(Pendant ce temps Frontin donne des signes d'intelligence ou étouffe des éclats de rire.)

Qui diable s'intéresse donc aussi vivement à ma santé? et d'où vous vient cet avis charitable?

LA COMTESSE.

Il a été apporté par un jeune villageois, monté sur un cheval de votre écurie; et il est reparti au galop, sans qu'on ait pu lui demander aucun détail.

ÉDOUARD, déconcerté.

Frontin, y comprends-tu quelque chose?

FRONTIN, bas.

Moi, monsieur? je m'y perds.

LA COMTESSE, avec intérêt.

J'en étais sûre.

Air de Caroline.

Lorsque je vous quitte un seul jour,
Pour vous, hélas! je crains sans cesse
Quelque malheur que votre amour
Voudrait cacher à ma tendresse.
A mon repos, daignez songer,
Car vous seul pourriez le détruire...
Si vous étiez dans le même danger,
Promettez-moi de me le dire.

SCÈNE XII.

FRONTIN.

Ah! pour cela, madame la comtesse, je m'en charge.

LA COMTESSE.

Heureusement ce n'était qu'un léger accès.

ÉDOUARD.

De migraine, ah, mon Dieu! pas autre chose; et cela ne valait pas la peine qu'on vous avertît.

FRONTIN.

Si fait, si fait : ça serait devenu peut-être plus sérieux que vous ne croyez. Vous rappelez-vous, monsieur, il y a eu un moment où vous n'étiez pas à votre aise, ni moi non plus? J'ai eu peur.

ÉDOUARD, impatienté.

Allons, brisons là. (A la comtesse.) Voulez-vous faire un tour de promenade?

LA COMTESSE.

Non; je ne suis pas encore remise de l'émotion que j'ai éprouvée, et j'aime mieux rentrer dans mon appartement.

ÉDOUARD, à part.

Ah, mon Dieu! (Haut.) Ma bonne amie, je voudrais vous dire...

LA COMTESSE.

Eh bien! qu'avez-vous donc?

ÉDOUARD, bas à Frontin.

Frontin, tire-moi de là.

FRONTIN, se mettant devant la porte.

Je suis sûre que madame la comtesse ne s'attend pas à ce qu'elle va trouver dans son appartement? La plus jolie petite femme...

LA COMTESSE, à Édouard.

Une femme chez moi, en mon absence !

FRONTIN.

C'est moi qui ai pris la liberté de l'amener au château.

EDOUARD, bas à Frontin.

C'est bien. (Haut.) Comment ! vous vous êtes permis... Qu'est-ce que cela signifie ? Quelle est cette femme ?

FRONTIN.

La mienne, monsieur.

ÉDOUARD, à part.

Que veut-il dire ?

FRONTIN.

Oui, monsieur, ma propre femme, que j'ai épousée, il est vrai, sans vous en prévenir. Je savais que, quoique payé pour aimer le mariage, monsieur le comte ne voulait à son service que des célibataires.

ÉDOUARD.

Eh bien ?

FRONTIN.

J'avais rencontré une petite fille charmante, aimable, ingénue et fort riche ; un bon parti : la nièce de madame Gervais, une fermière de ce village. Je l'avais amenée ici en l'absence de madame ; je comptais la lui présenter à son retour, en qualité de femme de chambre, puisque madame en a besoin d'une ; et que monsieur, qui prévient tous les désirs de madame, m'avait chargé d'y pourvoir. Voilà l'exacte vérité, et j'ose espérer que ce que je viens de faire m'obtiendra l'agrément de madame, et surtout l'approbation de monsieur.

ÉDOUARD, à part.

Ce drôle-là ment avec une facilité vraiment effrayante.

LA COMTESSE.

Quoi, mon ami! vous vous étiez occupé de me procurer une femme de chambre? Vous pensez à tout.

Air du vaudeville d'une Visite à Bedlam.

Mon ami... quel soin touchant;
Quelle tendresse constante;
Que Frontin me la présente,
Je veux la voir à l'instant.

FRONTIN, à part.

Malgré tous mes droits acquis,
Et ma légitime flamme,
C'est en fraude que je puis
Être l'époux de ma femme.

LA COMTESSE.

Mon ami, quel soin, etc.

(La comtesse entre dans son appartement; Frontin la suit en faisant des signes d'intelligence à son maître.)

SCÈNE XIII.

EDOUARD, SEUL.

En vérité, je ne reviens pas de l'audace de ce maraud-là! on est heureux d'avoir à son service des coquins aussi intrépides. Il nous a improvisé là une histoire fort à propos : car je ne sais pas sans elle comment je m'en serais tiré. Voyez cependant à quoi tient une réputation de bon mari ! Il y a comme cela une foule d'occasions dans la vie, où, sans avoir rien à se reprocher, on se trouverait compromis par la maladresse des circonstances. Réellement, nous en sommes toujours les victimes.

Air du vaudeville des Maris ont tort.

Par des sermens que l'on s'engage,
La circonstance les rompra ;
On veut rester fidèle et sage,
La circonstance est encor là....
Pauvres époux, combien de chances,
Contre nous conspirent, hélas !
Sans compter d'autres circonstances
Dont nos femmes ne parlent pas.

SCÈNE XIV.

EDOUARD, LA COMTESSE.

LA COMTESSE.

Ah, mon ami ! je suis enchantée ! vous m'avez fait là un véritable cadeau.

ÉDOUARD.

Vraiment? Vous croyez qu'elle pourra vous convenir?

LA COMTESSE.

Sans doute. Un air de douceur, de naïveté...

ÉDOUARD.

Oui : je crois l'avoir vue, il n'y a pas long-temps : elle m'a paru fort bien.

SCENE XIV.

LA COMTESSE.

Charmante! Et puis ce ménage a l'air si uni...

ÉDOUARD.

Hein!

LA COMTESSE.

J'aime à voir des ménages heureux, cela me rappelle le nôtre.

ÉDOUARD.

Comment! madame?

LA COMTESSE.

Air du vaudeville du petit Courrier.

Oh! Frontin est vraiment galant,
Il vous charmerait, sur mon ame.
Comme il a l'air d'aimer sa femme,
Comme il est tendre et complaisant!
A ses regards pour mieux paraître,
Il veut vous imiter en tout...
Mon ami, tel valet, tel maitre,
Le bon exemple fait beaucoup.

ÉDOUARD, à part.

Le compliment vient à propos.

LA COMTESSE, mystérieusement.

Enfin, dans un moment où ils étaient derrière moi, j'ai vu très distinctement dans la glace...

ÉDOUARD, surpris.

Quoi, madame! vous avez vu...

LA COMTESSE.

Qu'il l'embrassait. Où est le mal?

ÉDOUARD.

Et vous avez souffert...

LA COMTESSE.

Vouliez-vous que j'interposasse mon autorité? J'ai fait semblant de ne pas m'en apercevoir.

ÉDOUARD.

Voilà ce que je ne permettrai pas.

LA COMTESSE.

Comment, à son mari!

ÉDOUARD.

Son mari, son mari... tant que vous voudrez; ce n'est pas une raison. Je trouve bien extraordinaire... (Il appelle.) Frontin!

LA COMTESSE.

Je ne vous ai jamais vu si scrupuleux.

ÉDOUARD.

Mais c'est que vous ne savez pas que ce maraud serait capable de profiter... et avec moi, d'abord, les mœurs avant tout. Frontin!... Laissez-moi, ma chère amie; j'ai à le gronder.

LA COMTESSE.

Pour cela?

ÉDOUARD.

Non : pour des occasions où il s'est oublié d'une manière...

LA COMTESSE.

Eh bien! à la bonne heure! mais de l'indulgence. Je vais donner des ordres pour qu'on place Denise à côté de mon appartement.

ÉDOUARD.

A côté de votre appartement, vous avez raison.

(La comtesse sort.)

SCÈNE XV.

FRONTIN, EDOUARD, SE RETOURNANT ET APERCEVANT FRONTIN.

ÉDOUARD.

Ah! vous voilà, monsieur. Y a-t-il assez longtemps que je vous appelle?

FRONTIN, à haute voix.

Pardon, monsieur, j'étais avec ma femme (Avec sa voix ordinaire), avec Denise.

ÉDOUARD, se contenant.

Ah! vous étiez avec Denise, et vous lui disiez...

FRONTIN.

Je lui disais ce qu'elle avait à faire auprès de madame. Il fallait bien que quelqu'un l'instruisît de ses devoirs, et certainement ce n'aurait pas été monsieur qui aurait pu...

ÉDOUARD, avec une colère concentrée.

Frontin, j'ai idée que je te ferai mourir sous le bâton.

FRONTIN.

Comment, monsieur! Qu'est-ce que c'est que ces idées-là?

ÉDOUARD.

J'ai deviné vos desseins. Vous voulez séduire cette petite fille, abuser de son inexpérience, de sa timidité. Moi, dont les intentions sont pures et désintéressées, je ne permettrai pas que chez moi...

FRONTIN.

Monseigneur, je peux vous jurer...

ÉDOUARD.

Et ce baiser de tout à l'heure?

FRONTIN.

Comment, ce baiser! (A part.) Qui diable a pu lui dire?

ÉDOUARD.

Oh! tu vas encore mentir : j'ai déjà vu que ça ne te coûtait rien, mais je sais que dans l'instant même...

FRONTIN.

Eh bien! oui, monsieur, c'est la vérité : je l'ai embrassée, mais dans votre intérêt : j'ai vu que madame la comtesse avait des doutes sur la réalité de l'histoire que j'ai été obligé de composer pour vous rendre service. Il fallait confirmer son erreur, dissiper tous les soupçons; j'ai pris alors un parti désespéré : je l'ai embrassée en dissimulant; c'était la meilleure manière de cacher notre jeu; et ce baiser que j'ai donné à Denise est peut-être ce que j'ai fait aujourd'hui de plus utile pour vous. Mais on aurait beau s'exposer, se dévouer pour les maîtres, ils trouveraient encore qu'on n'a pas assez fait pour eux.

ÉDOUARD.

Si fait, si fait; je trouve au contraire que ton zèle t'emporte trop loin, et j'ai quelque arrière-pensée que tu dissimulais pour ton compte.

FRONTIN.

Moi, monsieur?

SCÈNE XVI.

ÉDOUARD.

Je vais du reste m'en assurer. Denise vient de ce côté ; je serai là (montrant le bosquet), à portée de te voir et de t'entendre, et je saurai au juste, fidèle serviteur, où vous en êtes avec elle.

FRONTIN.

Quoi, monsieur! vous vous défiez... Je suis bien sûr de mon innocence ; mais enfin, si le hasard voulait qu'elle me fît des avances... Moi, je ne suis pas responsable...

ÉDOUARD.

Sois tranquille ; ce n'est pas cela que je redoute. Mais prends garde à toi, s'il t'arrive encore de dissimuler avec elle, je t'assomme et je te chasse.

(Il entre dans le bosquet et paraît de temps en temps.)

SCÈNE XVI.

FRONTIN, DENISE.

FRONTIN.

Dieux ! quelle pénible alternative : d'un côté, ma place, de l'autre, ma femme! Ma femme et ma place!

DENISE.

Ah, vous voilà! Que madame la comtesse est donc bonne et avenante, et que je suis contente d'être à son service! et puis ce qui me fait encore plus de plaisir, c'est que v'là tout qui est déclaré, et que par ainsi il n'y a plus besoin de frime.

ÉDOUARD, à part.

Hein! qu'est-ce qu'elle dit donc là?

(Pendant tout ce temps, Frontin cherche à lui faire des signes.)

DENISE.

Hé bien! monsieur Frontin, qu'est-ce que vous avez donc, vous ne répondez pas? Vous êtes fâché de ce qu'on vous a forcé d'être mon mari?

FRONTIN.

Votre mari, votre mari... Vous savez bien, mademoiselle Denise, que ce n'est que jusqu'à un certain point.

DENISE.

Comment! jusqu'à un certain point? Puisque c'est devant monsieur le comte et madame la comtesse, et qu'ils y consentent tous deux.

FRONTIN.

C'est égal, Denise, si l'on vous entendait, on s'étonnerait de votre naïveté. Ce n'est là qu'un hymen provisoire, enfin, ce qu'on appelle un mariage pour rire.

DENISE.

Eh bien! par exemple, qu'est-ce qui y manque donc?

AIR: Tenez, moi, je suis bon homme.

De nous qu' dira-t-on à la ronde!
V'là c' que c'est que de se cacher,
Quand on n' fait pas comme tout l' monde,
Ça finit toujours par clocher!
Ce que j' croyais avoir m'échappe...
J' m'embrouille avec tout's ces frim's-là...
Et j' veux mourir si l'on m' rattrape,
A me marier encor comm' ça.

SCÈNE XVI.

FRONTIN.

Mais, Denise...

DENISE, pleurant.

Qu'est-ce que va dire ma tante? C'est pour elle, car pour moi ne croyez pas que je vous regrette. Ah bien! oui, un mari pour rire, on n'est pas en peine d'en trouver.

(Elle fait un pas pour sortir.)

FRONTIN.

Eh bien! il ne manquait plus que cela. Denise, écoutez-moi! (Haut, de façon que son maître l'entende.) Il faut dire comme elle, car elle serait capable de tout découvrir. (Haut, à Denise.) Certainement, Denise, je ne refuse pas d'être votre mari, et l'honneur que vous me faites, d'autant plus que monseigneur, qui doit me connaître... et s'il ne tenait qu'à moi... Mais mon devoir, la probité, qui fait que... Enfin, vous devez me comprendre.

DENISE.

Pas tout-à-fait, mais je crois que ça veut dire que vous êtes fâché de m'avoir fait du chagrin, aussi j'oublie tout, car je suis trop bonne. Allons, monsieur, embrassez-moi, et que ça finisse.

FRONTIN, à part.

Dieu! Dieu! quel parti prendre?

ÉDOUARD, à part.

Ah çà, je ne la reconnais plus!

DENISE.

Comment! monsieur, vous refusez de vous raccommoder, quand c'est moi qui ai fait les premiers pas!

(Pleurant.) Allez, c'est affreux, et je vais aller me plaindre à monseigneur.

ÉDOUARD.

Par exemple, c'est trop fort!

DENISE.

Et il me fera rendre justice, car il me le disait encore tout à l'heure, en me baisant la main.

FRONTIN, à part.

Hein! comment?

DENISE.

Mais c'est que lui, il est galant, il est aimable.

SCENE XVII.

Les précédens; LA COMTESSE.

LA COMTESSE.

Eh bien, mes enfans! qu'est-ce que c'est donc : on se querelle ici?

DENISE.

Oui, madame, c'est lui qui a tort.

FRONTIN.

Mais non, madame, c'est que je veux...

DENISE.

Au contraire, c'est qu'il ne veut pas.

LA COMTESSE.

Comment?

DENISE.

Oui, madame, il ne veut pas m'embrasser. Je vou demande si ce n'est pas une abomination?

LA COMTESSE.

Qu'est-ce que c'est que cela, Frontin, faire pleurer votre femme, c'est très mal? Je ne veux pas qu'on se querelle, et j'entends qu'on fasse toujours bon ménage, ou sinon... Allons, embrassez-la.

FRONTIN.

Certainement, vous voyez... (Du côté du bosquet.) Eh bien! Denise, je te demande pardon (il l'embrasse), et je te prie à deux genoux de tout oublier.

DENISE, sautant de joie.

Ah, madame! que je suis contente!

SCÈNE XVIII.

Les précédens ; EDOUARD.

ÉDOUARD, sévèrement.

Vous voilà encore ici, monsieur Frontin! vous savez cependant ce que je vous ai dit tout à l'heure. Vous n'êtes plus à mon service.

FRONTIN, à part.

C'est fait de moi!

DENISE.

Comment! monseigneur, vous renvoyez mon mari?

ÉDOUARD, à part.

Son mari... Elle y tient.

LA COMTESSE.

Et pour quelle raison, mon ami, renvoyez-vous ce pauvre garçon?

ÉDOUARD.

Pour des raisons... des raisons très graves, que je ne puis pas vous dire ; mais Frontin me comprend très bien.

FRONTIN.

Moi, monsieur, je puis vous assurer que j'ignore... Et je vous atteste, madame la comtesse...

LA COMTESSE, bas à Frontin et à Denise.

C'est bon. Vous savez que jamais il ne se met en colère, et demain sans doute il sera calmé. Retirez-vous tous deux. (Au comte.) Vous leur permettrez bien au moins de passer cette nuit au château ?

ÉDOUARD.

Quoi ! vous voulez...

LA COMTESSE.

Vous ne me refuserez pas cela. Allons, mes enfans, à demain. Vous savez quelle est la chambre qu'on vous destine ?

DENISE, pleurant.

Oui, madame ; nous y allons. Viens, Frontin.

ÉDOUARD.

Comment, madame, vous souffrirez... Vous les laissez partir ?

LA COMTESSE.

Ce n'est pas moi, c'est vous qui en êtes cause.

DENISE.

Oui, c'est vous qui serez la cause de tout ce qui va arriver.

ÉDOUARD.

Ah, c'en est trop ! Eh bien ! puisqu'il faut vous le dire, apprenez donc qu'ils ne sont pas mariés.

SCÈNE XVIII.

LA COMTESSE.

Ils ne sont pas mariés?

ÉDOUARD.

Non, madame. Laissez-les s'en aller maintenant.

DENISE.

Eh bien! qu'est-ce qu'il dit donc? Il ne sait donc pas...

(Frontin lui fait signe de se taire.)

LA COMTESSE.

Comment! cette petite fille qui avait un air si doux, si ingénu... Que m'apprenez-vous là?

ÉDOUARD.

L'exacte vérité. Je venais de découvrir que ce maraud-là nous avait trompés; voilà les griefs que j'avais contre lui, et dont je ne voulais pas vous parler; sans cela, vous sentez bien que je ne l'aurais jamais renvoyé. Cette petite fille était charmante et vous convenait beaucoup; moi je tenais à Frontin, mais d'après ce qui s'est passé, nous ne pouvons tolérer...

FRONTIN.

Comment! monsieur, il n'y a pas d'autres raisons? Eh bien! rassurez-vous, la morale est satisfaite : car je puis heureusement vous prouver que Denise est ma femme.

ÉDOUARD.

Oui, encore une histoire.

FRONTIN.

Oh, monsieur! celle-là est authentique (tirant le contrat de sa poche), car elle est pardevant notaires (le lui donnant); lisez plutôt.

ÉDOUARD.

Que vois-je! « Pardevant Martin et son confrère « sont comparus Marie-Fidèle-Amand-Constant « Frontin. »

FRONTIN.

Mes noms et qualités!

ÉDOUARD, lisant toujours.

« Intendant de monsieur le comte de Granville. » (Le regardant.) Intendant. « Et Angélique-Denise Ger-« vais. »

(Regardant à la fin de l'acte.)

Suivent les signatures et celles des témoins. Ah çà, est-ce que par hasard tu aurais dit une fois la vérité?

FRONTIN.

Il y a commencement à tout, monseigneur. (Bas.) Vous voyez donc bien que je n'allais pas sur vos brisées, et que c'est vous au contraire qui alliez sur les miennes.

ÉDOUARD, bas.

Au fait, ce pauvre Frontin devait faire une triste figure tantôt, la serviette sous le bras. Ah! ah!

FRONTIN, haut.

Oui, monseigneur, je n'attendais qu'un moment favorable; je n'avais pris sur moi cet acte que pour prier monsieur le comte et madame la comtesse de me faire l'honneur de signer au contrat.

ÉDOUARD.

J'entends, afin de ratifier ta nomination à la place d'intendant que tu t'es donnée.

LA COMTESSE.

Vous la lui aviez promise.

SCÈNE XVIII.

ÉDOUARD.

En effet, c'est une place qui convient à un homme marié. (Regardant Denise.) Et puisque sa femme et lui vont habiter le château... Qu'est-ce que je demandais, moi? que les convenances fussent respectées. Allons, que Frontin reste près de moi, Denise auprès de... vous, et qu'il y ait dans le monde un bon ménage de plus.

DENISE.

Ah çà, cette fois-ci, est-ce pour tout de bon?

FRONTIN.

Oui, madame Frontin!

VAUDEVILLE.

Air du vaudeville de Turenne.

De père en fils tous mes ancêtres
Furent heureux, quoique laquais ;
Quelquefois le destin des maîtres
Ne vaut pas celui des valets :
Oui, de ce corps j'ai l'honneur d'être membre,
Et bien souvent, n'en déplaise au bon ton,
J'ai vu l'ennui qui siégeait au salon,
    Et le plaisir à l'antichambre.

DENISE.

Plus d'un Frontin, à sa femme fidèle,
Dans son ménag' vivrait en bon accord,
S'il n'avait pris son maître pour modèle...
Car v'là toujours ce qui nous fait du tort.
Sans y penser, si le valet de chambre
    En conte à maint et maint tendron...
C' n'est pas sa faut' (regardant Édouard) mais celle du salon,
    Qui s' trouv' trop près de l'antichambre.

ÉDOUARD.

De l'amour redoutons les armes,
Au hasard il lance ses traits...
Telle duchesse est brillante de charmes,
Mais sa soubrette a bien quelques attraits;
 Maint grand seigneur parfumé d'ambre,
 En conte souvent à Marton...
 Avant d'arriver au salon
 Il faut passer par l'antichambre.

LA COMTESSE, au public.

Des grands tableaux esquissant la copie,
Le vaudeville, en ses légers essais,
 Est l'antichambre de Thalie,
 Dont le salon est aux Français :
 Depuis janvier jusqu'en décembre,
 Vous, messieurs, qui donnez le ton,
Daignez parfois, en allant au salon,
 Vous arrêter dans l'antichambre.

FIN DE FRONTIN MARI-GARÇON.

UNE VISITE

A BEDLAM,

COMÉDIE EN UN ACTE, MÊLÉE DE VAUDEVILLES;

Représentée, pour la première fois, sur le théâtre du Vaudeville, le 24 avril 1818.

EN SOCIÉTÉ AVEC M. POIRSON.

PERSONNAGES.

ALFRED DE ROSEVAL.
AMÉLIE, sa femme.
LE BARON DE SAINT-ELME, son oncle.
CRESCENDO, compositeur italien.
TOMY, jardinier du baron.

La scène se passe auprès de la nouvelle maison de fous de Bedlam, aux portes de Londres.

Le théâtre représente un parc à l'anglaise fort élégant, orné de statues et d'arbres exotiques; dans le fond, un jardin fermé d'un grillage, avec une porte également en treillage; à gauche, sur le premier plan, un pavillon; au troisième plan, l'entrée du parc; sur le devant du théâtre, à droite, un saule pleureur, avec un banc de gazon au pied.

AMÉLIE.

IL NE FAUT PAS L'IRRITER.

Une visite à Bedlam Scène XVII

UNE VISITE
A BEDLAM.

SCÈNE PREMIÈRE.

LE BARON, AMELIE, CRESCENDO.

CRESCENDO.
Oui, signora, de l'ame, dou sentiment, de la méthode et de la voix; voilà tout ce qu'il faut pour la mousique italienne, et vous possédez tout cela dans la perfection.

AMÉLIE.
Je crains que votre écolière ne vous fasse pas honneur.

CRESCENDO.
Point du tout. Il n'y a pas à dix lieues à la ronde oune de nos ledys qui puisse soutenir la comparaison.

LE BARON.
Savez-vous, signor Crescendo, que je m'étonne toujours de voir un talent tel que le vôtre rester en Angleterre.

CRESCENDO.
Que voulez-vous?

Air : Un homme pour faire un tableau.

Sur les beaux arts et les talens
Peu de gloire est ici semée ;

Paris seul dispense en tout temps
Les palmes de la renommée.
Des talens faits pour l'illustrer
Il est l'asile tutélaire...
En France on sait les admirer,
Mais on les paie en Angleterre.

D'ailleurs, le grand homme est de tous les pays... Je vous réserve aujourd'hui un petit air d'opéra que j'achève en ce moment.

Barbar amor! crudel tyran!

Car je compose, tel que vous me voyez; ce qui ne m'empêche point d'aller à droite et à gauche donner des leçons dans les châteaux voisins.

LE BARON.

J'entends : *I virtuosi ambulanti.*

CRESCENDO.

C'est cela même. Je déjeûne le matin à Bedlam, je dîne à Southwarck, et je soupe à Tudor-Hall : le génie mange partout. Moi, je ne suis pas fier, et j'affectionne surtout votre château, monsou le baron. Quoique Français, vous savez apprécier le macaroni; et l'on trouve ici les égards, les attentions, une voix délicieuse, une couisine française et une mousique italienne. C'est un séjour enchanté!

LE BARON.

Je suis charmé qu'il vous plaise. Mais est-ce que nous ne continuons pas la leçon?

CRESCENDO.

La signora a l'air fatigué. Je vais avant le dîner revoir la romance que votre charmante nièce m'a

SCÈNE I.

permis de loui dédier. Un mot encore : comment mettrai-je pour la gravoure ? A madame, ou à madamigelle ?

LE BARON.

Qu'est-ce que cela fait ?

CRESCENDO.

Oh ! c'est très-essentiel. Voyez-vous en gros caractères : Dédié par son très-humble serviteur Crescendo... à *et cætera, et cætera*.

<small>Air du vaudeville du Printemps.</small>

Que j'inscrive ici votre nom !
Du succès je réponds d'avance ;
Et vous regarde avec raison
Comme l'auteur de la romance.

AMÉLIE.

C'est l'être à bon compte, en effet.

CRESCENDO.

Eh ! mon Dieu ! que d'autres, je gage,
Qui sont auteurs, et qui n'ont fait
Que mettre leur nom à l'ouvrage !

Mais il y a une difficoulté : c'est que depuis un mois que je donne des leçons à la signora, je n'ai pas encore pu savoir si elle était madame ou madamigelle.

LE BARON.

Était-ce bien nécessaire à connaître pour lui enseigner des roulades et des cadences ?

CRESCENDO.

Noullement, et je vous prie d'excouser mon indiscrétion.

LE BARON.

Ce n'en est pas une ; et vous pouvez mettre hardiment...

CRESCENDO.

A madamigelle.

LE BARON.

Au contraire : à madame, madame la comtesse Amélie.

CRESCENDO.

Ah! madame! c'est différent. Je m'en étais toujours douté. C'est qu'il est étonnant que nous n'ayons pas encore vou monsieur le comte. Il doit s'estimer bien heureux, monsieur le comte; et il faut que madame se soit mariée bien jeune... Mais, pardon; c'est que, voyez-vous, l'amour et la jeunesse...

L'amor è la gioventù...

J'ai un rondeau là-dessus. (Se frappant le front.) Attendez : c'est la fin de mon grand air. Depuis deux jours je la guettais :

Crudel tyran !... ah! ah! ah! ah!

J'y suis; je cours profiter de l'inspiration.

AMÉLIE.

Prenez garde qu'elle ne vous mène trop loin.

CRESCENDO.

Soyez tranquille, je ne passerai pas l'heure du dîner.

(Il sort en chantant et en gesticulant.)

SCENE II.

LE BARON, AMÉLIE.

AMÉLIE.

Allons, et lui aussi va faire des commentaires sur la conduite de mon mari, s'étonner de ce que monsieur le comte...

LE BARON.

C'est qu'en effet il y a de quoi s'étonner.

AMÉLIE.

Eh! pourquoi donc, mon oncle? Je trouve tout naturel qu'un mari reste éloigné de sa femme.

LE BARON.

Oui, mais qu'il y reste pendant huit ou dix mois! On m'a assuré cependant qu'il t'aimait éperdûment.

AMÉLIE.

Mon oncle, vous n'étiez pas à Paris lorsqu'on m'unit à monsieur Alfred de Roseval, ainsi vous ne pouvez pas savoir...

LE BARON.

Non; mais sans le connaître, je sais que c'est le plus étourdi, le plus aimable et le plus brave de tous les officiers français.

AMÉLIE.

Un véritable enfant, qui se croyait le plus heureux des hommes quand il était paré de son grand uniforme, ou qu'il montait son cheval de bataille; et qui aurait tout sacrifié au bonheur de passer son régiment en revue!

LE BARON.

Vrai? Eh bien! il me semble impossible qu'un homme comme celui-là ne soit pas charmant.

AMÉLIE.

En vérité, mon oncle, vous me donneriez de l'humeur!

LE BARON.

Non; mais avec un tel caractère, on doit être gai, franc, incapable de tromper; on doit aimer sa femme, et quoique tu en dises, il faut qu'il y ait un peu de ta faute, et tu ne m'as pas tout avoué.

AMÉLIE.

Moi, mon oncle! Grand dieu! si on peut dire... Soyez notre juge : on nous maria ; il disait qu'il m'aimait, je voulus bien le croire : ils le disent tous, et l'on est convenu de ne pas disputer là dessus. Pendant huit jours, je dois pourtant lui rendre cette justice, il parut beaucoup plus occupé de moi que de ses chevaux, et même de son uniforme! Il fallut partir pour une mission importante; il en fut désolé, rien n'égala sa douleur; moi-même, par compassion, je daignai en être touchée! Au bout de huit jours, il devait m'écrire, quinze se passent! Enfin la lettre arrive : elle a été retardée par une foule d'événemens plus ou moins extraordinaires ; vous sentez qu'on n'est pas dupe de tout cela. Je réponds très froidement. On me récrit, mais d'un ton, vous en auriez été indigné! Je ne réponds pas, comme vous vous en doutez bien : j'attends qu'on me fasse des excuses, qu'on me demande pardon ; eh bien ! point ! Un mois, deux mois se passent, aucunes nouvelles ! Vous sentez que, ma vie en eût-elle dépendu, je ne serais point revenue la première. A cette époque vous passez en France ; vous me proposez de quitter Paris, dont le séjour me paraissait insipide, de venir habiter avec vous un château que vous avez au bord de la Tamise, près du nouvel établissement de Bedlam. J'accepte avec joie, et c'est dans cet asile enchanteur, au sein des arts et de l'amitié, que vous croyez que je puis conserver quelques regrets ou former quelques désirs ! Non, mon oncle, rassurez-vous, je ne regrette rien ; je n'aime rien que vous seul, et je jouis, grace au ciel, d'une tranquillité et d'une indifférence que rien ne pourra troubler.

LE BARON.

Le ton dont tu me le dis me persuade, et je ne conserve plus aucun doute. Il y a bien dans ton récit quelques petits détails que tu ne m'avais pas racontés ; mais c'est égal, tu as raison, complètement raison. Et que fait Alfred maintenant ?

AMÉLIE.

J'ai appris indirectement que sa mission était terminée, et qu'il voyageait pour son plaisir.

Air de la Robe et des Bottes.

On prétend qu'il parcourt le monde ;
Qu'éblouissant toutes les cours,
Il va, promenant à la ronde
Son or, son faste et ses amours.

LE BARON.

En tous lieux s'il est infidèle,
C'est qu'il veut connaître par là
La plus aimable et la plus belle...
Je suis sûr qu'il te reviendra.

AMÉLIE.

Lui! Quelle idée! En tous cas ce serait inutile, car mon parti est pris; je vous le dis sans humeur, sans colère : je ne le reverrai jamais! Jamais je ne rendrai ma tendresse ni mon estime à quelqu'un qui, volontairement, a pu vivre une année entière éloigné de moi !

SCÈNE III.

Les précédens ; TOMY.

LE BARON.

Eh bien! que nous veut Tomy?

TOMY.

Ah! c'est vous, not' maître? tant pire.

LE BARON.

Pourquoi tant pire?

TOMY.

C'est que j'ai quelque chose à vous demander.

LE BARON.

Eh bien! imbécille?

TOMY.

Pas tant... Dans le fond, c'est bien à vous ; mais je m'entends : c'est à madame que je voulais d'abord m'a-

SCÈNE III.

dresser, parce que quand c'est madame qui parle, on est toujours sûr d'obtenir.

AMÉLIE.

Vraiment! je ne me croyais pas tant de crédit.

TOMY.

Oh! tout le monde ici le sait bien, allez.

AMÉLIE.

Eh bien! voyons donc, monsieur Tomy?

TOMY.

Madame, c'est que je viens de la taverne du Grand-Amiral.

LE BARON.

J'aurais dû m'en douter!

TOMY.

Imaginez-vous que je trouve là un beau jeune homme qui arrivait en poste; six chevaux, trois postillons; clic, clac : tout était sens dessus dessous pour le recevoir... « Holà! la fille, les garçons, « toute la maison; qu'on me donne à déjeûner! » On voulait lui servir de ce bon porter que j'aime tant! car il y en a d'excellent à la taverne de l'Amiral. Ah bien! oui : du champagne, du bordeaux, du vin de France; vive la France! Aussi faut-il lui rendre justice, il les a traités en compatriotes. Vous voyez que je ne vous passe rien.

AMÉLIE.

Oh! Tomy conte bien.

TOMY.

Ah çà, pendant qu'il déjeûnait et qu'il avait derrière lui deux grands laquais... « Madame l'hôtesse,

« est-il possible de visiter la nouvelle maison royale
« de Bedlam? Je suis étranger, et je voudrais voir en
« détail ce bel établissement. » On lui dit alors que ça
n'est pas public, et qu'à moins d'un mot de recommandation d'un des propriétaires des environs... « Eh !
« qui diable voulez-vous qui me recommande? je ne
« connais personne. » Alors, monsieur, je me suis
avancé : je lui ai dit que s'il voulait permettre j'allais
m'adresser à mon maître...

LE BARON.

Ah ! nous y voilà !

TOMY.

Qui était un riche et brave seigneur.

LE BARON.

Et tu lui as promis ta recommandation auprès de
moi ?

TOMY.

Dam, oui, monsieur : le désir d'obliger, vu
surtout qu'il m'a donné une pièce d'or, et que je suis
sûr qu'il m'en donnera encore autant. Vous ne voudriez pas me faire perdre cela ?

AMÉLIE.

D'ailleurs il ne faut pas compromettre le crédit de
M. Tomy !

LE BARON.

Je vois qu'il a eu raison de compter sur ta protection.

(Il ouvre la porte du pavillon, et écrit.)

TOMY.

D'autant plus que monsieur connaît le directeur

SCÈNE III.

de la maison des fous, et qu'ainsi il n'y a besoin que d'
griffonner un mot. (A Amélie, pendant que le baron écrit.) Pour
en revenir à not' jeune seigneur, je l'ai laissé arrangeant sa cravate devant une glace, et cajolant miss
Jenny, cette jolie petite fille...

AMÉLIE.

C'est bon, c'est bon.

TOMY.

Air du ballet des Pierrots.

Il d'mand' son compte; on l' lui présente;
Il pay' sans en r'garder l' montant;
Et puis il parle, il rit, il chante,
Et tout ça dans le même instant.
Il faut voir comme il se démène:
Franchement, Bedlam lui convient;
Et loin d' croir' qu'il y va, morguenne!
On croirait plutôt qu'il en vient.

LE BARON, ayant achevé d'écrire.

Eh! sait-on quel est cet original?

TOMY.

Ma fine, oui, car un de ses gens l'a nommé devant
moi, et je crois qu'il a dit le comte de... de Roseval.

LE BARON.

Roseval!

AMÉLIE.

Alfred! grands dieux! (Elle court vers le côté par où Tomy est entré.)

LE BARON.

Eh bien! où vas-tu?

AMÉLIE, revenant.

Mon oncle, je ne reste pas ici : je ne veux pas
m'exposer à le rencontrer.

LE BARON.

Bon! quel enfantillage! je ne vois rien là dedans qui puisse t'effrayer : ce n'est pas ici qu'il vient.

AMÉLIE, cherchant à se remettre.

Vous avez raison, ce n'est qu'une aventure fort ordinaire.

LE BARON.

Oh! fort ordinaire! (A part.) Quel événement! Alfred dans ce pays! Alfred si près de nous! ne laissons point échapper cette occasion! mais par quel moyen? Eh! sans doute! (A Tomy.) Tiens, porte-lui cette lettre; propose-lui de le conduire toi-même à Bedlam.

TOMY.

Pardin'! je sais bien où c'est; la maison des fous, à deux pas d'ici.

LE BARON.

Oui, mais alors... (Il lui parle bas à l'oreille.)

TOMY.

Comment, monsieur? mais il n'y a pas de conscience.

LE BARON.

Fais ce que je te dis, et surtout...

TOMY.

Ah! soyez tranquille... ma foi, ça sera drôle; car je n'y comprends rien.

(Il sort.)

SCÈNE IV.

LE BARON, AMÉLIE.

AMÉLIE.

Mais, mon oncle, quel est votre dessein ? et que prétendez-vous faire ?

LE BARON.

Ne t'inquiète pas.

AMÉLIE.

Je vous l'ai dit; vous savez ce que je pense, ce que j'ai juré; je ne le verrai pas; je ne le verrai jamais.

LE BARON.

A la bonne heure ; toi, tu ne peux pas seulement l'envisager, c'est trop juste ; mais moi, je n'ai pas fait de serment ; et la tendresse qu'on doit à sa famille...

Air : Tenez, moi, je suis un bon homme.

Je dois accueillir sur sa route
Un neveu qui m'est inconnu,
Qui visite, sans qu'il s'en doute,
Un oncle qu'il n'a jamais vu.
Auprès d'un parent qu'il ignore,
Crains-tu qu'il ne reste toujours,
Lorsque avec les gens qu'il adore
A peine reste-t-il huit jours ?

AMÉLIE.

Ah ! quel plaisir j'aurais à le voir à mes pieds, et à le désespérer !

LE BARON.

Eh bien ! tout cela est très possible.

AMÉLIE.

Comment?

LE BARON.

Rentre au château : je vais aller te rejoindre et t'expliquer mon projet.

AMÉLIE.

Vous ne tarderez pas, n'est-ce pas, mon oncle?

LE BARON.

Donne-moi au moins le temps de le recevoir.

AMÉLIE.

Si vous me le disiez tout de suite?

LE BARON.

On vient...

AMÉLIE.

Non, mon oncle; je vous assure que ce n'est personne.

LE BARON.

Et si vraiment, te dis-je!

AMÉLIE.

Mon Dieu! que c'est impatientant! Me voilà maintenant d'une inquiétude! on avait bien besoin de recevoir ici ce mauvais sujet!

(Elle sort en regardant plusieurs fois le côté par lequel Alfred doit venir.)

SCÈNE V.

LE BARON, ALFRED, CONDUIT PAR TOMY.

TOMY.

Par ici, monsieur, par ici.

ALFRED, dans le fond.

L'entrée est fort bien, c'est un séjour fort agréable

que Bedlam; on ne se douterait jamais qu'on est dans une maison de fous! (Montrant le baron.) C'en est un que j'aperçois?

TOMY.

Non, monsieur, c'est le maître de la maison.

ALFRED.

Ah! oui, le directeur... C'est bon, laisse-moi. Tiens, voilà pour boire à ma santé; je te remercie de m'avoir conduit à Bedlam.

TOMY.

Il n'y a pas de quoi, monsieur.

ALFRED.

Dis à ton maître que le comte de Roseval demande la permission de lui présenter ses respects avant de quitter ce pays.

TOMY.

Oui, monsieur... (A part.) V'là d' l'argent bien gagné!.....

(Il sort.)

SCENE VI.

LE BARON, ALFRED.

LE BARON, à part.

Ses respects! c'est un garçon fort honnête que mon neveu.

ALFRED.

C'est au docteur Willis que j'ai l'honneur de parler?

LE BARON.

Monsieur...

ALFRED.

Voici une lettre qui vous est adressée; daignez, je vous prie, en prendre connaissance.

LE BARON, à part.

Je pourrais m'en dispenser. (Haut.) Hum! hum! On m'engage à vous faire voir l'intérieur de la nouvelle maison de Bedlam. Monsieur, vous n'aviez pas besoin de recommandation; un gentilhomme tel que vous est toujours sûr d'être bien reçu. Je suis fâché cependant que vous veniez aujourd'hui : nous avons plusieurs parties de l'établissement qui ne sont pas visibles; et je ne puis même que dans un instant vous conduire dans l'intérieur de la maison.

ALFRED.

Comment donc, monsieur, je suis à vos ordres, et j'attendrai tant qu'il vous plaira. Vos jardins seuls méritent d'être vus; il y règne un goût, une variété... en honneur, j'en connais peu d'aussi beaux.

LE BARON, à part.

S'entendre dire cela à soi-même! un propriétaire!... c'est charmant!

ALFRED.

Air du Verre.

A vos fous il ne manque rien,
Ils sont les plus heureux du monde;
En France on les traite moins bien;
Chez nous pourtant l'espèce abonde;
Que j'aime ces ombrages frais !
Si chez vous... (cela m'intéresse)
La Folie habite un palais,
Comment loge-t-on la Sagesse?

On doit se trouver trop heureux de passer sa vie

dans un séjour semblable. Parbleu! vous devriez bien me permettre de m'y établir.

LE BARON.

Y pensez-vous? nous n'avons ici que des gens dont la tête...

ALFRED.

Eh bien! justement : je vous jure que je n'y serais pas plus déplacé que beaucoup d'autres.

LE BARON.

Auriez-vous par hasard quelques chagrins?

ALFRED.

C'est selon, voyez-vous; si j'y pensais, j'en aurais de très grands... Tel que vous me voyez, je suis marié; vous ne vous en douteriez pas, ni moi non plus. Une femme charmante qui m'aurait fait mourir de douleur, si je n'y avais pris garde.

LE BARON.

Vraiment! et où est-elle en ce moment?

ALFRED.

Vous allez rire; vrai, je n'en sais rien. Je présume cependant qu'elle est à Paris, au milieu des plaisirs et des adorateurs; nous sommes brouillés à mort. Une légèreté, un caprice, ce serait trop long à vous raconter. D'ailleurs, tout est fini; je l'ai juré!

LE BARON.

Vous l'avez juré!

ALFRED.

Oui, monsieur. Cependant j'ai fait les avances; j'ai écrit, on ne m'a pas répondu, ma conscience est tranquille.

LE BARON.

Et vous ne fîtes pas de reproches?

ALFRED.

J'en eus d'abord envie, mais c'est déjà si singulier d'être mari! et puis un mari qui se plaint, comprenez-vous, on en voit partout : soit dépit, soit amour-propre, je préférai une vengeance plus digne de moi. J'allai au bal, je me lançai dans toutes les sociétés; il faut bien se faire une raison! C'est ce que je me dis depuis un an! aussi les voyages, les bals, les concerts, les spectacles, je ne sors pas de là. Enfin, monsieur, vous voyez l'homme le plus malheureux!

LE BARON.

Croyez, monsieur, que je compatis bien sincèrement... (A part.) Allons, je m'en doutais, ce n'est qu'un étourdi.

SCÈNE VII.

LES PRÉCÉDENS; TOMY, PARAISSANT ET APPELANT PAR SIGNES LE BARON.

TOMY.

St, st, st, monsieur le baron!

LE BARON, à part.

Diable! il faudrait prévenir ma nièce.

(Tomy sort.)

ALFRED.

Eh bien! qu'attendons-nous pour commencer notre visite?

Air du vaudeville de l'Écu de six francs.

Allons, hâtons-nous, je vous prie,
Et daignez combler mon espoir.

LE BARON.

Vous serez surpris, je parie,
De tout ce que vous allez voir.

ALFRED.

Parmi tant de monde, je gage,
Qui bientôt doit m'environner,
Ce qui va le plus m'étonner,
C'est de me trouver le plus sage.

SCÈNE VIII.

Les précédens; CRESCENDO.

CRESCENDO, tout hors de lui.

Monsu le baron, monsu le baron, mon air est achevé...

Crudel tyran... ah! ah!

LE BARON, à part.

Ah! diable! notre musicien! je n'y avais pas songé.

ALFRED.

Quel est cet homme?

LE BARON, bas à Alfred.

C'est un fou, mais de ceux qui ne sont pas dangereux, et à qui on laisse la liberté. Vous ne croiriez jamais? c'est un grand personnage, un chancelier de l'échiquier, qui a la manie de se croire un grand compositeur, et qui ne parle que musique. Tenez, regardez-le. Il voit partout des protecteurs, et, moi-même, il me prend pour un baron à qui il veut dédier un opéra.

ALFRED.

Ah! ah! ah! le pauvre homme!

LE BARON, bas à Crescendo.

C'est un prince russe, grand protecteur des beaux-arts, et qui raffole de la musique italienne.

CRESCENDO.

Che gusto!

LE BARON, à Alfred.

Je vous demande encore un instant. (A part.) Allons retrouver ma nièce. Je reviens au plus vite.

SCÈNE IX.

ALFRED, CRESCENDO.

CRESCENDO.

Me sera-t-il permis de vous présenter mes respects? Combien nous devons nous tenir honorés d'oune semblable visite!

ALFRED, le regardant.

Voilà bien la figure la plus originale! Qui diable reconnaîtrait là un chancelier? (Haut.) C'est moi, monsieur, qui suis trop heureux de faire connaissance avec un aussi grand talent. Vous dites que vous vous appelez?

CRESCENDO.

Il signor Crescendo.

SCÈNE IX.

ALFRED.

Ma foi, signor Crescendo, je trouve bien étonnant que l'amour de la composition vous ait fait tout-à-fait oublier vos anciennes fonctions.

CRESCENDO.

Non pas. Je me rappelle, j'ai été chef d'orchestre à Turin et maître de chapelle à Florence; mais l'intrigue, la cabale. Bah! à quoi bon les places? Vive le vrai compositor! l'artiste indépendant qui n'obéit qu'à son génie.

<small>Air du vaudeville du Jaloux malade.</small>

> Quel art plus noble et plus sublime!
> Qui sait chanter doit tout savoir :
> La nature à sa voix s'anime,
> Et tout reconnaît son pouvoir.
> Les morts s'élancent de l'Érèbe;
> Et ce fut jadis un rondo
> Qui fit bâtir les murs de Thèbe
> Et tomber ceux de Jéricho.

ALFRED.

Ah! ah! ma foi, il est très amusant.

CRESCENDO.

A propos de cela, mon prince...

ALFRED.

Me voilà prince, à présent.

CRESCENDO.

J'oubliais de vous chanter mon grand air :

<small>Crudel tyran... ah! ah! ah!</small>

Mettez-vous dans la situation. C'est le jeune héros qui marche au supplice, et qui, avant de monter à l'échafaud, commence en mi bémol...

ALFRED.

Le morceau me paraît déjà bien placé.

CRESCENDO.

C'est que je vois que vous ne connaissez pas mon opéra. Que c'est heureux pour vous! je m'en vais vous le chanter. Il est en répétition dans ce moment au grand théâtre de Londres. Ce n'est pas sans peine! des passe-droits, des injustices, quinze mois à l'étoude, ça ne serait pas pire à l'Opéra de Paris. L'ouverture, maestoso!

Tra la, la, la, la, tra, la, la, la, la...

Et l'oboé qui se fait entendre :

Pon, pon, pon, pon, pon, pon ..

Mais quand j'y pense... quelle idée! ah! mon prince! si ce n'était pas abuser des bontés de Votre Altesse, je lui demanderais...

ALFRED.

Vous n'avez qu'à parler.

CRESCENDO.

D'accepter la dédicace de mon opéra.

ALFRED.

Avec plaisir. C'est servir la cause des beaux-arts que d'être utile à un compositeur aussi distingué.

CRESCENDO.

Ma fortune est faite!

SCÈNE X.

Les précédens ; LE BARON.

CRESCENDO, au baron qui arrive.

Ah! monsou le baron! il est enchanté de mon opéra; il ne l'a pas entendu; mais il en a accepté la dédicace : me voilà connu à Saint-Pétersbourg! Je cours écrire mon grand air, et nous l'exécuterons après le dîner. Votre Altesse, monsou le baron, croyez que jamais je n'oublierai... Récitatif...

>Che veggio... qual spettacolo!
>Suona l'orribil tromba!
>Crudel tyran... ah! ah! ah! ah!

(Il sort en chantant et en gesticulant.)

SCÈNE XI.

ALFRED, LE BARON.

ALFRED.

Ah! ah! ah! j'avoue d'abord que je le plaignais; mais ma foi, je n'ai pu y résister. Ce pauvre chancelier! savez-vous que c'est un fou très divertissant?

LE BARON.

Vous allez en voir bien d'autres : venez.

(On entend un prélude.)

ALFRED.

Écoutez donc.

AMÉLIE, en dehors.

Air : Combien j'ai douce souvenance.

Il est parti loin de sa mie,
Loin du beau ciel de sa patrie;
Mais en vain l'ingrat tous les jours
M'oublie,
Serai fidèle à mes amours
Toujours.

ALFRED, avec émotion.

Quelle jolie voix !

LE BARON.

Chut! c'est notre jeune comtesse. Venez de ce côté; gardons-nous de la troubler.

ALFRED.

Un instant, je vous prie.

LE BARON.

Non pas; c'est l'heure de sa promenade. Elle aime à être seule, et nous respectons sa douleur.

ALFRED, regardant vers la droite.

Oui, elle s'avance dans cette allée, elle s'arrête; à sa démarche et à sa taille, je parierais qu'elle est charmante.

LE BARON.

C'est le mot. Une femme bien estimable et bien à plaindre, qui a eu le malheur d'épouser un mauvais sujet.

ALFRED.

Voyez-vous cela !

LE BARON.

Et à qui la mauvaise conduite de son mari a fait perdre la raison.

ALFRED.

Vous m'avouerez que c'est indigne.

LE BARON.

Oui, monsieur, elle est folle d'amour.

ALFRED.

Ah! pas possible! (Dans ce moment, Amélie paraît dans le jardin du fond; elle ouvre la grille, et vient s'asseoir sous le saule.) Je vous en supplie laissez-moi lui parler. Pauvre petite! folle d'amour! Et vous dites qu'elle est jolie! Je ne la dérangerai pas de sa promenade; mais permettez-moi de la voir.

LE BARON.

Songez donc que mon devoir me réclame.

ALFRED.

Eh bien! cher docteur, ne vous gênez pas; faites vos affaires, je vous rejoins dans l'instant.

(Il pousse le baron dehors par la gauche.)

SCÈNE XII.

ALFRED, AMÉLIE.

AMÉLIE, la tête couverte d'un grand chapeau à la Paméla.

DEUXIÈME COUPLET.

Il est parti l'ami que j'aime!
Ai tout perdu, le bonheur même;
N'en est pour moi qu'avec celui
    Que j'aime!
Tout est chagrin, tout n'est qu'ennui
    Sans lui!

ALFRED.

Cette voix! quelle illusion! Mais non, c'est impossible.

AMÉLIE.

Enfin, me voilà seule. (Otant son chapeau.) Oui, seule ici, seule dans le monde.

ALFRED, qui s'est approché.

Ciel! c'est elle!... Quel changement dans ses traits! Mais c'est bien elle, c'est Amélie, plus jolie que jamais.

AMÉLIE.

Amélie!... Qui m'a appelée? que veut cet étranger?

ALFRED.

Elle ne me reconnaît pas!... Amélie!

(Il lui prend la main.)

AMÉLIE.

Laissez-moi; votre vue me fait mal.

ALFRED.

Et c'est moi qui suis la cause...

AMÉLIE.

Non, ne t'éloigne pas; tu pleures, tu as du chagrin... Ecoute: est-ce que tu as été trahi, abandonné?

ALFRED.

J'ai perdu tout ce que j'aimais.

AMÉLIE.

Reste alors, reste en ces lieux. Et moi aussi, j'ai tout perdu... Tu ne sais donc pas... Il est parti, il s'est éloigné.

ALFRED.

Comment se peut-il que sa raison se soit ainsi... Amélie! reviens à toi, reconnais-moi, je suis Alfred.

SCÈNE XII.

AMÉLIE.

Alfred, dites-vous?... Oui, Alfred, c'était son nom... Où est-il?

ALFRED.

Auprès de toi.

AMÉLIE.

Air de M. Frédéric Kreubé.

Serait-ce l'ami que sans cesse
  Je désirais?
Voilà sa voix enchanteresse,
  Voilà ses traits.
Mais non, une flatteuse ivresse
  M'abuse ici!
Et tes yeux ont trop de tendresse:
  Ce n'est pas lui!

ALFRED.

Même air.

J'avais quitté mon Amélie.

AMÉLIE.

C'est comme lui.

ALFRED.

J'avais méconnu mon amie.

AMÉLIE.

C'est comme lui.

ALFRED.

Mon cœur n'a brûlé que pour elle:
  J'en jure ici!

AMÉLIE.

Quoi! ton cœur fut toujours fidèle?
    (Douloureusement.)
Ce n'est pas lui!

Je savais bien que vous me trompiez. Alfred ne doit pas revenir. Mais c'est lui que je plains; oui, monsieur, je le plains.

Air : A Paris et loin de sa mère.

Ce n'est pas par coquetterie,
Mais je crois entendre souvent
Dire que je suis embellie,
Et mon miroir m'en dit autant.
Que ce soit ou non un prestige,
Je ne suis pas si mal encor !...
Voyez pourtant ce qu'il néglige ;
Dites, dites-moi, n'a-t-il pas grand tort ?

ALFRED.

C'est qu'en effet elle est charmante !

AMÉLIE.

Et puis... (Mystérieusement.) c'est un secret au moins, il ne faut pas lui en parler !... à son retour, je voulais le surprendre par mes progrès. Avec quel plaisir j'étudiais !... c'était pour lui !... (Avec gaîté.) Vous ne savez pas ?... j'ai fait son portrait... si j'étais sûre que vous ne lui dissiez point, je vous le montrerais... (Regardant autour d'elle.) Tenez, regardez vite ; n'est-il pas ressemblant ?...

ALFRED.

Ah ! je n'y tiens plus ; j'en mourrai de douleur !

AMÉLIE.

Je ne vous parle pas de ma harpe, de mon piano !... mais vous savez comme il aimait la walse ?... eh bien ! monsieur, je walse à ravir.

ALFRED.

Elle walse à ravir ! est-on plus malheureux ! Quelle femme j'avais là !

SCÈNE XIII.

Air de M. Doche.

(Amélie fait quelques pas de walse sur la ritournelle.)

Quel charme heureux ! quelle grace légère
Semble animer ses yeux déjà si doux ?

(Amélie s'arrête et le regarde)

Daigne un instant écouter ma prière :
C'est ton amant qui tombe à tes genoux.

AMÉLIE, le regarde tendrement et recommence à walser.

Tra la, la, la, la, la, la, la, la, la, laire,
Tra la, la, la, la, la, la, la, la.

ALFRED, tombant à ses genoux.

C'est Alfred... c'est ton époux, qui n'a jamais cessé de t'aimer.

SCÈNE XIII.

LES PRÉCÉDENS ; CRESCENDO.

CRESCENDO, paraissant dans le fond, un papier de musique à la main.

Che veggio ! Qual spettacolo !

AMÉLIE, qui était prête à se trahir, aperçoit Crescendo, pousse un grand cri, et s'enfuit en fermant la grille sur elle.

Ah !

CRESCENDO.

Son Altesse aux pieds de mon écolière !

ALFRED.

Elle a disparu ! (Prenant Crescendo au collet.) Malheureux ! c'est ta présence qui l'a fait fuir !... où est-elle, dis-moi, tu m'en répondras ?

CRESCENDO.

Mon prince... (A part.) A qui en a-t-il ?

ALFRED.

Eh bien ! que fais-je?... je suis aussi insensé que lui ; mais vit-on jamais un malheur égal au mien ? (Regardant le portrait.) Amélie ! bonne Amélie !

CRESCENDO.

Mon prince... c'est ce fameux air en mi bémol.

ALFRED.

Eh ! laisse-moi tranquille... Dis-moi plutôt... connais-tu cette jeune dame qui, tout à l'heure?...

CRESCENDO.

Sans doute.

ALFRED, avec feu.

Tu la connais, tu la vois souvent ? Ah ! je t'en prie, parle-moi d'elle.

CRESCENDO.

C'est la comtesse Amélie.

ALFRED.

Oui...

CRESCENDO.

C'est la nièce de M. le baron, du maître de ce château, du possesseur de cette maison de plaisance... de celui que vous avez vu.

ALFRED.

Allons, le château, le baron... Voilà sa tête qui se perd...Aussi, où m'avisais-je d'aller lui demander des renseignemens ?...

CRESCENDO.

C'est mon écolière : c'est moi qui lui montre la musique... et une voix !... une méthode !...

SCÈNE XIII.

ALFRED.

Eh! au nom du ciel, laissons là la musique! Rappelez-vous que vous n'êtes pas plus musicien que moi.

CRESCENDO.

Comment! pas musicien?

ALFRED.

Eh! non, M. le chancelier.

CRESCENDO.

Moi, chancelier!... rabaisser ainsi un compositeur distingué!...

ALFRED.

Allons, je ne m'en tirerai pas!... Morbleu! laissez-moi.

CRESCENDO.

Non... l'on a abusé Votre Altesse; mais elle va connaître il signor Crescendo! Voici les lettres les piou flatteuses qui m'ont été adressées par des princes et des directeurs de spectacles; voici des lettres de recommandation pour les piou grands personnages qui doivent être en ce moment en Angleterre; pour M. l'ambassadeur de France, pour M. le marquis de Valmont, M. le comte de Roseval...

ALFRED.

De Roseval, dis-tu?

CRESCENDO.

Oui, monsieur, lui-même.

ALFRED, lui arrachant la lettre, et la décachetant

Qu'est-ce que ça signifie?

CRESCENDO.

Monseigneur est sans façons...

ALFRED.

Eh! oui... c'est pour moi; c'est le chevalier de Forlis, mon ami intime... lisons.

« D'après ta dernière lettre, tu dois être à Londres « dans ce moment. Je t'adresse et te recommande il « signor Crescendo, mon maître de musique...

CRESCENDO.

C'est moi.

ALFRED, continuant.

« Un original.

CRESCENDO.

C'est moi.

ALFRED, continuant.

« Qui ne manque pas de talent. » C'est daté d'hier... Comment! il serait vrai... vous seriez réellement... Et ce château... Amélie, le baron...

CRESCENDO.

Sont réellement ce que je vous ai dit.

ALFRED, vivement.

Quel bonheur! Oh! oui, c'est cela... c'est cela même, mon cœur a besoin de le croire... Je cours m'informer, achever de m'éclaircir... cette jolie Amélie!... son oncle... Ah! vous voulez me donner des leçons!... Morbleu! je leur rendrai!... Tant d'idées se croisent, se confondent dans ma tête... Mon cher Crescendo!

CRESCENDO.

Monseigneur, vous allez entendre mon grand air?

ALFRED.

Va toujours, je t'écoute.

CRESCENDO.

Tra, la, la, la.

ALFRED, à part.

Mais j'aperçois Amélie et le baron... Ne perdons pas de temps.

(Il s'enfuit par la gauche.)

SCÈNE XIV.

CRESCENDO, LE BARON, AMELIE, ENTRANT AVEC PRÉCAUTION PAR LA DROITE.

CRESCENDO, continuant.

Tra, la, la, la... Mille pardons, il y a des notes de passées.

(Il corrige au crayon.)

AMÉLIE.

Mon oncle, il n'est plus là !

LE BARON.

Aussi, tu le quittes sans attendre mon arrivée ; ce n'est pas cela dont nous étions convenus.

AMÉLIE.

C'est ce Crescendo qui tout à coup m'a effrayée.

CRESCENDO.

Tra, la, la... Votre Altesse, mon prince ! Eh bien ! où est-il donc ?

AMÉLIE.

Quel dommage ! si vous aviez vu son trouble, son désespoir, le désordre de ses traits ; c'était charmant !...

LE BARON.

Je vois que tu es moins irritée contre lui.

AMÉLIE, sévèrement.

Plus que jamais, mon oncle; comme s'il suffisait d'un instant de repentir pour effacer tous les torts du monde.

CRESCENDO.

Dites-moi, êtes-vous bien sûr que notre prince rousse soit dans son bon sens?

LE BARON.

Comment?

CRESCENDO.

Oui, que sa tête ne soit pas... là... un peu. Pendant un quart-d'heure, il me parle d'un tas de balivernes où l'on ne conçoit rien; et, lorsque je veux commencer mon grand air, il part comme un éclair; zeste!...

LE BARON, bas à Amélie.

Ça n'est pas si dépourvu de bon sens.

(On entend du bruit.)

SCÈNE XV.

Les précédens; TOMY, arrivant en désordre.

TOMY.

Ah! madame... ah!... messieurs... qui l'aurait cru... ce pauvre jeune homme!

AMÉLIE.

Eh bien! qu'as-tu donc? Lui serait-il arrivé quelque chose?

TOMY.

La tête n'y est plus.

SCÈNE XV.

CRESCENDO.

Là, quand je vous le disais.

TOMY.

Il faut que quelque révolution subite ait partroublé sa cervelle; mais il est fou... fou à lier!

AMÉLIE.

Mon mari... où est-il? conduis-moi de ce côté.

CRESCENDO.

Son mari! allons, à l'autre à présent... ah çà, tout le monde perd donc la tête aujourd'hui?

TOMY.

Il est dans une fureur, qu'il a déjà ravagé deux plates-bandes et brisé nos cloches à melons... Il demande sa femme, il la voit partout, il lui demande pardon, il s'accuse, et il casse tout!

AMÉLIE.

Mon Dieu! qu'avons-nous fait là... vous voyez, mon oncle, avec votre stratagème : ce pauvre Alfred! j'étais bien sûre qu'il m'aimait! mais en perdre la raison!... Mon oncle, je vous en supplie, envoyez chercher des secours.

LE BARON.

Parbleu! je vais moi-même voir un peu ce dont il s'agit... Ce pauvre jeune homme!... aussi avec une tête comme la sienne...

AMÉLIE.

Eh! allez donc.

LE BARON.

Je reviens dans l'instant.

(Il sort.)

SCÈNE XVI.

Les précédens, excepté le baron.

TOMY.

Il s'avance de ce côté... retirez-vous, il est furieux!

CRESCENDO.

Ohimè furioso! Madame, rentrons, je vous le conseille.

AMÉLIE.

Non, quel que soit le danger, je reste ici, je ne le quitte plus.

CRESCENDO.

Moi, je me sauve. (Il rencontre Alfred, et s'enfuit de l'autre côté.)

ALFRED, dans la coulisse à gauche.

Laissez-moi! laissez-moi!

(Il entre d'un air égaré; ses vêtemens sont en désordre; Crescendo, Tomy poussent un grand cri, et se sauvent.)

SCENE XVII.

ALFRED, AMELIE.

(Alfred parcourt le théâtre en furieux; Amélie se retire derrière un arbre.)

ALFRED.

Oui, cet Alfred est un monstre! c'est à lui que j'en veux!

SCÈNE XVII.

AMÉLIE, timidement.

Mon Dieu! qu'il a l'air méchant! Alfred, c'est moi, ne me faites pas de mal.

ALFRED.

Qui êtes-vous?... approchez.

AMÉLIE.

Vous ne me ferez pas de mal?

ALFRED.

Vous le savez bien; c'est Alfred seul qui mérite ma colère.

AMÉLIE.

Il faut dire comme lui pour l'apaiser. Oui, sans doute, c'est un mauvais sujet, un méchant caractère, qui fait de la peine à tout le monde; mais, si vous m'aimez, faites comme moi, ne lui en voulez plus; il a pressé ma main sur son cœur!

ALFRED.

Connaissez-vous Amélie?

AMÉLIE, timidement.

Oui, je la connais.

ALFRED, avec feu.

Vous la connaissez!

AMÉLIE, s'enfuyant.

Ah! mon Dieu! (Tremblante.) Non, monsieur, non, je ne la connais pas. Ah! mon Dieu! est-ce qu'il va toujours être comme cela?

ALFRED.

Non, vous ne la connaissez pas?

AMÉLIE, disant comme lui.

Non, non, je ne la connais pas.

ALFRED.

Si vous la connaissiez, vous l'aimeriez comme moi. Si vous saviez quelle fut ma conduite, surtout depuis que je suis éloigné d'elle; je veux tout vous raconter.

AMÉLIE.

Quelle situation! une femme écouter les confidences de son mari! Dieu sait combien je vais en apprendre.

ALFRED.

Quand j'arrivai à Vienne, vous savez bien, jamais la cour n'avait été si brillante. Une foule de femmes charmantes...

AMÉLIE.

Ah! mon Dieu!

ALFRED.

Air de M. Mélesville.

Une surtout, fraîche et jolie,
Au fin sourire, au doux minois,
Des Français vantait la folie,
La grace et les galans exploits.

AMÉLIE.

Et vous disiez à cette belle ..

ALFRED.

Je disais, en amant fidèle...
Tra la, tra la,
Ne me parlez pas de cela.

AMÉLIE.

Comment! monsieur, vous disiez... Mais c'est très-bien.

ALFRED.

Oh! ce n'est pas tout. Vous rappelez-vous, à Ber-

SCÈNE XVII.

lin, cette jeune et jolie comtesse; bonne et estimable femme!

Même air.

Aux doux plaisirs ainsi qu'au monde
Elle voulait me rappeler.

AMÉLIE.

Et malgré sa douleur profonde,
Monsieur se laissa consoler...

ALFRED, d'un air égaré.

Devoirs, égards, dans mon délire,
Oubliant tout, j'osai lui dire...

(Gaîment.)

Tra la, tra la,
Ne me parlez pas de cela.

AMÉLIE.

Et moi qui l'accusais! Mais c'est un modèle de fidélité conjugale.

ALFRED.

Et vous-même, vous êtes bien jolie! je n'ai jamais rencontré rien de plus attrayant! eh bien! vous tenteriez en vain de me séduire.

AMÉLIE.

J'ai bien envie d'essayer. (Tendrement.) Alfred, si j'avais été abusée; si, vous retrouvant fidèle, mon cœur vous pardonnait.

ALFRED, faisant un mouvement qu'il réprime.

Non! je ne puis vous écouter.

AMÉLIE.

Mon Dieu! il va m'être trop fidèle à présent. Et si j'étais cette Amélie que vous regrettez.

ALFRED, avec feu.

Amélie, dites-vous? Êtes-vous bien sûre que ce soit elle?

AMÉLIE.

Je vous jure que c'est moi.

ALFRED.

Écoutez; n'espérez pas m'abuser; je le saurai bien. Amélie, d'abord, ne m'aurait pas dit : *vous*.

AMÉLIE.

Eh bien! Alfred, je te le jure.

ALFRED.

Amélie me donnait un nom plus doux.

AMÉLIE.

Eh bien! mon ami, mon Alfred! (A part.) Il faut bien faire tout ce qu'il veut.

Air : Quand toi sortir de la case. (Paul et Virginie.)

ALFRED.

Amélie, hélas! moins fière,
Regardait plus tendrement.

AMÉLIE.

Ai-je donc l'air si sévère?

(A part.)

Je crains qu'à chaque moment
Il ne se mette en colère.

ALFRED, la regardant.

Oui, c'est son regard charmant,
Je m'en souviens à présent.
Mais je me souviens qu'Amélie,
Loin, hélas! de me résister,
M'abandonnait sa main jolie...

(Il lui baise la main)

AMÉLIE.

Il ne faut pas l'irriter. (*bis*.)

DEUXIÈME COUPLET.

ALFRED.

Oui, ce moment me rappelle
Des souvenirs bien plus doux !

(Il la serre dans ses bras.)

AMÉLIE, émue.

Quelle contrainte cruelle !
Mais, Alfred, y pensez-vous ?

ALFRED.

S'il est vrai que ce soit elle,
Ne suis-je plus son époux ?

AMÉLIE.

Mais, au fait, c'est mon époux.

ALFRED, vivement.

Non, non, jamais mon Amélie
Si long-temps n'eût pu résister
A son amant qui la supplie.

(Il l'embrasse.)

AMÉLIE.

Il ne faut pas l'irriter. (*bis.*)

(Alfred tombe à ses genoux.)

SCÈNE XVIII.

Les précédens ; LE BARON, CRESCENDO, TOMY

DANS LE FOND.

AMÉLIE.

Mon oncle ! n'approchez pas ! il n'y a que moi...

ALFRED, se relevant.

Venez, venez, mon cher oncle.

Air du Pot de fleurs.

Non, vous n'avez plus rien à craindre ;
(Montrant Amélie.)
Son cœur n'étant plus courroucé,
A mon tour je cesse de feindre,
Allez, mon accès est passé.
Sur ma parole qu'on se fonde ;
A ce baiser je dois ma guérison ;
Et ce qui me rend ma raison
La ferait perdre à tout le monde.

AMÉLIE.

Comment, monsieur !

ALFRED.

C'était le seul moyen de te fléchir. M'en veux-tu d'avoir perdu la tête ?

LE BARON.

Bah ! est-ce qu'une femme ne pardonne pas toujours les folies qu'on fait pour elle ! mais ce que je ne te pardonne pas, ce sont mes plates-bandes, et mes cloches de melons.

CRESCENDO.

Ah çà, messieurs, puisque vous avez tous recouvré la raison, si vous entendiez mon air ?

LE BARON.

Après dîner.

CRESCENDO.

Au moins un petit allegro.

VAUDEVILLE.

Air de M. Mélesville.

Enfin donc un ciel plus doux
Pour vous succède aux orages ;

SCÈNE XVIII.

Plus de courses, de voyages,
Ah! restez toujours chez vous.

CHOEUR.

Enfin donc, etc.

LE BARON.

De vos voisins, chaque jour,
Français, votre humeur légère
Vous fait prendre tour-à-tour
Le costume et la manière.
Chaque pays a ses goûts :
Pourquoi renoncer au nôtre?
La France en vaut bien un autre.
Ah! restez toujours chez vous.

CHOEUR.

Chaque pays a ses goûts, etc.

TOMY.

Ne courons point le pays;
Car souvent plus d'un orage
Nous menace hors du logis.
Et quand dans votre ménage
On vous dira, tendre époux,
Que l'air vous est nécessaire,
Croyez votre ménagère,
Mais restez toujours chez vous.

CHOEUR.

Si l'on vous dit, tendre époux, etc.

ALFRED.

Étrangers, qu'un sort jaloux
Tient loin de votre retraite,
Bientôt enfin puissiez-vous...
(Ah! mon cœur vous le souhaite!)
Goûter le bonheur si doux
De retrouver votre amie ;
Rentrez dans votre patrie,
Et restez toujours chez vous[1].

---

1. Ce couplet fut chanté en 1818, lorsque la France était encore occupée par les armées étrangères.

CHOEUR.

Goûtez le bonheur si doux, etc.

CRESCENDO.

Dans un somptueux hôtel,
Lorsque l'appétit me gagne,
A cinq heures j'entre ; ô ciel !
Monsieur est à la campagne.
Vous, dont les mets sont si doux,
Dont on vante la cuisine,
Vous enfin chez qui l'on dîne,
Ah ! restez toujours chez vous.

CHOEUR.

Vous, dont les mets sont si doux, etc.

AMÉLIE, au public.

Deux époux, que met d'accord
Une double extravagance,
Pour être heureux, ont encor
Besoin de votre indulgence.
Messieurs, tournant contre nous
Le refrain qu'on vous adresse,
Quand on donnera la pièce,
N'allez pas rester chez vous.

CHOEUR.

Messieurs, tournant contre nous, etc.

FIN D'UNE VISITE A BEDLAM.

LA SOMNAMBULE,

COMÉDIE-VAUDEVILLE EN DEUX ACTES;

Représentée, pour la première fois, sur le théâtre du Vaudeville, le 6 décembre 1819.

EN SOCIÉTÉ AVEC M. G. DELAVIGNE.

PERSONNAGES.

M. D'ORMEUIL.
CÉCILE, sa fille.
FRÉDERIC DE LUZY.
GUSTAVE DE MAULÉON.
BAPTISTE, valet de Gustave.
MARIE, femme de chambre de Cécile.
UN NOTAIRE.
Parens et amis de Dormeuil.

La scène se passe dans le château de Dormeuil.

SUR TA TÊTE, NE PROFÈRE PAS UNE PAROLE!

La Somnambule Acte II Scène IV.

LA SOMNAMBULE.

ACTE PREMIER.

Le théâtre représente un salon élégant ; des croisées au fond, donnant sur un jardin ; une table à droite des spectateurs.

SCÈNE PREMIÈRE.

DORMEUIL, CECILE, MARIE.

DORMEUIL, tenant à la main plusieurs billets d'invitation.

Enfin, voilà donc nos billets de faire part. Comme c'est écrit ! comme c'est moulé ! et cet hymen qui tient un flambeau ! Vraiment, ce cher Griffard, l'imprimeur du département, entend très bien le billet de mariage. Ah çà, où est mon gendre, le capitaine ?

MARIE.

Votre gendre ? est-ce qu'il peut rester en place ? A chaque instant il regardait sur la route de Paris pour voir si son coureur et sa corbeille de noces n'arrivaient pas. Dans son impatience, il riait, il chantait, il m'embrassait, en me parlant de mademoiselle.

DORMEUIL.

Je le reconnais bien là. (A Cécile.) Il pense toujours à toi.

MARIE.

Enfin, n'y pouvant plus tenir, il m'a dit qu'il allait voir au haut de la montagne si on ne découvrait rien; il a pris son fusil, et il est parti en chassant à travers la forêt.

DORMEUIL.

Comment, à la chasse aujourd'hui?

MARIE.

Sans doute : c'est un monsieur si singulier que monsieur votre gendre.

DORMEUIL.

Singulier... En quoi?

MARIE.

Air : Ces postillons.

Il n'a point d'ordre et donne à tout le monde.

DORMEUIL.

Bon, c'est qu'il est trop généreux.

MARIE.

Rien ne l'affecte, il rit quand on le gronde.

DORMEUIL.

C'est qu'il possède un caractère heureux.

MARIE.

Des jours entiers il se tue à la chasse.

DORMEUIL.

C'est par ardeur et par activité.

MARIE.

Mais sans tuer ni lièvre, ni bécasse.

DORMEUIL.

C'est par humanité. *(bis.)*

MARIE.

Et, en outre, un garçon d'une raison...

ACTE I, SCÈNE I.

DORMEUIL.

Sa raison, sa raison ; je n'ai jamais parlé de sa raison : mais à cela près, c'est un cavalier parfait. Ce cher Frédéric! jeune, aimable, spirituel; à vingt-cinq ans, capitaine de cavalerie! (A Cécile.) Voilà l'époux qu'il te faut, le gendre qui me convient. Il est pour toi d'une attention, et pour moi d'une complaisance... toujours de mon avis : il est vrai qu'il n'en fait qu'à sa tête ; mais c'est toujours une marque de déférence dont on doit lui savoir gré. Tiens, je t'avoue que toute ma crainte était que ce mariage ne vînt à manquer ; mais enfin, nous y voilà. Notre cousin, le notaire, vient d'arriver, et ma foi, dans une heure...

CÉCILE, timidement.

Mon père!

DORMEUIL.

Eh bien! hâtons-nous : toute la société attend au salon.

MARIE, bas à Cécile.

Allons, mademoiselle, du courage : c'est le moment, ou jamais.

CÉCILE.

Mon père, je voudrais vous parler.

DORMEUIL.

Me parler! Ah! j'entends : dans un pareil moment on a toujours quelques petits secrets à confier. Marie, laisse-nous.

(Marie sort.)

SCÈNE II.

DORMEUIL, CECILE.

DORMEUIL.

Eh bien! voyons, mon enfant, que veux-tu me dire?

CÉCILE.

Ah! mon papa, j'ai bien envie de pleurer.

DORMEUIL.

Un jour comme celui-ci! le jour de ton mariage!

CÉCILE.

Eh bien! mon papa, je crois que c'est à cause de cela.

DORMEUIL.

Comment, morbleu! ce n'est pas là mon intention.

Air: Voilà bien ces lâches mortels.

Te complaire est ma seule loi,
Tu fais mon bonheur, ma richesse;
Je voudrais toujours voir pour toi
Chacun partager ma tendresse.
Te chérir seul n'est rien; je veux
Qu'au plus vite l'hymen t'engage,
Pour qu'à t'aimer nous soyons deux,
Et peut-être un jour davantage.

CÉCILE.

Oh! je sais combien vous êtes bon... Mais si cela vous est égal, tenez, je crois que j'aimerais mieux ne pas me marier.

DORMEUIL.

Comment, si cela m'est égal? Lorsque les bans sont publiés, lorsque tout le monde est invité!... Voyons, Cécile, parlons un peu raison. J'ai cinquante mille livres de rente, et n'ai que toi d'enfant; je ne t'ai jamais rien refusé, je ne t'ai contrariée en rien : mais aussi tu m'avoueras que cette fois... à moins que tu n'aies quelque inclination, quelque amour...

CÉCILE.

Moi, de l'amour! moi... Mon dieu, dans tout ce que j'ai à vous dire, il n'y a pas un mot d'amour : mais en revanche, il y a de la haine tant que vous en voudrez.

DORMEUIL.

Comment, tu haïrais ce pauvre Frédéric?

CÉCILE.

Eh! non, ce n'est pas lui; je rends justice à ses bonnes qualités, à son mérite : mais il est quelqu'un dans le monde que je ne puis souffrir, que je déteste; et je crois que c'est cette haine-là qui m'empêche d'avoir de l'amour pour un autre. Vous savez bien que d'abord vous vouliez m'unir à M. Gustave de Mauléon.

DORMEUIL.

Oui, j'avoue que, sous quelques rapports, je l'aurais préféré à Frédéric : avec autant d'amabilité, il avait plus de jugement, plus de raison. Ayant autrefois fait la guerre avec honneur, il occupait alors dans la diplomatie une place importante... Il y a deux ans, il avait l'air de te faire une cour assidue; mais lorsque je t'en ai parlé, à peine si tu as daigné m'écouter, et tu as rejeté ma proposition avec un dédain...

CÉCILE.

Sans doute : parce que c'était le lendemain du bal... de ce bal où il avait dansé toute la soirée avec mademoiselle de Fierville, sans daigner seulement m'adresser la parole. Il est vrai que de mon côté je ne l'ai pas regardé, et que j'ai toujours dansé avec Frédéric ; que je lui ai donné mes gants, mon éventail ; que je l'accablais de marques d'amitié : car j'étais d'une humeur... C'est depuis ce jour-là qu'il m'a adorée. Je vous demande s'il y a de ma faute ? Le lendemain, M. Gustave a été encore plus assidu auprès de sa nouvelle conquête : il ne l'a pas quittée d'un seul instant, et j'ai cru voir, j'ai vu, j'en suis certaine, qu'il lui serrait la main ; dans ce moment Frédéric me faisait une déclaration. J'avoue que je ne sais pas ce que je lui ai répondu : il m'a assuré depuis que je lui avais dit que je l'aimais. Cela se peut bien : j'étais si en colère ! et depuis ce moment je n'ai plus revu M. Gustave.

AIR : Qu'il est flatteur d'épouser celle.

Alors, par un destin prospère,
Comme époux, un autre s'offrit,
De vous je l'acceptai, mon père,
Afin que Gustave l'apprît.
Ma destinée était affreuse,
Je pleurais, mais j'étais enfin
Contente d'être malheureuse,
Pourvu qu'il en eût du chagrin.

DORMEUIL.

Que ne le disais-tu donc plus tôt? Maintenant, réfléchis au scandale d'une pareille rupture, un mariage publié, et qui doit se célébrer demain : nous nous ferions des ennemis irréconciliables de toute cette famille de Frédéric, qui est puissante dans la province. Et d'ailleurs, puisque tu n'aimes pas Gustave...

CÉCILE.

Moi, non certainement, je ne l'aime pas.

DORMEUIL.

Et puis le temps, l'absence... Gustave habite Paris, nous, cette terre au fond de l'Auvergne : il n'y a pas apparence que jamais vous puissiez vous rencontrer.

CÉCILE.

Oh! je l'espère bien; car sa seule présence me causerait une indignation dont je ne serais pas maîtresse.

DORMEUIL.

Rassure-toi : tu n'as rien à craindre.

Air : *Femmes, voulez-vous éprouver.*

Tu triompheras d'un penchant
Dont ton cœur eût été victime;
Va, crois-moi, le plus tendre amant
Ne vaut pas l'époux qu'on estime.
Chez l'un, l'amour fuit sans retour,
Quand, chez l'autre, il se fortifie;
L'amour est le plaisir d'un jour,
L'hymen le bonheur de la vie.

En attendant, promets-moi de prendre un peu plus sur toi-même. Depuis quelque temps, je te trouve changée... Un jour de noce on a besoin d'être jolie...

et tu n'as pas dormi cette nuit. Mon appartement était près du tien, et je t'ai entendue parler tout haut; je t'ai entendue marcher : cela ne t'est jamais arrivé; et ce n'est que depuis quelque temps. Allons, Cécile, un peu de courage, un peu de fermeté.

CÉCILE.

Ah! pourvu que je ne le voie pas, je vous promets tout.

SCENE III.

LES PRÉCÉDENS; MARIE.

MARIE, accourant.

Voici M. Frédéric, et sans doute son coureur avec la corbeille, car j'ai cru apercevoir près de lui une espèce de postillon. Ils sont au bout de l'avenue... Mais l'on vous attend dans le salon.

DORMEUIL.

Nous y allons. (Donnant la main à sa fille.) Tu diras à Frédéric de nous rejoindre.

(Il sort par la droite.)

MARIE, bas à Cécile.

Eh bien! mademoiselle!

CÉCILE.

Rien n'est changé; mais n'importe... J'ai parlé à mon père, et je suis plus tranquille; suis-moi.

SCÈNE IV.

FREDERIC, PARAISSANT AUX CROISÉES DU FOND, GUSTAVE, BAPTISTE.

FRÉDÉRIC, tient à la main un fusil et une carnassière qu'il jette à terre en entrant.

Holà! hé! quelqu'un! Moi, je n'aime pas à faire mon entrée incognito. (A Gustave et à Baptiste qui entrent.) Eh! arrivez donc, mes amis, et n'ayez pas peur : vous êtes chez moi.

GUSTAVE.

Mon cher Frédéric, que ne te dois-je pas!

FRÉDÉRIC.

Allons donc, ne parlons pas de cela. Ce pauvre Baptiste n'est pas encore revenu de sa frayeur.

BAPTISTE.

Non, il n'y a pas de quoi : quand on vient de se trouver entre le feu et l'eau!

FRÉDÉRIC.

Ma foi, je me suis rencontré là bien à point. J'arrivais au haut de la montagne, lorsque j'aperçois une chaise de poste emportée par deux chevaux fougueux qui avaient quitté la grande route, et se dirigeaient vers un précipice.

BAPTISTE.

Je le vois encore d'ici : deux cents toises de profondeur!

FRÉDÉRIC.

Non : mais cinquante, et c'est bien assez. Le postillon, qui était cet imbécille, avait déjà abandonné les guides et perdu l'étrier ; j'étais à soixante pas de vous ; impossible de vous arrêter à temps : je glisse une balle dans mon fusil ; j'ajuste le cheval du postillon : je le renverse, l'autre s'abat, et vous vous trouvez tous à terre, mais de plain pied, et sur le plus beau gazon du monde ! un endroit fait exprès pour verser.

BAPTISTE.

Oui ; un cheval de cinquante louis qui est resté sur la place.

FRÉDÉRIC.

C'est égal, le coup était bon : à soixante pas, juste à l'épaule ; c'était bien là que je visais, je t'en donne ma parole d'honneur.

BAPTISTE.

Et moi qui étais dessus ; je vous demande ?

FRÉDÉRIC.

J'étais sûr de mon coup. Enfin, si tu veux, je le recommence ; remets Baptiste.

BAPTISTE.

Non pas, non pas.

<small>Air du Ménage de garçon.</small>

Je crains quelque balle indiscrète.

FRÉDÉRIC.

Au but je suis sûr de frapper.
D'ailleurs, en ami je vous traite.

BAPTISTE.

N'importe, on pourrait se tromper.

On voit tant de gens à la ronde
Fort bien avec tous les partis,
Mais qui tirent sur tout le monde,
Et qui font feu sur leurs amis.

FRÉDÉRIC, à Gustave.

Ah çà, tu ne me quittes pas : songe qu'aujourd'hui tu m'appartiens tout entier. Je suis ici chez moi, et je me fais un plaisir de te recevoir... Si tu savais... je te conterai cela tout-à-l'heure... C'est aujourd'hui le plus beau jour de ma vie ! il ne me manquait que la présence de mon meilleur ami. Baptiste, votre maître couche ici; laissez-nous, et allez à l'office.

BAPTISTE.

J'y allais, monsieur.

FRÉDÉRIC.

C'est bien, et tu diras qu'on prépare la chambre... (A Gustave.) Je te demande pardon, mon ami; vois-tu; un maître de maison... Écoute, Baptiste... la chambre... Quelle chambre vais-je donc lui donner ?... c'est que tout est pris ! Ah ! notre pavillon ! parbleu ! le pavillon du jardin : un endroit charmant ! qui est un peu en défaveur depuis que le jardinier prétend y avoir vu la nuit de grandes figures blanches... mais je sais que cela ne te fait rien.

GUSTAVE.

Oh ! absolument.

FRÉDÉRIC.

Air d'Arlequin musard.

Un mien grand-oncle a rendu l'ame.

GUSTAVE.

J'entends, voilà le revenant.

FRÉDÉRIC.

Non, le fantôme est une femme,
Et c'est la sienne apparemment.
Grace à la concorde profonde
Qu'entre eux l'on voyait exister,
Depuis qu'il est dans l'autre monde,
Sa femme n'y veut plus rester.

GUSTAVE.

Ma foi, mon ami, j'en suis enchanté!

FRÉDÉRIC.

Va pour le pavillon. (A Baptiste.) Tu y porteras la valise de ton maître.

BAPTISTE, à Gustave.

Et moi, monsieur, je pense maintenant que vous feriez peut-être mieux de continuer votre route. Monsieur votre père sera inquiet.

FRÉDÉRIC.

Est-ce que le commandant en chef de ta cavalerie démontée serait poltron, par hasard?

BAPTISTE.

Moi, monsieur, ce que j'en dis n'est que par intérêt pour mon maître; car, Dieu merci, j'ai fait mes preuves : quand quelqu'un a eu comme moi un cheval tué sous lui!

GUSTAVE.

C'est bon, laisse-nous.

SCÈNE V.

GUSTAVE, FRÉDÉRIC.

FRÉDÉRIC.

Ce cher Gustave! quel bonheur de le trouver! Je n'ai point oublié qu'au régiment tu étais mon guide, mon mentor; car j'étais un peu mauvais sujet, et je n'ai jamais fait grand chose. Toi, c'est différent : tu as toujours valu mieux que moi, j'en conviens. C'est toi qui payais mes dettes, et qui m'as sauvé je ne sais combien de coups d'épées, sans compter ceux que tu as reçus pour moi; et ceux-là, vois-tu bien (mettant la main sur son cœur), ils sont là : ça ne s'oublie pas. Mais, dis-moi un peu, depuis que nous ne nous sommes vus, il me semble que ta sagesse a pris une teinte bien rembrunie.

GUSTAVE.

Ma foi, mon cher, je crois que je deviens philosophe; je m'ennuie : et si ce n'était pas payer tes services d'ingratitude, je te dirais que tout à l'heure j'ai été presque fâché lorsque tu as arrêté mes chevaux... Oui, mon ami, j'étais amoureux, j'ai été trahi; ça va te faire rire : moi, ça me désole. J'ignore ce que la perfide est devenue; je ne m'en suis point informé. J'avais réalisé quelques fonds, envoyé ma démission de secrétaire d'ambassade, et je quittais la France lorsque je t'ai rencontré.

FRÉDÉRIC.

Air du vaudeville du Petit Courrier.

Par dépit nous fuir sans retour,
Ah! certes, la folie est grande;
Conçoit-on, je te le demande,
Un Français qui se meurt d'amour;
Un guerrier constant qui se flatte
De fixer de jeunes beautés;
Enfin, un amant diplomate
Qui croit à la foi des traités.

GUSTAVE, souriant.

Tu as raison; je suis un extravagant; mais il ne s'agit pas ici de mes chagrins, parlons plutôt de ton bonheur : c'est le moyen de me les faire oublier. Il paraît que tu es dans une situation..

FRÉDÉRIC.

Superbe! mon ami, et surtout bien extraordinaire. Je me marie, et ce n'est pas sans peine. Tu sais combien j'ai manqué de mariages; je n'ai jamais pu en conclure un seul.

GUSTAVE.

Oui, tu jouais de malheur : des duels, des rivaux...

FRÉDÉRIC.

Et le chapitre des informations : il y a des parens curieux qui veulent tout savoir : c'était cela qui me faisait toujours du tort; mais enfin je suis tombé sur un beau-père raisonnable : il pense qu'il faut que la jeunesse fasse des folies, ce qui est aussi mon système; et c'est ce soir que nous signons le contrat... Une fille unique, cinquante mille livres de rente, et je l'aime!... comme je les aimais toutes... car, fran-

ACTE I, SCÈNE V.

chement, je n'ai jamais eu de préférence marquée pour personne : c'est encore une des considérations qui ont déterminé le beau-père.

Air des Maris ont tort.

> Oui, depuis qu'existe le monde,
> Chacun dispute à tout propos
> Et sur la brune et sur la blonde,
> Sur le Champagne et le Bordeaux.
> A quoi bon toutes ces querelles,
> Je n'ai jamais d'avis certains,
> Et j'adore toutes les belles,
> Comme je bois de tous les vins.

GUSTAVE.

Ma foi, mon cher, tu es heureux, et je te félicite de ton mariage.

FRÉDÉRIC.

Oh! il n'est pas encore fait, et il y a bien des choses à dire. Tu sais que quelquefois je joue?

GUSTAVE.

Quelquefois! c'est-à-dire toujours.

FRÉDÉRIC.

Oui, par habitude, car je n'aime pas le jeu. L'hiver dernier, j'ai eu un bonheur admirable... près de soixante mille francs que j'ai gagnés. C'est dans ce moment-là que je me suis présenté au beau-père, qui m'a accepté; mais j'étais si content de me marier, que j'ai joué encore par passe-temps; car c'est toujours ma ressource quand j'ai de la joie ou du chagrin.

GUSTAVE.

Eh bien?

FRÉDÉRIC.

Eh bien! tu ne devines pas? (En riant.) J'ai tout perdu, et il ne me reste rien : ça n'est pas pour moi, ça m'est égal; je connais ces positions-là; mais c'est le beau-père, un brave homme qui m'avait accepté plus pour moi-même que pour ma fortune; une jeune personne charmante, qui m'adore, oui, qui m'adore, c'est le mot; tu sais que là dessus je ne m'en fais pas accroire... et des présens de noce... une corbeille superbe qui arrive aujourd'hui, et que je ne sais trop comment payer. Voilà, je te l'avoue, ce qui me fait trembler pour mon cinquième mariage.

GUSTAVE.

Comment, morbleu! ne suis-je pas là? Et si une vingtaine de mille francs peuvent d'abord te suffire...

FRÉDÉRIC, le serrant dans ses bras.

Air de Préville et Tacounet.

Mon ami, mon dieu tutélaire.

GUSTAVE.

Ton bien jadis n'était-il pas le mien,
Lorsqu'avec moi tu partageais en frère?

FRÉDÉRIC.

Oui, de ce temps je me souvien,
De ce temps-là je me souvien.
Nous apportions, toi, ce me semble,
Crédit, fortune, esprit sage et rangé;
Moi, les défauts et les dettes que j'ai;
Puis, sans façon, nous mettions tout ensemble :
Voilà comment j'ai toujours partagé.

GUSTAVE.

Et quelle est ta future?

ACTE I, SCÈNE V.

FRÉDÉRIC.

Mais j'ai idée que tu l'as connue à Paris, quand elle y habitait. C'est la fille d'un riche négociant, monsieur Dormeuil.

GUSTAVE.

Comment, Cécile Dormeuil?

FRÉDÉRIC.

Oui, Cécile; c'est elle-même.

GUSTAVE.

En effet; je me rappelle l'avoir vue quelquefois. (Tirant son porte-feuille.) Tiens, voilà toute ta somme.

FRÉDÉRIC.

J'espère que cela ne te gêne pas. Eh bien! qu'as-tu donc?

GUSTAVE.

Rien, mon ami, rien du tout, je te jure. Mais je fais réflexion que la famille de ton beau-père est très nombreuse; que tu as sans doute beaucoup de parens à loger.

FRÉDÉRIC.

Eh bien! qu'importe? n'es-tu pas mon ami? ça vaut bien un cousin : d'ailleurs, il me faut un témoin, et je compte sur toi. Et puis, tu ne t'imagines pas comme ma femme, comme mon beau-père, comme tout ce monde-là m'aime. Présenté par moi, tu vas voir quel accueil on va te faire. Ils seront enchantés de te voir. Il n'y a pas jusqu'aux domestiques... Marie... holà! quelqu'un : c'est que je suis le maître ici; il faut bien qu'on obéisse... Marie!

SCÈNE VI.

Les précédens; MARIE.

FRÉDÉRIC.

Avertis M. Dormeuil que mon ami intime... que M. Gustave de Mauléon...

MARIE.

Ah! mon dieu! Comment, c'est monsieur, qui... que... certainement... Monsieur... Je ne croyais pas...

FRÉDÉRIC.

Eh bien! qu'est-ce qu'elle a donc? C'est la femme-de-chambre et la confidente de ma femme; une fille d'esprit, quand elle n'a pas de distractions. Voici M. Dormeuil et sa fille.

SCÈNE VII.

Les précédens; DORMEUIL, CÉCILE.

FRÉDÉRIC.

Beau-père, voilà un de mes bons amis que je vous présente.

DORMEUIL, saluant sans le regarder.

Certainement, monsieur... (Levant les yeux.) Grands dieux!

CÉCILE, qui a fait une révérence, le regarde à son tour, et fait un geste de surprise.

C'est lui!

FRÉDÉRIC, à Gustave.

Ah çà, décidément tu as la physionomie malheureuse; on ne peut pas t'envisager !

DORMEUIL, balbutiant.

A coup sûr... L'honneur que nous recevons; nous ne croyons pas... Et j'étais loin de m'attendre...

FRÉDÉRIC.

Allons, voilà le beau-père qui est comme Marie, et qui fait des phrases. Eh! sans doute, vous ne l'attendiez pas; puisqu'il ne voulait pas venir... il ne voulait pas rester.

DORMEUIL.

Qui nous procure donc l'avantage?

FRÉDÉRIC.

Eh! parbleu, c'est moi qui l'amène. Sans moi, il passait son chemin; mais j'ai le coup d'œil si juste... A soixante pas... beau-père... je vous conterai cela. Ah çà, j'espère que tu vas embrasser la mariée?

DORMEUIL, l'arrêtant.

Non pas, non pas; ce soir, après le contrat, nous nous embrasserons tous.

FRÉDÉRIC.

A la bonne heure! parce que, vois-tu, les grands parens... l'étiquette...; c'est le beau-père qui est le maître des cérémonies : moi, ça ne me regarde pas; j'épouse, et voilà tout. Ma chère Cécile, je vous le recommande; il ne connaît ici personne que vous; et puisqu'il veut bien nous sacrifier sa journée... Allons, mon cher Dormeuil, faites-lui donc un peu d'amitié ; je ne vous reconnais pas ; maintenant, d'ailleurs, sa présence est indispensable ; c'est mon témoin.

DORMEUIL

Comment? votre témoin !

FRÉDÉRIC.

Oui, morbleu! ce n'est pas la première fois qu'il m'en a servi.

AIR de Lantara.

Oui, vingt fois sa valeur prudente
A modéré mes sens trop étourdis ;
Avec succès je le présente
A mes amis comme à mes ennemis.
Heureux témoin ! sa présence chérie
Me fut toujours d'un augure flatteur ;
Autrefois je lui dus la vie,
Je vais lui devoir le bonheur.

DORMEUIL.

Mais l'usage veut qu'ordinairement ce soit un parent.

FRÉDÉRIC.

Eh bien! n'est-il pas le mien? Sur le champ de bataille, n'étions-nous pas frères d'armes? Cette parenté-là en vaut bien une autre. Vous mettrez sur le contrat : Parent du côté du marié. A propos, j'étais sorti pour aller au-devant de mon coureur.

MARIE.

Eh! monsieur, il vient d'arriver avec votre corbeille de noce.

FRÉDÉRIC.

Ma corbeille est arrivée ! Allons la déballer. C'est M. Dormeuil et moi qui l'avons commandée ; et tu verras quelle élégance, quel goût.

ACTE I, SCÈNE VII.

Air : A soixante ans.

Des fleurs, des dentelles, des chaines,
Des bijoux du plus bel effet;
Deux cachemires indigènes,
Plus chers que quatre du Thibet.

DORMEUIL.

C'est trop... Combien cela vous coûte!

FRÉDÉRIC.

Eh! mais, beau-père, il le fallait;
J'ai fait ce que je dois sans doute.
(Bas à Gustave.)
Mais je dois tout ce que j'ai fait.

Pourvu qu'ils n'aient rien oublié, et que tout cela ne se soit pas froissé en route. Ah! ma chère Cécile, je vous en prie, ne venez pas avec nous; tout-à-l'heure, vous jouirez du coup d'œil; laissez-nous vous surprendre. Allons, beau-père, dépêchons.

DORMEUIL.

Et monsieur que nous laissons.

FRÉDÉRIC.

Cécile voudra bien lui tenir compagnie.

CÉCILE.

Mais que voulez-vous que je dise, que je fasse?

FRÉDÉRIC.

Eh bien! vous ferez connaissance. Mon ami, je te laisse avec ma femme. (Entraînant Dormeuil.) Eh! venez donc, je meurs d'impatience.

SCÈNE VIII.

GUSTAVE, CÉCILE.

GUSTAVE, après un moment de silence.

Me sera-t-il permis, mademoiselle, de vous offrir mes félicitations ?

CÉCILE.

Oui, monsieur, je les reçois.

GUSTAVE.

Je me réjouis que le hasard m'ait procuré l'avantage... car croyez que le hasard seul...

CÉCILE.

J'en suis persuadée, monsieur; je sais que rien ne pouvait vous attirer en ces lieux. Depuis long-temps, votre silence nous l'avait appris ; et si quelque chose m'étonne, c'est de vous voir consentir à nous accorder quelques jours. Soyez sûr que mon père sentira tout le prix d'un pareil sacrifice.

GUSTAVE.

Je n'ai pu résister au désir d'être témoin du bonheur de mon ami, du vôtre, mademoiselle. Puissiez-vous former une union fortunée! Puisse Frédéric ne jamais éprouver les tourmens de la jalousie, ni la douleur de perdre votre tendresse.

CÉCILE.

Et qui vous fait présumer que cela puisse arriver? Frédéric m'aime beaucoup, monsieur, il m'aime réellement.

ACTE I, SCÈNE VIII.

GUSTAVE.

Eh! mademoiselle, est-ce donc une raison?

CÉCILE.

Oui, sans doute, puisqu'il m'aime, il ne sera ni faux ni trompeur; il ne se fera point un jeu de trahir ses sermens.

GUSTAVE.

Vous supposez alors qu'on ne sera avec lui ni perfide ni coquette. Je le désire, mademoiselle, et lui souhaite de trouver une fidélité que pour moi je n'ai jamais su rencontrer.

CÉCILE.

Que vous n'avez pas su rencontrer?

AIR : Depuis long-temps j'aimais Adèle.

Mais Frédéric, vous l'ignorez peut-être,
  De vous diffère trait pour trait.
  Pour mieux vous le faire connaître,
  Je puis vous tracer son portrait :
    Il n'aime qu'une seule belle,
    Il n'est défiant, ni jaloux,
    Il est enfin tendre et fidèle,
  Vous voyez qu'il n'a rien de vous.

GUSTAVE.

Même Air.

Ainsi que vous, je veux, mademoiselle,
  Former un lien plus heureux,
Et désormais, aux pieds d'une autre belle,
  Porter mon hommage et mes vœux.

(Avec un dépit très marqué.)

Pour qu'à mon cœur rien ne vous retrace,
  Exprès je veux même, entre nous,
  Qu'elle soit sans attraits, sans grace;
Enfin, qu'elle n'ait rien de vous.

CÉCILE.

Et il ne vous en coûtera pas beaucoup, monsieur, pour l'aimer.

GUSTAVE.

Pas plus qu'à vous, mademoiselle, pour aimer Frédéric; car ce n'est point à l'ordre d'un père qu'il doit votre main; c'est à vous, à vous seule. Vous l'aimez, il me l'a dit lui-même.

CÉCILE.

Comment, il vous l'a dit?

GUSTAVE.

Oui, mademoiselle, il en est convenu. Vous l'aimez, vous l'adorez, du moins, maintenant : j'ignore combien de temps il pourra jouir de cet avantage.

CÉCILE, avec dépit.

Monsieur... (Se reprenant.) Eh bien! oui, monsieur; il vous a dit la vérité : je chéris l'époux que mon père m'a donné, que mon cœur a choisi; et je ferai mon bonheur de lui appartenir. (A part.) On vient, ah! tant mieux : car mes larmes trahiraient le trouble de mon cœur.

SCÈNE IX.

GUSTAVE, DORMEUIL, FRÉDÉRIC, CÉCILE, LE NOTAIRE; PARENS ET AMIS.

(Ils saluent M. Dormeuil et lui font des complimens: une partie des dames s'asseoient à gauche, et les hommes restent debout derrière elles.)

FRÉDÉRIC.

Mon ami, tu vois le plus heureux des hommes !... mes cachemires ont produit un effet... Et toi, tu as été content de ma femme, n'est-il pas vrai?... Un peu timide, un peu troublée?... Mais un jour comme celui-ci... moi-même je ne sais pas trop où j'en suis... Je te présente une partie de notre famille. (Tout le monde salue.) (A part, à Gustave.) Heim, qu'en dis-tu ?

Air : Tenez, moi je suis un bon homme.

Voici ma tante la Jonchère,
Mon cousin le docteur en droit,
Mon autre cousin le notaire,
La forte tête de l'endroit;
(A part.) Que t'en semble, quelles tournures !
Ils sont bien généreux, vraiment,
De montrer gratis des figures
Qu'on irait voir pour de l'argent.

DORMEUIL, faisant avancer la table.

Allons, mon cher cousin, mettez-vous là, et occupons-nous du contrat.

FRÉDÉRIC.

Sans doute; signons, signons, c'est le point essentiel : parce que tant qu'on n'a pas signé, on ne sait pas ce qui peut arriver. (A Gustave.) Tu sais, moi surtout qui suis difficile à marier.

LE NOTAIRE, à la table.

Quels sont les témoins ?

FRÉDÉRIC.

Du côté de Cécile, ceux que vous avez inscrits, et du mien, M. Gustave de Mauléon, mon ami.

LE NOTAIRE, le regardant attentivement.

Ah ! c'est monsieur ?

FRÉDÉRIC.

Oui. Est-ce que sa physionomie ne produit pas sur vous un certain effet ?

LE NOTAIRE.

Mais non.

FRÉDÉRIC.

Eh bien ! vous êtes le premier : car mon beau-père, ma femme, toute la maison... mais vous autres fonctionnaires publics, rien ne peut vous émouvoir : vous êtes impassibles comme la loi.

LE NOTAIRE, avec emphase.

C'est notre devoir. [1]

FRÉDÉRIC, traversant le théâtre et allant vers la table.

Quand je te disais... le beau-père le premier, c'est trop juste... à moi, maintenant... Permettez-donc... laissez-moi faire mon paraphe : le défaut de paraphe entraîne nullité, n'est-il pas vrai, cousin ? et je veux que rien n'y manque. (A Cécile, en lui présentant la plume.) Ma

---

[1] Les acteurs sont rangés dans l'ordre suivant : Gustave est le premier à gauche du spectateur, puis Frédéric, Cécile, Dormeuil, le Notaire devant la table, Marie de l'autre côté de la table, les parens derrière le Notaire.

chère Cécile, c'est à vous; mon bonheur maintenant dépend d'un seul mot. [1]

Fragment du FINAL de l'Auberge de Bagnères, arrangé par M. Doche.

DORMEUIL.

Allons, Cécile, allons, ma fille, c'est à toi.

ENSEMBLE.

CÉCILE, traversant à son tour, et allant à la table.

Ah! que mon ame est émue,
Oui, ma main tremble malgré moi.

GUSTAVE.

Mon cœur palpite à sa vue.

DORMEUIL.

Allons, rassure-toi.

(Cécile prend la plume, s'arrête un instant, regarde Gustave, et signe vivement.)

FRÉDÉRIC.

Elle est à moi.

GUSTAVE.

Elle a signé.

FRÉDÉRIC, à Gustave.

C'est à ton tour, je croi.

GUSTAVE, allant à son tour à la table, et affectant une grande joie.

Je signe, et jamais sur mon ame,
Je n'ai signé de plus grand cœur;
Car c'est l'acte de ton bonheur.

(A Cécile.)

Recevez donc mon compliment, madame,
Oui, madame,
Le premier ici je veux
Vous donner ce titre heureux.

(Il reprend sa place.)

[1] Il revient à sa première place.

FRÉDÉRIC.

Je suis, ainsi que ma femme,
Sensible à tant d'amitié.
Enfin... enfin... je suis donc marié.

DORMEUIL, FRÉDÉRIC, LE CHOEUR.

ENSEMBLE.

Ah, que $\left\{\begin{array}{c}\text{mon}\\\text{son}\end{array}\right\}$ ame est émue,

Non, rien n'égale $\left\{\begin{array}{c}\text{mon}\\\text{son}\end{array}\right\}$ bonheur.

CÉCILE.

Ah! que mon ame est émue!
Non, rien n'égale mon malheur.

GUSTAVE.

Oui, pour jamais je l'ai perdue!
Non, rien n'égale ma douleur.

(Pendant ce premier ensemble, tous les parens ont signé, et Baptiste ainsi que plusieurs domestiques, arrivent tenant des flambeaux.)

FRÉDÉRIC, à Dormeuil et à Gustave.

Mais vous ferez tantôt connaissance, j'espère,
Car mon ami reste avec nous, beau-père,
Il couche ici, je viens de l'engager.

DORMEUIL.

Mais où veux-tu donc le loger?

FRÉDÉRIC.

Pour qu'il soit bien, moi j'ai pris mes mesures;
Il aime à voir les revenans de près,
C'est pour cela que je lui donne exprès
Le pavillon aux grandes aventures,
Celui du jardin.

BAPTISTE, effrayé, bas à son maître.

Grands dieux!
Nous sommes perdus tous les deux.

CHOEUR.

Bonsoir, monsieur, à demain.

ACTE I, SCÈNE IX.

DORMEUIL.

Demain, de grand matin,
La noce se fait à la ville;
En attendant, chacun, je croi,
Peut se retirer chez soi.

FRÉDÉRIC.

Il le faut bien; (soupirant) chacun chez soi.
Mais demain, demain... adieu, Cécile.

(à Gustave.)

Tout est signé, tout est écrit,
L'amour a couronné ma flamme;
Me voilà donc enfin mari sans contredit,
A moins que cette nuit
Le diable n'emporte ma femme.

CHOEUR.

Partons, bonne nuit, bonne nuit,

ENSEMBLE.

Ah! que mon ame est émue! etc.

(Les domestiques, le flambeau à la main, conduisent les parens par les portes de droite et de gauche. Cécile, Dormeuil et Marie sortent par le fond, ainsi que Frédéric et Gustave.)

FIN DU PREMIER ACTE.

ACTE II.

Le théâtre représente un pavillon demi-circulaire à colonnes, très riche, fermé de tous les côtés. Au fond, une porte et deux croisées latérales, servant aussi de portes, toutes trois garnies de persiennes. A gauche du spectateur, une porte qui est censée donner dans un autre appartement du pavillon; à droite et à gauche, des panneaux, sur lesquels sont peints différents sujets. Dans le fond, à droite, est un paravent; entre le paravent et un des panneaux de la droite est un fauteuil. Il fait nuit. Au lever du rideau, Gustave écrit devant une table. Baptiste examine toutes les portes pour voir si elles sont bien fermées.

SCÈNE PREMIÈRE.

GUSTAVE, BAPTISTE.

BAPTISTE, appelant Gustave.

Monsieur, monsieur, trois heures du matin !

GUSTAVE.

Parbleu ! je le sais bien, puisque tu as eu soin de m'avertir à tous les quarts d'heure.

BAPTISTE.

Est-ce que monsieur ne se couche pas ?

GUSTAVE.

Non ; mais nos lits sont dans la chambre à côté. Va dormir si cela te convient, et laisse-moi.

BAPTISTE.

C'est que je n'aime pas à dormir seul, je m'ennuie, et puis, s'il arrivait quelque chose à monsieur, peut-être n'entendrais-je pas.

AIR : De sommeiller encor, ma chère.

Ils m'ont fait hier à l'office
Maint et maint conte sépulcral.

GUSTAVE.

Poltron !

BAPTISTE.

Soit, je me rends justice ;
On ne s'en porte pas plus mal.
Oui, la bravoure a mon estime ;
Car je suis brave par penchant :
Mais je suis poltron par régime,
Afin de vivre longuement.

Et dans ce pavillon isolé, au milieu d'un jardin immense...

GUSTAVE, sans l'écouter.

Éloigne cette table.

BAPTISTE lui parlant, et s'appuyant sur la table.

Encore, si l'on pouvait attendre des secours du château. Autrefois, il existait une communication qui au moyen d'un ressort... Je ne sais plus comment ils m'ont expliqué cela ; mais on n'en a plus connaissance, et le hasard seul pourrait le faire retrouver. Alors, vous sentez bien qu'après tout ce qu'on raconte...

GUSTAVE.

Baptiste, je vais me fâcher.

BAPTISTE.

Oh ! monsieur, cela me paraît prouvé ; car on l'a

mis dans le journal du département, et avant huit jours ceux de Paris le répéteront : j'espère qu'alors vous ne pourrez plus en douter.

GUSTAVE.

Eh bien! voyons, où en veux-tu venir?

BAPTISTE.

Eh bien! monsieur, ils disent donc que chaque nuit le fantôme vient se reposer dans ce pavillon jusqu'au point du jour ; mais qu'aux premiers rayons du soleil, crac, il a l'air de s'abîmer dans la muraille : et hier, Thomas, le jardinier, l'a vu comme je vous vois, sinon qu'il a fermé les yeux, ce qui l'a empêché de distinguer.

GUSTAVE.

Ah çà, j'espère que tu as fini... Arrange-toi comme tu voudras, dors ou ne dors pas ; mais tâche de te taire, ou demain je te chasse.

BAPTISTE.

Ou demain je te chasse... (Emportant la table, et la plaçant à la gauche du spectateur.) Dieux! que c'est insupportable qu'il y ait des gens qui soient les maîtres!... car sans les maîtres, il serait bien plus agréable d'être domestique.

AIR de Julie.

Mais j'ai fermé porte et fenêtre ;
Partout j'ai fermé les verroux.

(S'arrangeant dans un fauteuil qui est à l'extrême gauche et près de la table.)

Puisqu'il me faut obéir à mon maître,
Pour lui complaire, endormons-nous.

Si je pouvais, douce métamorphose,
 Imiter tant de gens de bien,
Qui, comme moi, s'endorment n'étant rien,
 Et qui s'éveillent quelque chose!...
 .... Quelque chose...

(Il s'endort.)

SCÈNE II.

GUSTAVE, *seul.*

Encore quelques heures, et elle sera perdue pour moi!... Et je resterais demain au château!... Non; le dessein en est pris, j'enverrai cette lettre à mon ancien colonel, à mon ami, et demain je partirai sans voir Cécile.

Air : *Tendres échos errans dans ces vallons.*

Elle a trahi ses sermens et sa foi,
Et pour jamais il faut que je l'oublie.
J'avais juré de vivre sous sa loi ;
Eh bien! j'irai mourir pour ma patrie.
Patrie, honneur! pour qui j'arme mon bras,
Vous seuls au moins ne me trahirez pas.

Nouveaux sermens vont bientôt m'engager,
Et si je fus quitté par une belle,
Sous les drapeaux, où je cours me ranger,
La gloire au moins me restera fidèle.
Patrie, honneur! pour qui j'arme mon bras,
Vous seuls, hélas! ne me trahirez pas.

(Il se jette sur une chaise, à droite du spectateur.)

(On entend une ritournelle.)

Ciel!... qu'entends-je!... Quel est ce bruit?

SCÈNE III.

GUSTAVE, CÉCILE.

(Gustave se penche sur son fauteuil pour découvrir d'où vient le bruit. Derrière lui, à droite, un des panneaux du pavillon près du fauteuil s'ouvre tout à coup, et l'on voit paraître Cécile en robe blanche très simple ; elle a les bras nus, et sur le cou un très petit fichu élégamment brodé; elle tient un flambeau à la main et s'avance lentement. Le panneau se referme de lui-même. Arrivée à la table près de laquelle dort Baptiste, elle y pose son flambeau.)

GUSTAVE.

Qu'ai-je vu?... Cécile!...

CÉCILE.

J'ai cru qu'ils me poursuivaient; qu'ils voulaient encore me faire signer... Non, je ne veux plus, surtout s'il est là.

GUSTAVE.

Qui peut causer, pendant son sommeil, l'agitation effrayante où je la vois?

CÉCILE, d'un air suppliant.

Mon père!... oui, vous avez raison... Cécile est bien malheureuse!... C'est fini... je suis mariée!... (Portant la main à sa tête comme pour sentir sa parure.) Oui, c'est moi qui suis la mariée, car les voilà tous qui viennent me complimenter. (D'un air aimable et gracieux, et comme leur répondant.) Merci, merci, mes amis; oui, des vœux pour mon bonheur!... Ils ne me regardent plus... Si j'osais pleurer!

GUSTAVE.

Grands dieux!

ACTE II, SCÈNE III.

CÉCILE, *regardant autour d'elle.*

Pourquoi m'a-t-on menée à ce bal?... Un bal... Vous savez que je n'aime plus le bal; que je ne veux plus y aller... (Traversant le théâtre, et allant à droite.) Oui, nous y voilà... (Elle salue, et s'asseoit sur la chaise qu'occupait Gustave.) Il y a tant de monde dans ce salon, et il n'y est pas!... (Faisant un geste de surprise.) C'est lui! je l'ai aperçu! mais il se gardera bien de me parler, de danser avec moi : ce n'est qu'avec mademoiselle de Fierville.

GUSTAVE, *vivement.*

Mademoiselle de Fierville!...

CÉCILE.

Ah, mon dieu! comme mon cœur bat!... Il s'approche de nous... (Froidement et comme pour répondre à une invitation.) Avec plaisir, monsieur... (Vivement.) Il m'a invitée!... Que va-t-il me dire? et que lui répondre?... Je suis fâchée maintenant d'avoir accepté... Je voudrais que la contredanse ne commençât jamais... Ah, mon dieu! je crois entendre... Oui, voilà le prélude!... (L'orchestre joue le commencement de la contredanse que Cécile croit entendre. Elle se lève de dessus le fauteuil, et se met en place pour danser. Elle porte la main à ses bras comme pour arranger ses gants, et présente la main comme si un cavalier la lui tenait.)

GUSTAVE.

Ah! profitons de son erreur! (Il lui prend la main.)

CÉCILE [1].

Sa main a pressé la mienne!... N'importe, soyons aussi sévère... (D'un air très froid, et ayant l'air d'écouter.) Com-

---

[1] Pendant tout le temps qu'est censé durer la contredanse, l'orchestre joue *pianissimo* et avec des sourdines l'air de la contredanse de Nina.

ment, monsieur?... (Ayant toujours l'air d'écouter.) Cependant, ce qu'il dit là est assez raisonnable... S'il savait quel bien il me fait!... Quoi! monsieur, vous ne l'aimez pas?... Ah! j'ai bien envie de le croire... Que je vous réponde?... Tout à l'heure... Vous voyez que c'est à moi de danser. (Elle danse toute une figure; elle va en avant, traverse, et va à droite et à gauche, en tournant le dos au spectateur : sur la dernière reprise elle s'arrête brusquement. La musique cesse : la contredanse est censée finie. Elle retourne à sa place, et fait la révérence pour remercier son cavalier. Elle s'asseoit toujours sur la même chaise, arrange sa robe comme pour faire une place à côté d'elle à Gustave; puis a l'air de lui adresser la parole, et de continuer une conversation déja commencée.) Vous êtes heureux... et moi donc!... Combien je suis contente que nous soyons raccommodés!... Vous ne savez donc pas qu'on voulait me marier? et bien malgré moi, encore... Mais, tenez, le voilà cet anneau que vous m'avez donné, et ce qui me faisait le plus de peine, c'est qu'il aurait fallu le quitter.

GUSTAVE, douloureusement.

Pauvre Cécile!

CÉCILE.

Oui, il l'aurait bien fallu... Je vous aurais dit : Reprenez-le; car, pour moi, je n'aurais jamais eu la force de vous le rendre.

GUSTAVE.

Ah! malheureux que je suis!

Air : Dormez donc, mes chères amours.

Hélas! à son dernier désir
Je saurai du moins obéir.

(Il retire l'anneau du doigt de Cécile et le met au sien.)

ACTE II, SCÈNE III.

CÉCILE.
Rien ne peut plus nous désunir.
GUSTAVE.
Ah! que son erreur se prolonge,
Puisque mon bonheur n'est qu'un songe.
ENSEMBLE.
Dormez donc, mes seules amours,
Pour mon bonheur, dormez toujours.
Dormez donc, mes seules amours,
Dormez, dormez,
Pour mon bonheur, dormez toujours.
CÉCILE.
Oui, mon cœur gardera toujours
Le souvenir de nos amours,
Qui mon cœur gardera toujours,
Toujours, toujours,
Le souvenir de nos amours.

CÉCILE.

Mon dieu, la soirée est déja finie... il faut déja se séparer... Il me semble que je n'ai jamais tant aimé le bal. Voilà qu'on m'apporte mon schall... Sans doute la voiture est arrivée, et mon père m'attend. (Baissant les épaules comme pour mettre un schall.) Adieu, Gustave; vous viendrez nous voir demain. (Croisant ses mains sur sa poitrine comme pour tenir son schall, et faisant en même temps le geste de tenir sa pelisse.) Adieu. (Elle fait quelques pas dans le fond, rencontre le fauteuil qui est entre le paravent et le panneau par lequel elle est entrée; elle s'assied sur le fauteuil, et s'endort paisiblement. Musique. Baptiste qui, vers la fin de la scène précédente a déja étendu les bras, et s'est frotté les yeux, les ouvre dans le moment, et se trouve en face de Cécile qu'il prend pour le fantôme. Tremblant de crainte, il tombe sur ses genoux, sans oser regarder.)

BAPTISTE.
Mons... ieur... eur...
GUSTAVE.
Tais-toi.

SCÈNE IV.

BAPTISTE, *étendu par terre;* CÉCILE, *endormie sur le fauteuil;* GUSTAVE, *entre eux;* FRÉDÉRIC, *en dehors, frappant à la porte.*

FRÉDÉRIC.

Gustave! Gustave! ouvre-moi.

GUSTAVE.

Grands dieux! c'est la voix de Frédéric. (A Baptiste.) Sur ta tête, ne profère pas une parole, ou tu es mort.

FRÉDÉRIC, toujours en dehors.

Eh bien! m'ouvriras-tu?

GUSTAVE.

Oui; mais, au nom du ciel, ne fais pas de bruit. (A part.) Quel parti prendre? que devenir?... Elle est perdue!... Ah! ce paravent... (Il entoure avec le paravent le fauteuil de Cécile, jusqu'à la muraille, de sorte que le panneau secret se trouve enfermé dans le paravent. A Baptiste, qui est toujours couché.) Et toi, relève-toi donc, et songe à ma recommandation.

(Il va ouvrir à Frédéric.)

SCÈNE V.

Les précédens; FRÉDÉRIC, *en grande parure de marié.*

(La porte du jardin reste ouverte, et l'on aperçoit un jardin éclairé par les premiers rayons du soleil.)

FRÉDÉRIC.

Eh, mon dieu! faut-il tant de cérémonies? Mon ami, je ne peux pas dormir... je ne peux pas, et me voilà.

GUSTAVE.

Je t'en prie, ne parle pas si haut.

FRÉDÉRIC.

Et pourquoi donc?

GUSTAVE.

C'est que cet imbécille de Baptiste est gravement indisposé.

FRÉDÉRIC.

Qu'est-ce qu'il a donc? Eh! mais, en effet, je lui trouve un air pâle, une physionomie renversée.

BAPTISTE.

On l'aurait à moins.

FRÉDÉRIC.

On va lui envoyer le petit docteur. Mais je venais te faire part d'une idée charmante; moi, je n'en ai jamais d'autres : c'est de déjeuner tous dans ce pavillon... Eh bien! qu'as-tu donc? tu ne m'écoutes pas.

GUSTAVE.

Si, vraiment... au contraire, je trouve ton projet... Tu disais...

FRÉDÉRIC.

Que j'ai donné ordre de servir ici une tasse de thé avant le départ, et tu nous raconteras tes histoires de cette nuit, ou tu en inventeras pour faire peur à ces dames. Gustave! eh bien! où es-tu donc?

GUSTAVE.

Oui, mon ami, oui... je l'ai toujours pensé... Mais si nous faisions un tour de jardin. (Il veut l'emmener.)

BAPTISTE, se levant vivement et retenant Frédéric par son habit

Messieurs, je ne vous quitte pas; je ne resterais pas seul ici pour un empire.

FRÉDÉRIC.

Que veux-tu dire? (Regardant Gustave, qui fait à Baptiste des signes de se taire.) Eh! mais, qu'as-tu donc aussi?... je n'avais pas remarqué d'abord; mais je te trouve aussi changé que Baptiste. (En riant.) Est-ce que vous auriez vu le fantôme, par hasard?

GUSTAVE, troublé.

Allons donc, tu veux plaisanter.

(Baptiste tire Frédéric par son habit, et de la tête lui fait signe que oui, sans que son maître l'aperçoive.)

FRÉDÉRIC.

Parbleu! tu es bien heureux! et tu devrais me dire, par grace (regardant Baptiste), comment il était, et de quel côté il a disparu?

(Baptiste, qui tient son mouchoir à la main, lui fait signe, en le montrant, que le fantôme était blanc; puis élevant sa main au-dessus de sa tête, il indique qu'il était d'une grandeur démesurée, et montrant du doigt le paravent, il lui fait entendre que c'est de ce côté qu'il a disparu.)

Allons, je vois que tu es jaloux de ton fantôme, et que tu ne veux pas que tes amis en profitent. Voilà qui est mal... Mais il est impossible qu'on ne découvre pas ses traces, en cherchant bien.

(Il se dirige vers le paravent.)

GUSTAVE, l'arrêtant par le bras

Frédéric!... au nom du ciel, daigne m'écouter!... et ne me condamne pas!... Je te jure que le hasard seul... le hasard le plus extraordinaire... le plus inconcevable... et que mon honneur... mon amitié...

BAPTISTE.

Oui, monsieur, ne vous y risquez pas... D'ailleurs, c'est inutile : voilà les premiers rayons du soleil, il aura disparu.

FRÉDÉRIC.

Eh! qu'importe? fût-ce le diable...

GUSTAVE, voulant le retenir.

Non; je ne le souffrirai pas!

FRÉDÉRIC, sa dégageant et se précipitant vers le paravent.

Il le faudra bien.

AIR FINAL de l'Amant jaloux.

GUSTAVE.

Grands dieux!

FRÉDÉRIC, ouvrant le paravent et regardant.

Eh bien!

Je ne vois rien.

BAPTISTE.

Parbleu! il sera parti par où il était venu.

(Le fauteuil est vide, et sur un des bras on aperçoit seulement le petit fichu que portait Cécile.)

LA SOMNAMBULE.

ENSEMBLE.

FRÉDÉRIC.

Quel est donc ce mystère ?
D'où venait ta frayeur ?

GUSTAVE.

Ah ! tâchons de lui taire
Le trouble de mon cœur.

BAPTISTE.

Quel est donc ce mystère ?
Je tremble encor de peur.

GUSTAVE, à Baptiste.

Tais-toi, tais-toi.

ENSEMBLE.

FRÉDÉRIC, BAPTISTE.

Quel est donc ce mystère ?
Je tremble encor de peur.

GUSTAVE.

Ah ! tâchons de lui taire
Le trouble de mon cœur.

FRÉDÉRIC.

La plaisante aventure !
Dis-moi, je t'en conjure,
Qu'aviez-vous donc tous deux ?

ENSEMBLE.

GUSTAVE.

Grands dieux ! quelle aventure !
Ami, je te le jure,
Nous ignorons tous deux
Ce qui se passe dans ces lieux.

BAPTISTE.

Grands dieux ! quelle aventure !
D'échapper, je vous jure,
Nous sommes trop heureux !

FRÉDÉRIC.

Allons, allons, tu as beau dire, il y a quelque chose, et ta tête... Écoute donc, jusqu'à ce jour tu avais été trop sage, trop raisonnable : on finit par payer ça... Il ne faut d'excès en rien... Regarde-moi... Ah çà, j'espère que tu vas t'habiller ; tu vois que je suis déja en costume de rigueur... Je ne te donne que cinq minutes.

GUSTAVE, très ému.

Sois sûr qu'on ne m'attendra pas... Baptiste, suis-moi... (A part.) Allons, il faut partir!

(Ils sortent par la porte à gauche.)

SCÈNE VI.

FRÉDÉRIC, *seul, le regardant partir d'un air surpris.*

Ma foi... Eh bien! en voilà un qui fera bien de ne pas se marier... Décidément il est timbré, et son effroi quand j'ai voulu approcher de ce paravent où il n'y a rien, absolument rien. (Approchant du fauteuil, et apercevant le petit fichu que portait Cécile, et qu'elle y a laissé.) Eh! mais, si fait... cependant... je n'avais pas vu... (Prenant le fichu, et étouffant un éclat de rire.) C'est charmant! (Déployant le fichu.) Je devine maintenant à quelle espèce de fantôme ce meuble peut appartenir.

Air de la Sentinelle.

Tissu charmant! voile mystérieux,
Dont contre nous la beauté s'environne!
Gage d'amour! se peut-il, en ces lieux,
Que sans égards ainsi l'on t'abandonne?

> D'un hasard tel que celui-là
> Sans peine on pénètre les causes!
> Ici, celle qui t'oublia,
> Je le devine, avait déja
> Oublié bien d'autres choses.

Mais à qui diable ça peut-il être? La petite baronne, ou la femme du notaire! (Se reprenant.) Oh! la femme d'un notaire!... cependant ça s'est vu... Allons, je m'en vais prendre des informations... ce sera délicieux. Mais je ne sais pas ce qu'ils ont tous... Personne ne se lève donc aujourd'hui? Eh! voilà le beau-père!

SCÈNE VII.

FRÉDÉRIC, DORMEUIL, *tenant par la main* CÉCILE, *qui est en grande parure de mariée.*

FRÉDÉRIC.

Allons donc, papa, allons donc.

DORMEUIL.

Ce n'est pas ma faute. Il y a une demi-heure que j'entre chez Cécile; il faut lui rendre justice, elle était déja levée : mais elle s'était endormie sur une chaise, et il a fallu nous dépêcher... Trois femmes de chambre... mais aussi j'espère... Hein! comment la trouvez-vous?

FRÉDÉRIC.

Ah! que vous êtes heureux d'avoir des enfans comme ceux-là! Je ne parle pas de votre gendre; mais c'est un beau rôle que celui de père : les gants blancs, l'air respectable. J'aurais aimé à être père, moi, pour marier mes enfans, pour leur dire : Soyez heureux! je vous unis. Enfin, vrai, si je n'étais pas moi, je voudrais être vous; mais on ne peut pas cumuler. Ah çà! les voitures sont-elles prêtes?

DORMEUIL.

Pas encore.

FRÉDÉRIC.

Eh bien! qu'est-ce que vous faites donc? ça vous regarde. Vous, ma chère Cécile, voulez-vous donner vos ordres pour faire servir ici le déjeuner? (Vers le milieu de cette scène, entrent quelques domestiques qui rangent le paravent et ouvrent toutes les fenêtres. On aperçoit le jardin; il fait grand jour.) Moi, je cours réveiller tout le monde. J'ai tant d'affaires que je ne sais en vérité... (A Cécile.) Ah! dites-moi donc, une aventure charmante que je vais vous conter... Non, que je vous conterai demain. Vous qui connaissez les toilettes de toutes ces dames, savez-vous à qui appartient cet élégant fichu?

CÉCILE, le regardant.

C'est à moi.

FRÉDÉRIC.

Comment, c'est à vous?

CÉCILE.

Oui, j'en étais même en peine. Où donc l'avez-vous trouvé?

FRÉDÉRIC, troublé et balbutiant.

Où je l'ai trouvé? Mais là-bas dans le salon; parce que peut-être ne savez-vous pas... (A part.) Parbleu! je rirais bien. Le fait est qu'il n'est pas impossible, moi surtout qui ai toujours eu du malheur.

DORMEUIL.

Eh bien! venez-vous?

FRÉDÉRIC.

Eh! sans doute.

AIR : Mon cœur à l'espoir s'abandonne.

Allons réveiller tout le monde,
Parcourons tout du haut en bas;
A ma voix il faut qu'on réponde :
Un jour de noce on ne dort pas.
(A part.)
Examinons avec prudence.
Tout voir et se taire est ma loi.
Je suis époux; il faut, je pense,
Remplir les devoirs de l'emploi.

DORMEUIL, FRÉDÉRIC.

Allons réveiller tout le monde,
Parcourons, etc.

SCÈNE VIII.

CÉCILE, *seule*.

Je suis encore si émue, si troublée! je l'avais revu.. nous étions raccommodés.

AIR : Jeannot me délaisse (*Jeannot et Colin*).

Oui, je croyais l'entendre,
Ainsi qu'en nos beaux jours,
Lorsque sa voix si tendre
Jurait d'aimer toujours.
Tout n'était que mensonge :
Amour, constante ardeur,
Vous n'existez qu'en songe,
Hélas! et dans mon cœur.

Même air.

Et pourtant tout s'apprête
Pour un lien si doux;
Quel bonheur! quelle fête!
C'est ce qu'ils disent tous.
Chacun vante les charmes
De cet hymen flatteur.
Allons, séchons nos larmes
Le jour de mon bonheur.

SCÈNE IX.

CÉCILE, GUSTAVE, *sortant de l'appartement à gauche.*

GUSTAVE.

C'est elle. (Cécile le salue froidement.) Ah! quelle différence! Mais non, c'est un secret que j'ai surpris et qui ne m'appartient pas. (Haut.) Hier, madame, je croyais avoir l'honneur d'assister...; mais des événemens inattendus...

CÉCILE.

Vous serait-il arrivé quelque chose? Quel changement dans vos traits!

GUSTAVE.

Non, non, je vous remercie; ce n'est rien, j'ai peu dormi.

CÉCILE, à part.

Et moi!

GUSTAVE.

En vain je voulais vous éloigner, vous bannir de ma pensée. Partout je vous retrouvais, partout vous étiez avec moi... cette nuit même.

CÉCILE, troublée.

Cette nuit!

GUSTAVE.

Air : Il reviendra (*de Romagnesi*).

J'ai cru vous voir... oui, c'était celle
A qui je devais être uni :
Au bal j'étais placé près d'elle.

CÉCILE, cherchant à rappeler ses idées.

Mon rêve commençait ainsi.

GUSTAVE.

Ce que j'éprouvais, je l'ignore;
Pourtant, je croi,
Que, malgré moi, j'aimais encore.

CÉCILE, à part.

C'est comme moi.

GUSTAVE.

Il semblait que vous m'aviez pardonné; car vous saviez la vérité : vous saviez que jamais mademoiselle de Fierville...

CÉCILE.

Comme dans mon rêve!

GUSTAVE.

Et que c'est vous, Cécile, vous seule que j'ai toujours aimée (presque hors de lui), et que j'aime encore!

CÉCILE.

Comme dans mon rêve!... (Tendrement.) Gustave!...

GUSTAVE.

Adieu! adieu! je sens, après un tel aveu, que je dois vous fuir pour jamais; mais je conserverai toujours votre image et cet anneau que vous m'avez rendu.

CÉCILE, cherchant à son doigt.

Que voulez-vous dire?

GUSTAVE.

Ah! ne cherchez point à savoir comment il est revenu entre mes mains; vous ne pouviez plus le garder, et moi il ne me quittera de la vie!

Air : Dormez donc, mes chères amours.

Pour jamais, il me faut vous fuir!

CÉCILE.
Dieux! qu'entends-je! et quel souvenir!

GUSTAVE.
En silence, il faut vous chérir.

CÉCILE
A ma mémoire fidèle,
Quels instans cette voix rappelle!

GUSTAVE.
Adieu donc, adieu pour toujours!
Adieu donc, mes seules amours!

ENSEMBLE.

Oui, mon cœur gardera toujours
Le souvenir de nos amours;
Toujours, toujours,
Le souvenir de nos amours.

SCÈNE X.

CÉCILE, *seule.*

Il s'éloigne! il me quitte!... Gustave!... Je ne le reverrai plus! (Elle tombe sur le fauteuil qui est placé à gauche du spectateur et sur le devant de la scène.)

SCÈNE XI.

CÉCILE, FRÉDÉRIC, GUSTAVE, BAPTISTE *portant une valise;* DORMEUIL, *qui entre un instant après. Il sont tous dans le fond.*

FRÉDÉRIC, tenant Gustave par le bras.

Comment, morbleu! qu'est-ce que ça signifie? tu t'en allais?

GUSTAVE.

Non, mon ami... non... certainement.

FRÉDÉRIC.

Et ces chevaux de poste que j'ai vus attelés? Je t'en préviens, je ne te perds pas de vue.

CÉCILE, à demi-voix.

Gustave! Gustave!...

FRÉDÉRIC.

Qu'entends-je?

DORMEUIL, voulant aller vers elle.

Ma fille!

FRÉDÉRIC, l'arrêtant.

Mais laissez donc, beau-père, ça devient au contraire fort intéressant.

GUSTAVE, s'avançant.

Mais, mon ami.

FRÉDÉRIC, le prenant par la main, qu'il garde dans la sienne.

Silence! te dis-je, et écoutez tous!

(*Ils s'arrêtent tous dans le fond, en demi-cercle, autour du fauteuil de Cécile; et dans ce moment, Marie et plusieurs parens se montrent aux fond, mais sans oser entrer.*)

CÉCILE.

Il est parti !... Oh ! ce n'est plus là mon rêve !... Il me semblait entendre Frédéric ; il me pardonnait : il sentait comme moi que je ne pouvais pas donner deux fois mon cœur... Et mon père, il nous menait à l'autel... Gustave était là, et il me semblait entendre une voix qui nous disait...

FRÉDÉRIC, qui n'a pas quitté la main de Gustave, saisit celle de Cécile, et les joint ensemble, en s'écriant :

Mes enfans, je vous unis !

CÉCILE, regardant autour d'elle.

Mon père !... Frédéric !... Gustave près de moi !... (Fermant les yeux, et éloignant tout le monde de la main.) Ah ! ne m'éveillez pas !

FRÉDÉRIC.

Non, ma chère Cécile, non ce n'est point un rêve ! J'avais juré à votre père de faire votre bonheur ; n'ai-je pas tenu mon serment ? (A Dormeuil.) Vous ne m'en voulez pas, beau-père, d'avoir usurpé vos fonctions ? Vous savez que j'ai toujours eu une vocation...

GUSTAVE.

Ah, mon ami ! comment reconnaître jamais ce généreux sacrifice ?

FRÉDÉRIC.

Laisse donc ; comme si je ne savais pas ce que c'est qu'un mariage manqué. Et de cinq...

VAUDEVILLE.

DORMEUIL.

Air du vaudeville de Gusman d'Alfarache.

Malgré nous, un destin tutélaire,
Tu le vois, nous protége en secret.
Par dépit, tu t'éloignais, ma chère,
D'un amant que ton cœur adorait!
Notre folie à tous est pareille;
Ce bonheur, que l'on désire tant,
Pour l'avoir, on se fatigue, on veille,
Et souvent le bien vient en dormant.

GUSTAVE.

Maint seigneur que le sort favorise,
Et qui brille à nos yeux éblouis,
Chaque jour voit croître, avec surprise,
Ses grandeurs, ainsi que ses ennuis.
Las des soins dont son rang l'embarrasse,
Un beau soir, malheureux et puissant,
Il s'endort et s'éveille sans place...
Quelquefois le bien vient en dormant!

BAPTISTE.

Abonnés de l'Opéra-Comique,
Abonnés du sublime Opéra,
Abonnés du Club Académique,
Abonnés de l'Opéra-Buffa,
Abonnés des Petites-Affiches,
Abonnés aux romans d'à présent,
Ah! combien vous devez être riches,
Si vraiment le bien vient en dormant!

FRÉDÉRIC.

Dans ses goûts, madame est un peu vive,
Et monsieur est un grave érudit.
Pour un bal, crac! madame s'esquive,
Et monsieur va dormir dans son lit.

Madame revient fraîche et gentille,
Et monsieur voit en se réveillant,
Augmenter ses amis, sa famille,
Ah! vraiment, le bien vient en dormant!

CÉCILE, au public.

Mon sommeil a fait mon mariage;
J'ai déja le droit de le bénir;
Qu'il m'obtienne encor votre suffrage,
Et qu'ici je sois seule à dormir!
Sans crainte de blesser mon oreille;
Ah! messieurs, applaudissez souvent;
Et si quelque *bravo* me réveille,
Je dirai : le bien vient en dormant!

FIN DE LA SOMNAMBULE.

L'INTÉRIEUR DE L'ÉTUDE,

ou

LE PROCUREUR ET L'AVOUÉ;

COMÉDIE-VAUDEVILLE EN UN ACTE;

Représentée, pour la première fois, sur le théâtre des Variétés, le 1ᵉʳ février 1821.

EN SOCIÉTÉ AVEC M. DUPIN.

PERSONNAGES.

JOLIVET, ancien procureur.
DERVILLE, jeune avoué.
FRANVAL, garçon, riche négociant.
DUBELAIR, maître-clerc de Derville.
AUGUSTE, deuxième clerc.
VICTOR, troisième clerc.
PIEDLÉGER, dernier clerc de l'étude.
ROSE, domestique de Derville.

La scène se passe à Paris.

Le théâtre représente une étude d'avoué : plusieurs tables dans le fond ; à gauche, sur le devant, le bureau du maître-clerc, en acajou ; à droite, un poêle d'une forme élégante. Au fond, deux corps de bibliothèque en acajou, contenant des dossiers. À gauche, sur le second plan, une porte qui conduit au cabinet de Derville; à droite, en face, une porte donnant sur l'antichambre.

JOLIVET

SIX BÛCHES AU MOIS DE NOVEMBRE!!

L'intérieur de l'Étude, Scène III

L'INTÉRIEUR DE L'ÉTUDE,

OU

LE PROCUREUR ET L'AVOUÉ.

SCÈNE PREMIÈRE.

ROSE, *un balai et un plumeau à la main.*

La... je n'ai plus que l'étude à nettoyer ; mais il n'est encore que huit heures, et d'ici à ce que ces messieurs arrivent, j'ai encore du temps devant moi. (S'appuyant sur son balai.) Faut avouer qu'à présent c'est agréable d'être domestique : d'abord on est son maître, tandis que dans les anciennes études, à ce que me disait ma tante Madelaine, ça allait bien mal.

AIR : A soixante ans.

Mais à présent, ça va bien mieux, j'espère ;
C'est tous les jours bal ou festin.
Monsieur s'amus' la nuit entière,
Et rentr' souvent à cinq heur's du matin ;
Les valets ont dans c'te demeure
Ben plus d'profits qu'i n'en avaient
D'puis qu'les avoués se couch'nt à l'heure
Où les procureurs se levaient.

Et M. Derville, v'là un maître agréable... Hier, par exemple, il est rentré au milieu de la nuit ; et je suis bien sûr qu'à présent... (L'apercevant.) Ah bien ! le voilà déja sur pied !

SCÈNE II.

ROSE, DERVILLE, *en robe de chambre et des papiers à la main.*

DERVILLE.
Bonjour, Rose; tu es matinale, à ce que je vois.
ROSE.
C'est plutôt vous, monsieur.
DERVILLE.
Oui; voilà une heure que je travaille.
ROSE.
Et pourtant vous êtes rentré si tard!
DERVILLE.
Raison de plus; la nuit est à moi, et je peux l'employer comme je veux : mais le jour est à mes cliens.
ROSE.
Avec ce train de vie-là, vous vous tuerez.
DERVILLE.
Laisse donc; deux heures de sommeil, c'est tout ce qu'il me faut.

Air de Marianne.

Quand les affaires me demandent,
Dès le matin j'ai l'œil ouvert;
Le soir, tous les plaisirs m'attendent :
Le festin, le bal, le concert,
Un jeu d'enfer,
Où chacun perd,
L'humble employé, comme le duc et pair.

SCÈNE II.

Dans le salon,
C'est le bon ton,
L'on voit de tout.

ROSE.

Même plus d'un fripon!

DERVILLE.

Quelques plaideurs, d'humeur moins franche,
Qu'on a rançonnés tout le jour,
Et qui s'efforcent à leur tour
De prendre leur revanche.

Mais ça m'est égal, moi, je gagne toujours.

ROSE.

Il est de fait que vous êtes heureux.

DERVILLE.

Encore avant-hier, j'ai passé treize fois de suite à l'écarté; c'est cinq cents francs, je crois, que j'ai mis dans ma poche.

ROSE.

Cinq cents francs! Savez-vous, monsieur, que ça augmente joliment les profits de l'étude?

DERVILLE.

Je crois bien... A propos de cela, quand tu auras fini ton ouvrage, tu porteras ces vingt-cinq louis à Belval, mon confrère. (Il lui donne un rouleau.) Tu lui diras que c'est d'hier, au soir; il saura ce que c'est...

ROSE.

Comment, monsieur, vous auriez...

DERVILLE.

Oui, une mauvaise veine... On peut bien une fois par hasard... Et puis, quoique avoué, on ne peut pas toujours prendre.

ROSE.

J'entends : il faut rendre.

DERVILLE.

Ah! mon dieu oui; le chapitre des restitutions est le plus difficile. Ah! attends, encore autre chose. Nous avons ce soir un petit bal; mon maître-clerc a envoyé les invitations : mais tu porteras toi-même celle-ci. Quoiqu'elle soit adressée à madame de Vermeuil, tu tâcheras de la remettre à mademoiselle Élise, sa nièce.

AIR : Ma belle est la belle des belles.

C'est pour elle, il faut qu'on lui donne;
Surtout ne vas pas l'oublier.

ROSE.

J'entends... Parlant à sa personne,
Comm' dit quelquefois votre huissier.
Souvent, quand il porte un' requête,
Vous savez comme il r'vient le soir;
Il faut que Monsieur me promette
Que j' n'aurai rien à recevoir.

DERVILLE.

Et si par hasard elle voulait faire une réponse par écrit, vois-tu, Rose, tu attendrais.

ROSE.

Oui, monsieur, je comprends. Et il se pourrait bien que le bal fût donné à cause de cette seule invitation-là. Mais, est-ce que vous ne comptez pas en parler à M. Jolivet, votre ancien...

DERVILLE.

Oui, tu as raison. Il est arrivé depuis quelques jours de la campagne; je lui ai donné un logement dans la maison, et il serait malhonnête de l'oublier.

D'ailleurs, j'ai des ménagemens à garder avec lui. *Primo :* je lui dois ma charge, qui n'est pas encore payée, il s'en faut ; ensuite, c'est le subrogé-tuteur d'Élise, et il a une influence... Je vais monter l'inviter.

ROSE.

Ce n'est pas la peine. J'entends gronder dans l'antichambre : ce doit être lui.

SCÈNE III.

LES PRÉCÉDENS; JOLIVET.

JOLIVET.

La belle maison, et le bel exemple ! Personne dans l'étude ! Morbleu ! si j'étais là, je commencerais par renvoyer tous mes clercs.

DERVILLE.

Ce ne serait pas le moyen de les faire venir. Allons, Rose, dépêche-toi d'achever ton ouvrage, et fais toutes mes commissions. Eh bien ! tu t'en vas, et tu n'as seulement pas mis de bois dans le poêle. Tu veux donc que ces jeunes gens se morfondent ?

ROSE.

Monsieur, il y a trois bûches.

DERVILLE.

Eh bien ! mets-en six, et qu'ils aient chaud.

JOLIVET, indigné.

Six bûches au mois de novembre !

DERVILLE.

Et puis je voulais te recommander aussi... Tâche donc que le dîner soit un peu mieux... la... un plat de plus, quelque friandise, quelque chose qui relève l'appétit.

(Rose sort.)

JOLIVET, se levant.

Ventrebleu! je vous admire; mettez tout au pillage : redoublez vos folles profusions!

DERVILLE.

C'est-à-dire qu'il faut que mes clercs ne mangent pas.

JOLIVET.

Oui, monsieur, ça n'en serait que mieux. Mais enfin, puisqu'on ne peut pas les en empêcher, où est la nécessité de leur donner de l'appétit? Des clercs de procureur en ont toujours assez, monsieur; ce sont les vampires d'une étude!

Air de l'Écu de six francs.

> A chaque instant ils imaginent
> Quelques moyens pour nous gruger;
> Ce n'est pas pour manger qu'ils dînent,
> Mais c'est pour nous faire enrager.
> Or, dans cette guerre intestine,
> De se défendre il est permis,
> Et nos clercs sont des ennemis
> Qu'on ne réduit que par famine.

Aussi je ne sustentais les miens qu'à mon corps défendant : le bouilli et la soupe, la soupe et le bouilli; et les jours de fête, du persil autour : je ne sortais pas de là. Six bûches dans un poêle! Apprenez, monsieur,

SCÈNE III.

que dans mon étude il n'y avait pas de poêle, il n'y avait pas de bûches : on soufflait dans ses doigts, ou l'on était obligé d'écrire pour s'échauffer ; c'était tout profit pour la maison.

DERVILLE.

Et que gagniez-vous à ces belles économies? D'être bafoués, montrés au doigt; car de votre temps, c'était à qui s'égaierait sur le compte des procureurs.

JOLIVET.

Vous allez voir, monsieur, qu'on respecte les avoués.

DERVILLE.

Mais oui; un peu plus.

JOLIVET.

Et pourquoi donc? Est-ce parce qu'il ont des fracs à l'anglaise et des bolivars, et qu'on ne sait jamais à leur costume s'ils vont au bal ou au Palais? Et surtout nous ne courions pas les affaires en cabriolet.

DERVILLE.

Où est le mal? cela va plus vite; et pourvu que les cliens n'en souffrent pas, pourvu qu'ils ne soient pas rançonnés comme de votre temps...

JOLIVET.

Je les rançonnais, c'est vrai; mais je ne les éclaboussais pas. Et à tout prendre, il faut encore mieux écorcher les cliens que de les écraser.

DERVILLE.

Ma foi, je n'en sais rien; au moins nous criions *gare.*

JOLIVET.

Est-ce ainsi que vous acquitterez vos dettes? car enfin votre charge n'est pas encore payée : vous me devez cent trente mille francs.

DERVILLE.

Ne m'avez-vous pas donné trois ans pour cela?

JOLIVET.

C'est le tort que j'ai eu. On a beau vendre les charges horriblement cher, c'est égal; il se trouve toujours des jeunes gens qui vous les achètent sans avoir un sou vaillant.

DERVILLE.

Qu'importe, monsieur? je puis m'établir : je suis garçon...

JOLIVET.

Est-ce que sans cela je vous aurais vendu? Mais alors, dépêchez-vous de vous marier, de faire un bon mariage.

DERVILLE.

Eh bien! monsieur, il ne tient qu'à vous. J'aime une jeune personne charmante : vous pouvez me la faire épouser.

JOLIVET.

Comment donc, mon garçon, avec plaisir.

DERVILLE.

C'est Élise de Franval, qui est presque votre pupille.

JOLIVET.

Du tout, du tout; cela ne vous convient pas.

DERVILLE.

Eh quoi! n'a-t-elle pas tout réuni? les graces, la bonté, la douceur...

SCÈNE III.

JOLIVET.

Oui; mais elle n'a que soixante mille francs; et dans votre position, mon cher, il vous faut une femme de cinquante mille écus : je ne vous laisserai pas marier à moins.

Air : Quand on ne dort pas de la nuit.
Soyez épris, je le permets,
De quelque riche mariée.

DERVILLE.
Si la future a peu d'attraits...

JOLIVET.
Elle en aura, je m'y connais,
Si votre charge est bien payée.

DERVILLE.
Si son caractère est méchant...

JOLIVET.
Ah! c'est le mari qui s'en charge;
Épousez, nous aurons l'argent.

DERVILLE, parlant.

Eh bien! et moi...

JOLIVET.
Vous aurez (*bis*) la femme et la charge.

DERVILLE.

Cependant, quand vous prétendez qu'Élise n'a que soixante mille francs...

JOLIVET.

Oui, monsieur; je puis vous donner les renseignemens les plus exacts. Son père, qui était un de mes cliens, est décédé le 6 mai 1814 : ledit jour, apposition de scellés; le 14 du même mois, ouverture du testament, par lequel il nomme tuteur de la jeune personne, mineure, M. Isidore Franval, son oncle paternel.

DERVILLE.

Et quel est ce Franval

JOLIVET.

Ledit Franval, négociant à Hambourg, déclara, par une lettre du 2 juin, qu'il acceptait avec plaisir la tutelle de sa nièce; mais son commerce ne lui permettant pas de quitter sa résidence, c'est moi, le subrogé-tuteur, qui, depuis six ans, ai liquidé et administré tous les biens de la succession. Ainsi, je crois que je m'entends un peu en affaires; et quand je dis qu'Élise a soixante mille francs, c'est tout au plus si ça va là.

DERVILLE.

Eh bien! qu'importe? soixante mille francs, c'est assez pour payer une partie de ma charge : avec le temps nous acquitterons le reste. Vous pouvez attendre, vous qui êtes riche.

JOLIVET.

Je suis riche! jusqu'à un certain point : je n'ai pour tout bien que ma charge, que vous me devez.

DERVILLE.

Et ce petit domaine que vous avez acheté dernièrement : le domaine de Villiers, un affaire superbe! disiez-vous.

JOLIVET.

Mon ami, c'est une horreur! j'ai été trompé.

DERVILLE.

Bah! un vieux procureur comme vous!

JOLIVET.

Les plus fins y sont pris. L'affaire était si avantageuse, que je ne l'ai pas examinée. Celui qui m'a vendu était bien le possesseur, mais possesseur temporaire : vu que le comte Durfort, qui en était le propriétaire, est disparu depuis vingt-neuf ans, et qu'on ignore ce qu'il est devenu. Je sais bien qu'il ne faut plus qu'un an pour qu'il y ait prescription, et alors je ne risquerai plus rien; mais si d'ici là le véritable comte Durfort ou ses héritiers s'avisaient de revenir, ça ferait un fameux procès.

DERVILLE.

Ah, que c'est heureux! vous me le donneriez.

JOLIVET.

Du tout : je l'exploiterais moi-même.

DERVILLE.

Vous auriez tort; vous savez bien que les procureurs prennent encore plus cher que les avoués, si c'est possible. Adieu, je vous quitte : j'ai quelques affaires très pressées, et il faut que j'aille au Palais. J'espère que vous ne me tiendrez pas rancune, et qu'aujourd'hui vous me ferez le plaisir de venir passer la soirée chez moi.

SCÈNE IV.

JOLIVET, *seul.*

C'est ça! une soirée! une fête! et sa charge n'est pas payée! O dissipation! dissipation! et quel faste! quel scandale! Je vous demande si on ne se croirait pas ici dans un boudoir, plutôt que dans une étude? Jusqu'au bureau du maître clerc qui est en acajou! et un feu d'enfer : le poêle en est rouge! (Se chauffant.) Par exemple, je ne suis pas fâché de cela : parce qu'il fume chez moi, ce qui est cause que je ne fais jamais de feu. (Regardant sur le poêle.) Qu'est-ce que je vois là? il donne aussi dans le luxe des journaux! passe pour les *Petites Affiches* : c'est utile; mais fournir ainsi à ses clercs des sujets d'amusement... (Regardant le titre du journal.) Allons, allons, c'est la *Quotidienne*; le mal n'est pas si grand. Voyons un peu l'article *Nouvelles*. (S'asseyant auprès du poêle.) J'ai toujours peur d'y rencontrer le nom du comte Durfort : ce diable d'homme me poursuit partout! C'est qu'il est capable de revenir exprès pour me ruiner. Ah, mon dieu! quel tapage!

SCÈNE V.

JOLIVET, *au poêle;* AUGUSTE, VICTOR, PIED-LÉGER ET DEUX AUTRES CLERCS.

CHOEUR.

Air du pas des Trois Cousines.

A l'étude il faut tous nous rendre;
Travaillons du matin au soir :
Jamais je ne me fais attendre
Lorsque m'appelle le devoir.

VICTOR, à Auguste.

Te voilà?

PIEDLÉGER.
Quelle exactitude!

SCÈNE V.

AUGUSTE.

Je ne me fais jamais prier,
Et je viens toujours à l'étude
Quand je passe dans le quartier.

TOUS.

A l'étude il faut tous nous rendre,
Etc., etc.

TOUS.

Bonjour, monsieur Jolivet; bonjour, monsieur Jolivet, comment vous portez-vous?

JOLIVET.

Enfin voilà l'étude qui arrive!... c'est bien heureux! il ne manque plus que le maître clerc.

DUBELAIR, entrant, avec des papillotes.

Eh bien! qu'est-ce, messieurs? nous arrivons bien tard aujourd'hui.

VICTOR.

Tiens! lui qui parle, le voilà qui descend.

DUBELAIR.

Du tout; je suis venu de très bonne heure à l'étude, et j'étais remonté pour affaire indispensable : M. Letellier m'attendait.

JOLIVET.

Qu'est-ce que c'est que ce client-là?

DUBELAIR, tenant un dossier.

C'est mon coiffeur; je vous conseille de le prendre, vous en serez content. Où est ce jugement à signifier? Surtout pour les faux toupets.

JOLIVET.

O temps! ô mœurs! un maître clerc en papillotes!

Air de la Catacoua.

Chez nous, c'était une autre antienne
Et l'on venait coiffer, je crois,
Le procureur chaque semaine
Et les clercs une fois par mois.
Oui, pour décorer notre nuque,
La cadenette suffisait,
    Ça se tenait
    Sous le bonnet.

PIEDLÉGER.

Eh! mais, chez vous, en effet,
    L'on voyait
Bien plus de têtes à perruque,
Et chez nous bien plus de toupet.

DUBELAIR.

Messieurs, il faut travailler aujourd'hui; nous sommes accablés d'ouvrage. Voilà un jugement dont il faut quinze copies.

AUGUSTE.

Je m'en charge.

VICTOR.

Laisse donc; j'en prendrai la moitié, ce sera plus tôt fait; je m'y mets sur-le-champ. Rose, à déjeuner.

TOUS LES AUTRES.

C'est juste, c'est juste; à déjeuner.

AUGUSTE.

Moi, j'aime assez le déjeuner, parce que ça repose et ça coupe la matinée.

JOLIVET.

Oui, avec cela que vous avez bien gagné votre matinée...

SCÈNE V.

(Pendant ce temps Rose apporte d'une main un paquet de lettres et de journaux qu'elle jette sur le poêle, et de l'autre des couteaux, du pain et du vin. Tout le monde est au milieu de l'étude, excepté le maître clerc qui est à son bureau, et Piedléger à la table en face, qui travaille sans relâche.)

AUGUSTE.

Air de Partie carrée.

Allons, allons, il faut nous mettre à table;
Mais vraiment nous sommes transis.
Mets une bûche. Il fait un froid du diable...

JOLIVET.

Une de plus! On vient d'en mettre six!

AUGUSTE, à Victor, qui prend les journaux pour allumer le feu.

Eh! mais, Victor, que viens-tu donc de faire?
Comment, tu prends nos journaux?

VICTOR.

Oui, morbleu!
Il font ici comme à leur ordinaire,
Ils allument le feu.

Tiens, vois plutôt comme ça prend déja!

AUGUSTE, caressant Rose.

Ah! ma petite Rose, tu es bien gentille; qu'est-ce que tu nous donnes là?

ROSE.

Un pâté de Lesage.

JOLIVET, se levant en colère.

Un pâté de Lesage!

VICTOR.

Il n'y a que cela? Tu ne nous a pas fait quelque chose de chaud?

ROSE.

Non, ma foi, je n'ai pas le temps; je suis obligée de sortir pour des commissions.

AUGUSTE.

Allons!... allons à table. (Coupant le pâté.) M. Dubelair, vous n'en êtes pas?

DUBELAIR, d'un air d'importance.

Non, messieurs, je ne prends jamais rien à jeun.

VICTOR.

Eh bien! il est bon celui-là.

DUBELAIR, tirant sa montre, à part.

Sans compter... que j'ai à onze heures un déjeuné de garçons chez le maître clerc de Bernard.

AUGUSTE.

Et vous, monsieur Piedléger?

JOLIVET.

Quel est celui-là?

AUGUSTE.

C'est le coureur de l'étude.

JOLIVET.

Oh! le petit saute-ruisseau.

AUGUSTE.

Piedléger, veux-tu déjeuner?

PIEDLÉGER.

Sans doute; mais apportez-moi ma part, j'ai là de l'ouvrage qui doit être fini ce matin.

JOLIVET, pendant que tous les autres mangent, regardant Piedléger.

En voilà donc un de la vieille roche! c'est dans ce coin-là que se sont réfugiés les principes. (Ils sont groupés différemment, les uns à la table, les autres debout, mangeant sur le poêle.) C'est qu'ils ne mangent pas, ils dévorent... et du vin! du vin dans une étude!... et autant que j'en puis juger, ça m'a l'air d'un excellent ordinaire.

SCÈNE V.

VICTOR, la bouche pleine.

Dites donc, monsieur Jolivet, si vous n'aviez pas déjeuné...

AUGUSTE.

Si vous vouliez être des nôtres, sans façon.

JOLIVET.

Parbleu! je veux voir par moi-même jusqu'à quel point... (Haut.) J'ai bien là-haut mon café; mais, pour avoir le plaisir de déjeuner avec de la jeunesse...

(Victor et Jolivet aident à débarrasser la table; en ôtant les papiers et les plumes, et ne sachant où en poser une, il la place par habitude sur son oreille.)

VICTOR.

A merveille; place à notre doyen. Tenez, monsieur Jolivet, à votre santé.

TOUS.

A votre santé, à votre santé.

AUGUSTE.

Quel spectacle! la nouvelle et l'ancienne basoche qui trinquent ensemble.

Air de la Sentinelle.

Salut, messieurs, salut à notre ancien,
Qu'on vit jadis l'honneur de la basoche!
De son étude, intrépide soutien,
Il fut sans peur et presque sans reproche;
Avec ses clercs, que sa voix ralliait,
Du Béarnais imitant la coutume,
 Lui-même au combat les guidait,
 Et chaque plaideur pâlissait
 Aussitôt qu'il voyait sa plume.

JOLIVET s'incline et boit à leur santé; puis, après avoir bu, fait une grimace d'indignation.

Quel scandale! c'est du bourgogne, du bourgogne

le plus pur. (*Le goûtant encore.*) Quel dommage! un vin qui aurait supporté l'eau... (*regardant le verre*) j'aurais mis là dedans les deux tiers... et ça aurait encore eu du corps et de la couleur... *O abondance* de l'âge d'or, où es-tu?

VICTOR, rangeant la table.

C'est que j'aurais encore bu une fois... et qu'il n'y a plus de vin. Rose, Rose!

AUGUSTE.

Ce n'est pas la peine, elle a laissé la clef à l'armoire.

VICTOR, ouvrant l'armoire.

Oh! messieurs, messieurs, une découverte.

TOUS, se levant.

Qu'est-ce que c'est?

VICTOR.

Un panier de vin de Frontignan.

JOLIVET, se cachant la tête dans les mains.

Pauvre frontignan! c'est fait de lui.

AUGUSTE.

Je sais ce que c'est. On l'a monté parce que notre patron donne aujourd'hui à dîner.

VICTOR.

Oh bien! alors, pas de bêtises; je remets le panier.

JOLIVET, stupéfait.

Comment! il en réchappe?

AUGUSTE.

Sans doute; il n'y a pas de farces, puisque l'avoué est bon enfant.

JOLIVET.

Ah bien! de mon temps il y aurait joliment passé.

VICTOR, *se mettant à écrire.*

Allons, allons, maintenant ça va aller vite. (Ils sont tous à leurs bureaux, et travaillent avec ardeur.)

JOLIVET.

Les voilà tous à l'ouvrage ! ce n'est pas sans peine.

SCÈNE VI.

Les précédens ; DERVILLE, *habillé et sortant de son cabinet.*

DERVILLE.

Monsieur Dubelair, voilà un acte qu'il faut porter à l'enregistrement.

DUBELAIR.

Oui, monsieur. (Il le donne à un des clercs, et dit à un autre.) Et vous, allez à la justice de paix. (Les deux clercs sortent.)

DERVILLE.

Y a-t-il des lettres ?

VICTOR, *les prenant sur le poêle et les lui donnant.*

Voilà, monsieur.

DERVILLE, *en ouvrant une.*

Air : *Ces postillons sont d'une maladresse.*

C'est pour dîner chez un de mes confrères.
(*Ouvrant une autre.*)
Ça, c'est un bal chez l'avocat du roi !
Que de plaisirs nous donnent les affaires !
On n'a vraiment pas un instant à soi.
C'est chaque jour un dîner qui s'apprête.
Hommes d'affaire ! hommes d'état !
Ont à présent moins besoin de leur tête
Que de leur estomac.

Et celle-ci... Ah, mon dieu! c'est de ce pauvre Dermont! Un peintre dont on va saisir les meubles; j'y cours sur-le-champ. (*Allant pour jeter la dernière lettre qui lui reste dans la main.*) Que vois-je? c'est d'Élise! (*S'avançant sur le devant du théâtre, et regardant si Jolivet ne l'examine pas.*) (*Lisant.*)

« Mon ami,

« M. Franval, mon oncle et mon tuteur, ce brave
« et riche négociant dont vous avez peut-être entendu
« parler, vient d'arriver aujourd'hui même à Paris.
« Enhardie par ses bontés, je lui ai tout confié : notre
« amour et nos espérances. J'ai vu que, quelle que fût
« la fortune, il aurait facilement consenti à mon ma-
« riage avec toute autre personne qu'avec un avoué :
« mais il a une si grande prévention contre les gens
« d'affaires, qu'il ne veut seulement pas en entendre
« parler. Cependant, ému par mes prières, il m'a
« promis qu'il chercherait à s'assurer par quelque
« épreuve, et que... » Quel est ce domestique?

SCÈNE VII.

Les précédens; UN DOMESTIQUE, *en livrée.*

LE DOMESTIQUE.

N'est-ce pas ici que demeure M. Derville, un homme de loi?

JOLIVET.

Le voici.

LE DOMESTIQUE, *s'adressant à Derville.*

Monsieur, c'est de la part de mon maî

SCÈNE VII.

DERVILLE.

Et quel est votre maître?

LE DOMESTIQUE.

Monsieur, c'est un banquier étranger, qui a de l'argent et un procès, et qui voudrait vous parler pour... enfin... il vous expliquera cela lui-même; et il m'a dit de vous demander un rendez-vous pour aujourd'hui onze heures.

DERVILLE, toujours préoccupé.

C'est bon... qu'il vienne.

LE DOMESTIQUE.

Alors, je vais tâcher de me souvenir de votre réponse. Messieurs, et toute la compagnie, j'ai bien l'honneur de vous saluer. (Il sort.)

AUGUSTE.

Le jockei du banquier étranger m'a l'air d'un malin.

Air : Ah ! qu'il est doux de vendanger.

Oui, l'on dirait, je m'y connais,
D'un jockei hollandais;
Sur sa figure, on peut le voir,
Il a (rien ne lui manque)
Les graces du comptoir
Et l'esprit de la banque.

VICTOR.

Oui; il a plus d'esprit qu'il n'en montre.

DERVILLE.

Ah, mon dieu! je lui ai donné rendez-vous à onze heures!... Et la saisie de ce pauvre Dermont!

JOLIVET.

Eh bien! il faut la laisser là : un client qui ne paie

pas ne vaut pas un riche banquier à qui le ciel envoie un bon procès.

DERVILLE.

Air du vaudeville des Maris ont tort.

Songez donc que Dermont m'appelle.

JOLIVET.

Ce riche plaideur qu'on attend !
Tous deux ont droit à votre zèle :
Chacun d'eux est votre client.

DERVILLE.

A moi, pour que je les assiste,
Tous les deux se sont adressés :
L'un est banquier, l'autre est artiste;
Commençons par les plus pressés.

(A Dubelair.) Monsieur Dubelair, vous le recevrez, et nous en causerons plus tard ; je vous prie en même temps de surveiller l'étude. Adieu, mon cher Jolivet, à ce soir : adieu, messieurs.

(Il sort.)

SCÈNE VIII.

Les mêmes; excepté DERVILLE.

JOLIVET.

Négliger ses plus belles affaires ! il ne sait donc pas que tout dépend du commencement, et qu'un procès bien entamé peut en rapporter deux ou trois autres.

DUBELAIR.

Diable ! ce monsieur qui va venir à onze heures ! et mon déjeuner de garçons qui est justement à cette heure-là.

SCÈNE IX.

Air : De sommeiller encor, ma chère.

J'ai promis d'être leur convive,
Et m'y trouver est un devoir;
Ma foi, si le banquier arrive,
Auguste peut le recevoir.
Il reviendra, cela n'importe guères.
Il est d'ailleurs, si je sais raisonner,
Mille instans pour parler d'affaires;
Il n'en est qu'un pour déjeûner.

(A Auguste, lui parlant bas à l'oreille.)

Vous comprenez? vous garderez l'étude.

AUGUSTE.

Oui, monsisur.

(Dubelair prend son chapeau et s'en va.)

SCÈNE IX.

JOLIVET, AUGUSTE, VICTOR, PIEDLÉGER,
TOUJOURS TRAVAILLANT.

AUGUSTE, à part.

Ah! il sera sorti toute la matinée; ma foi, cela se trouve bien : ma cousine qui m'a recommandé de lui donner une loge pour la pièce nouvelle; j'ai envie de profiter de l'occasion. (A Victor.) Dis donc, Victor, je reviens dans l'instant; tu garderas l'étude. (Il prend son chapeau et sort.)

SCENE X.

JOLIVET, VICTOR, PIEDLEGER.

VICTOR.

Sois tranquille, je suis au poste. Ah, mon dieu! maintenant j'y pense, c'est aujourd'hui mercredi, et j'ai donné rendez-vous à deux ou trois de mes amis pour aller au *Panorama de Jérusalem* ; ça ne se voit que le matin.

Air : Vers le temple de l'hymen.

>Oui, tous les gens comme il faut
>Doivent aujourd'hui s'y rendre;
>Je ne puis les faire attendre,
>Je travaillerai tantôt.
>Toi, qui de l'exactitude
>As toujours eu l'habitude,
>Piedléger, garde l'étude,
>Un quart d'heure seulement;
>Vers le Jourdain je chemine,
>Je parcours la Palestine
>Et je reviens dans l'instant.

PIEDLÉGER, occupé et travaillant.

Oui... oui... c'est bon.

(Victor sort.)

SCENE XI.

JOLIVET, PIEDLEGER.

JOLIVET.

A merveille! Ainsi donc tout le fardeau des affaires retombe sur ce petit malheureux, qui est le seul exact, le seul studieux! Voilà le modèle de la cléricature, l'espoir de la basoche! *Spes altera Trojæ!* Est-il laborieux! depuis qu'il est là, il n'a pas cessé un instant... Quelle tête d'étude!

PIEDLÉGER, fredonnant entre ses dents.

Le ciel vous donna ces attraits,
Et j'en rends grace à la nature...

JOLIVET.

Il travaille en chantant : ça le distrait.

PIEDLÉGER, se croyant seul, et frappant vivement sur son papier.

Oui, Suzon, vous m'aimerez,
Ou bien, morbleu, vous direz,
Vous direz,
Vous direz...
Tra, la, la, la, la, la.

C'est cela.

(Prenant une voix de femme.)

Non, non, je ne puis vous entendre;
N'achevez pas!

JOLIVET.

Qu'est-ce donc que cette manière de grossoyer?

PIEDLÉGER.

J'aurais dû donner cela au théâtre du Gymnase.

Air: On dit que je suis sans malice.

Quel succès aurait eu ma pièce!
Que l'ingénue a de finesse!

Oui, c'était un effet certain,
Surtout pour madame Perrin [1].

JOLIVET, s'approchant.

Mais quel est donc ce nouveau style?
Dieux! il griffonne un vaudeville!
Je crois même, *o dies iræ!*
Qu'il l'écrit sur papier timbré.

PIEDLÉGER.

Mais j'ai lecture au Vaudeville; par exemple, il est impossible qu'on ne reçoive pas celle-ci : ils en reçoivent tant d'autres!... Eh, mon dieu! l'on m'attend à onze heures au comité de lecture. Dites donc, monsieur Jolivet, si vous vouliez garder l'étude?

JOLIVET.

Eh bien! par exemple...

PIEDLÉGER.

Voyez-vous, c'est pour une affaire qui ne peut pas se remettre; je lirai très-vîte. (Cherchant son chapeau.) Oh! ils me recevront, j'en suis sûr, moi qui vais tous les jours causer au foyer; qui ce soir encore vais voir *Monsieur sans gêne* : ils doivent faire quelque chose pour moi. Eh bien! et mon manuscrit. (L'attachant avec une ficelle.) D'ailleurs, je n'en serais pas embarrassé : je le donnerais aux Variétés pour mademoiselle Pauline. Adieu, monsieur Jolivet, je m'en rapporte à vous.

(Il sort.)

---

1. Charmante actrice qui a fait les beaux jours du Vaudeville et du théâtre du Gymnase. Je lui ai dû le succès de la *Visite à Bedlam*, de la *Somnambule*, du *Colonel*, etc. Une figure ravissante et expressive, un jeu plein de grâce et de finesse; et souvent ce charme inexprimable dont mademoiselle Mars seule offre le constant modèle : telles étaient les qualités qui distinguaient madame Perrin ; elle est morte à vingt et un ans!!!

SCENE XII.

JOLIVET, SEUL.

Je ne sais plus où j'en suis!... lui que j'estimais, c'est le pire de tous! Quel avenir nous prépare la génération actuelle!... Enfin si ce petit-là devient un jour maître-clerc, je frémis d'y penser! En attendant, il paraît que dans ce moment c'est moi qui représente l'avoué et toute l'étude. J'aime à voir une étude; j'aime l'odeur des vieux dossiers. (S'asseyant à la place du maître-clerc, et portant ses mains sur tous les papiers qui l'environnent.) Quel bonheur! des requêtes! des assignations! cela me rappelle mon bon temps et mes anciens exploits. (Prenant une plume.) En attendant, si j'essayais de grossoyer. Tiens! qui vient là?

SCENE XIII.

JOLIVET, FRANVAL.

FRANVAL.

Comment, morbleu! personne ici pour m'annoncer?

JOLIVET.

Je crois bien.

FRANVAL.

Où est M. le maître-clerc?

JOLIVET.

Voilà!

FRANVAL, à part.

Ah, ah! il n'est pas de la première jeunesse; et si son avoué lui ressemble, ma nièce a là une singulière inclination. Monsieur, je voudrais parler à l'avoué.

JOLIVET.

Voilà, c'est-à-dire voilà, par *interim*, vu qu'il est absent.

FRANVAL.

Absent! et il y a une demi-heure qu'il m'a donné rendez-vous.

JOLIVET, sortant de son bureau.

J'y suis. Monsieur est le banquier étranger qui l'a fait prévenir?

FRANVAL.

Justement.

JOLIVET, à part.

Voyez-vous comme il manque ses plus belles affaires? Un banquier étranger!... Ah! si sa charge était payée, comme je l'arrangerais!

FRANVAL.

Et M. Derville, votre avoué, a-t-il toujours la même exactitude?

JOLIVET.

Du tout, monsieur, du tout... Diable! celui-là entend son affaire! et s'il n'est pas chez lui dans ce moment, c'est qu'il a deux ou trois procès à la fois, et qu'il mourrait à la peine, plutôt que d'en laisser échapper un seul.

FRANVAL, à part.

Cela m'annonce qu'il est intéressé.

SCÈNE XIII.

JOLIVET.

Un jeune homme rangé, économe, et instruit!... il vous poursuivra une affaire jusque dans les dernières ramifications.

FRANVAL, à part.

J'entends : un chicaneur.

JOLIVET.

Air de Calpigi.

Il trouve toujours dans le Code
Quelqu'article qui l'accommode ;
Pour mettre les gens en défaut,
Je crois qu'il en ferait plutôt.
C'est un gaillard dont rien n'approche,
Un homme de la vieille roche ;
Enfin, pour mieux vous dire encor,
Un procureur de l'âge d'or.

FRANVAL, à part.

Il ne manquait plus que cela ; je sais maintenant à quoi m'en tenir sur son compte.

JOLIVET.

Si monsieur veut me mettre au fait de l'état de ses affaires.

FRANVAL.

Ça ne sera pas long.

Air : De la folie après Regnard.

Toujours modeste en mes souhaits,
Je prends ce que le ciel me donne ;
Chez moi, je vis toujours en paix
Et ne trouble jamais personne.
Pour des amis, j'en ai ce qu'il me faut ;
Pour des dettes, je n'en ai guères ;
Pour de l'or, hélas! j'en ai trop.
Voilà l'état de mes affaires.

JOLIVET.

Alors, pourquoi venir chez un procureur, et lui demander un rendez-vous?

FRANVAL.

Pourquoi? pourquoi? (A part.) C'est que je voulais prendre des informations qui me paraissent déjà assez concluantes.

JOLIVET.

Mais il n'est pas que vous n'ayez un procès?

FRANVAL.

Un procès!

JOLIVET.

Cherchez bien; vous en avez un.

FRANVAL, à part.

Mais où diable trouver un procès, moi qui n'en ai jamais eu? Eh parbleu! j'ai cette ancienne créance que j'ai toujours regardée comme perdue; cette cession qu'on m'a faite. Parbleu, s'ils en tirent quelque chose, ils seront bien habiles. (Haut.) Monsieur, voici de quoi il s'agit...

JOLIVET.

Je vous écoute.

FRANVAL.

Je suis Français et négociant; mais ma principale maison de commerce n'est pas en France. Il y a quinze ou dix-huit ans que je prêtai une trentaine de mille francs à un de mes compatriotes, qui est mort sans me les rendre.

JOLIVET.

Il vous les doit!

SCÈNE XIII.

FRANVAL.

Sans contredit. Et comme c'était un honnête homme, il me laisse par son testament, afin, disait-il, de s'acquitter envers moi, un petit domaine qu'il avait en France, et qui, ayant été abandonné pendant vingt-cinq ans et plus, appartient peut-être en ce moment à une douzaine de personnes.

JOLIVET.

Eh bien ! c'est une douzaine de procès en expropriation forcée.

FRANVAL.

Et si cela doit ruiner d'honnêtes familles...

JOLIVET.

L'équité avant tout. Votre titre est réel ; il faut le faire valoir, sinon vous courez risque de voir contre vous une prescription acquise, si même elle ne l'est pas déjà.

FRANVAL.

D'accord; mais je vous avoue cependant que si cela pouvait s'arranger....

JOLIVET.

Du tout, monsieur, du tout ; ces affaires-là ne s'arrangent pas. Douze procès en expropriation forcée !... Vous dites que votre notaire se nomme...

FRANVAL.

M. de Versac.

JOLIVET, *lui donnant une plume et de l'encre.*

Vous allez lui écrire un mot. Il faut envoyer chez lui chercher le titre et les pièces authentiques, et dès aujourd'hui nous commencerons. Mais tenez, voici M. Derville lui-même.

FRANVAL, écrivant.

C'est ça, un renfort. Les triples corsaires! on dirait qu'ils ont peur que leur proie ne leur échappe. Allons, morbleu! je ne m'étais pas trompé; ils se ressemblent tous.

SCÈNE XIV.

Les précédens; DERVILLE.

JOLIVET, qui, pendant l'*a parté* de Franval, a parlé bas à Derville.

C'est comme je vous le dis là, une affaire magnifique que j'ai déjà entamée chaudement: voilà comme on les menait de mon temps. (Voyant que Franval a écrit.) Il n'y a pas là de clercs... Je vais moi-même chez le notaire, et je reviens avec les pièces; c'est au bout de la rue. (Excitant Derville.) Allons donc, allons donc, et songez à soutenir la bonne opinion que je lui ai donnée de vous. Il est disposé à merveille.

(Il sort.)

SCÈNE XV.

DERVILLE, FRANVAL.

DERVILLE.

Je suis charmé, monsieur, de vous retrouver encore chez moi; j'avais été forcé de m'absenter!

FRANVAL.

Oui, monsieur, je sais pour quelle raison; mais vous étiez ici dignement remplacé. J'ai beaucoup appris dans la conversation de votre maître-clerc, et j'en ai fait mon profit.

DERVILLE.

Oui ; vous l'avez peut-être trouvé un peu craintif, un peu timide.

FRANVAL.

Corbleu ! quelle timidité !

DERVILLE.

A cela près, c'est un garçon en qui j'ai beaucoup de confiance.

FRANVAL.

Je le crois bien ! tel clerc, tel avoué. Je vous disais donc, monsieur...

DERVILLE, lui faisant signe de s'asseoir.

Je sais de quoi il s'agit ; on vient de me l'expliquer. Puis-je vous demander d'abord qui vous a adressé à moi ?

FRANVAL, à part.

Qui ? morbleu ! (Haut.) Votre nom.... votre réputation.

DERVILLE.

Monsieur, je vous remercie de cette marque d'estime. (A part, le regardant.) Allons, quoique brusque, il m'a l'air d'un brave homme, et il faut le traiter en conscience. (Haut.) je crois qu'en effet le bon droit est pour vous ; mais faut-il vous parler avec franchise ?

FRANVAL, brusquement.

Si ça se peut, pourquoi pas ?

DERVILLE.

Il paraît que vous êtes dans le commerce, que vous êtes immensément riche ?

FRANVAL.

Cela ne fait rien à mon affaire.

DERVILLE.

Si, vraiment.

Air du vaudeville des Amazones.

Quoiqu'avoué, vous me croirez, je pense;
  Mais je vous suppose discret,
  Et je veux bien en conscience
  Vous dire ici notre secret.
Être vainqueur est sans doute une gloire.
  Mais en combats comme en procès,
Ah! croyez-moi, la plus belle victoire
Ne vaut jamais un bon traité de paix.

FRANVAL.

Comment! monsieur, c'est vous qui me conseillez un arrangement!

DERVILLE.

Oh! vous allez jeter les hauts cris, je le sais; mais calculons un peu. Que d'ennemis cette affaire va vous susciter! que de regrets vous vous préparez! Celui qui plaide, monsieur, n'est plus le même homme: son humeur, son caractère, tout change chaque jour, à chaque incident de son procès; et pour une soixantaine de mille francs, dont vous n'avez pas besoin, vous allez sacrifier pendant deux ou trois ans, votre bonheur, votre joie, votre tranquillité!... Non, monsieur.

Air du vaudeville de Turenne.

Vous m'en croirez; à moitié, je l'espère,
Nous obtiendrons un bon arrangement.

FRANVAL.

Quoi! vous parlez d'arranger une affaire!
Que de notre âge on médise à présent!

SCÈNE XV.

> O siècle heureux! siècle étonnant!
> Où le savoir avec l'esprit s'accorde,
> Où nous voyons enfin à l'unisson
>   Les jeunes gens et la raison,
>   Les procureurs et la concorde.

A moitié prix, c'est très-bien; mais vous m'avouerez que sacrifier ainsi trente mille francs...

DERVILLE.

C'est moi qui les perds; c'est-à-dire moi et mes confrères: car notre part allait là.

FRANVAL.

Mais, vous qui parlez, monsieur, à ce train de vie-là, vous devez vous ruiner; car enfin, vous venez de faire là une mauvaise affaire.

DERVILLE.

C'est ce qui vous trompe; car je viens d'acquérir votre estime, votre amitié et votre clientelle.

FRANVAL.

Ma clientelle!

DERVILLE.

Oui, monsieur. Vous êtes négociant; vous avez des procès ou vous en aurez, de ces procès qu'on ne peut pas éviter; vous viendrez à moi, j'en suis sûr: vous me donnerez votre confiance, ou plutôt, tenez, je lis dans vos yeux; je l'ai déjà!

FRANVAL, lui donnant une poignée de main.

Oui, monsieur, vous l'avez; et j'aime mieux vous en croire vous-même que tous les rapports qu'on a pu me faire.

DERVILLE.

Vous avez raison: nous valons mieux que notre

réputation ; vous le verrez. Vous allez me donner le nom de quelques-uns de vos adversaires ; j'ai ce soir une espèce de petit bal : je vais les inviter. J'espère que vous me ferez aussi le plaisir d'accepter un verre de punch, et nous commencerons à entamer notre affaire.

FRANVAL.

Comment ! au milieu d'un bal ?

DERVILLE.

Je n'en fais jamais d'autre. Ce n'est pas dans le cabinet, c'est dans le salon qu'on traite les affaires. Vous croyez peut-être que c'est pour mon plaisir que je vais dans le monde ; du tout, c'est encore une spéculation. Le matin, où voulez-vous que je rencontre mes confrères ? pas un n'est chez lui ! tandis que le soir, allez à un écarté, ils y sont tous.

FRANVAL.

Je conçois. Mais vos conférences doivent vous revenir un peu cher, et j'ai entendu dire que votre goût pour la dépense, pour la société...

DERVILLE.

Ne blâmez pas cet usage-là. L'homme d'affaires dans son cabinet est dur, intraitable, intéressé : c'est l'habitude du monde, c'est la société des femmes qui le rendent plus doux, plus aimable, plus généreux. Les femmes, monsieur, ont sur nous une influence... tenez, les jours où je dois voir celle que j'aime, il me semble que je suis meilleur, que je suis plus conciliant : j'arrangerais les affaires de tous mes cliens.

FRANVAL.

J'entends : elle vient ce soir.

DERVILLE.

Vous l'avez dit, monsieur; et vous la verrez; vous verrez comme mon Elise est jolie! je suis sûr qu'elle vous plaira.

FRANVAL.

Ah çà, qu'elle n'aille pas vous faire oublier mon affaire.

DERVILLE.

Soyez tranquille : le devoir d'abord, et le plaisir après.

FRANVAL.

Touchez là, monsieur l'avoué; vous êtes un aimable jeune homme! et comme vous disiez tout à l'heure, je commence à croire que vous avez fait une bonne spéculation.

SCÈNE XVI.

Les précédens ; JOLIVET.

JOLIVET, avec une liasse de papiers.

Enfin, voilà! ce n'est pas sans peine; on m'a donné toutes les pièces.

DERVILLE.

Je vous remercie; mettez-les là, mon maître-clerc les parcourra.

FRANVAL.

Comment, votre maître-clerc! est-ce que ce n'est pas monsieur?

DERVILLE.

Non : c'est l'ancien procureur à qui appartenait cette étude, celui qui me l'a vendue, et à qui je la dois.

FRANVAL.

Ah! vous la lui devez! je comprends maintenant les éloges. (A part.) Un procureur de l'âge d'or.

JOLIVET, à Derville.

Et pourquoi ne pas examiner tout de suite?

DERVILLE.

Ce serait inutile : j'espère entrer en arrangement.

JOLIVET.

En arrangement!... une cause superbe, dont le succès est immanquable!

DERVILLE.

Oui ; mais j'ai expliqué à monsieur...

JOLIVET.

Il n'y a pas d'explications ; et vous devez même, dans l'intérêt de votre client, le forcer à plaider. Oui, monsieur, vous plaiderez, ou vous êtes déshonoré!

FRANVAL.

Eh mais, monsieur, je ne me suis pas encore prononcé ; je ne dis pas que je ne plaiderai pas. (A Derville.) Ne fût-ce que pour avoir le plaisir d'entretenir votre connaissance, et d'aller souvent au bal.

DERVILLE.

Allons donc, vous plaiderez...

FRANVAL.

Non, monsieur ; mais je veux au moins que vous examiniez mon affaire, et alors, si elle vous semble douteuse...

SCÈNE XVI.

JOLIVET.

Douteuse... douteuse... Monsieur, dès qu'il y a doute, on plaide; et même quand il n'y en a pas, il faut encore voir.

DERVILLE.

Puisque vous le voulez absolument, je ne puis vous refuser cette satisfaction. Voyons les pièces, d'abord le testament. (Ils s'asseyent tous les trois.)

DERVILLE, lisant.

« Aux États-Unis, etc., Pardevant, etc., est com-
« paru Louis-Charles de Menneville, comte de Dur-
« fort... »

JOLIVET.

Qu'est-ce que vous dites donc là?

DERVILLE.

« Qui donne et cède, par ces présentes, à son ne-
« veu Émmanuel de Durfort, »

JOLIVET.

Je n'ai pas une goutte de sang dans les veines!

DERVILLE, regardant Jolivet.

« *Le domaine de Villiers...* » Mais je connais cela!

JOLIVET, se levant furieux.

L'acte est faux!

DERVILLE.

Comment! ce serait...

JOLIVET.

Oui, oui; mais vous ne plaiderez pas : il y a prescription; et d'ailleurs, je l'ai bien et légitimement payé de mes propres deniers.

FRANVAL.

Eh, mon dieu! qu'est-ce que ça veut dire?

DERVILLE.

Que monsieur est l'acquéreur du domaine... et comme tel, votre adverse partie.

FRANVAL.

Comment, cet ancien procureur à qui vous devez votre charge?

JOLIVET.

Oui, monsieur. Mais c'est une horreur! une infamie, d'oser élever de pareilles réclamations!

FRANVAL.

Une cause superbe! disiez-vous.

JOLIVET.

Elle est pitoyable!... On ne peut pas dépouiller un acquéreur qui est de bonne foi; et je l'étais : car j'ignorais complètement... Je le disais encore ce matin à monsieur... Et s'il entend vos intérêts, il doit vous empêcher de plaider.

FRANVAL.

Je serais déshonoré!

DERVILLE.

Mais, messieurs...

JOLIVET.

Oui... daignez lui expliquer...

FRANVAL.

Il n'y a pas d'explications; (à Derville.) et dans l'intérêt de votre client (à ce que monsieur disait tout à l'heure), vous devez l'obliger à plaider.

DERVILLE.

C'est en évitant une procédure ruineuse que je croyais prendre vos intérêts; mais ce que vous venez de me dire suffit. Et puisque vous le voulez, je me chargerai de l'affaire.

JOLIVET.

Il ne s'en avisera pas, ou morbleu, dès demain j'exige le paiement de ma charge, et je le ruine.

DERVILLE.

Monsieur, de semblables menaces ne m'arrêteront pas.

JOLIVET.

Non... Eh bien, morbleu! nous verrons... Et songe que si tu fais une seule signification dans cette affaire-là, tu peux renoncer à la main d'Élise de Franval.

FRANVAL.

Que voulez-vous dire?

DERVILLE, froidement.

Rien, rien, monsieur; ce sont des considérations particulières qui ne m'empêcheront pas de plaider. Vous avez ma parole.

JOLIVET.

Eh bien! comme subrogé-tuteur d'Élise, demain je la marie à un autre.

FRANVAL.

Et moi, comme son tuteur, je la lui donne aujourd'hui même.

JOLIVET.

Grands dieux! son tuteur! Quoi! vous seriez...

FRANVAL.

Franval, banquier de Hambourg.

DERVILLE, stupéfait.

Monsieur Franval!

L'INTÉRIEUR DE L'ÉTUDE.

FRANVAL, à Derville.

Lui-même, qui voulait te connaître, et qui est content de son épreuve. Oui, monsieur Jolivet, je lui donne en mariage ma nièce et cent mille écus; ça vous convient-il, et croyez-vous que cela puisse payer votre charge?

JOLIVET.

Certainement, monsieur.

FRANVAL.

Et quant au procès que nous avons ensemble, et auquel sans vous je n'aurais jamais pensé, nous l'arrangerons comme vous voudrez; ça vous convient-il?

JOLIVET.

Monsieur... il faut que ce soit vous, car c'est le premier de ma vie que j'aie arrangé.

SCENE XVII.

Les précédens; DUBELAIR, les clercs, ROSE.

CHOEUR.

DUBELAIR ET LES CLERCS.

Air: Sortez à l'instant, sortez.

Je viens de tout terminer :
Rien ne vaut un déjeûner.
 Le greffier
 Et l'huissier
S'y trouvaient tous
 Avec nous,
Quand le dessert a paru,
Tout était déjà conclu;
 C'est charmant,
 A présent,
On travaille en déjeûnant.

SCÈNE XVIII.

Les mêmes, PIEDLÉGER.

Suite de l'air.

Quel plaisir! quelle ivresse !
On vient d'accepter ma pièce.
 Une estime
 Unanime
A dicté leur choix.
De ce comité de sages,
J'ai les deux tiers des suffrages,
 Et pourtant je crois
 Qu'ils étaient au moins trois.

TOUS.

Oui : mais c'est bien entendu,
Par un travail assidu,
Mes amis (*bis*), rattrapons le temps perdu.
Oui, c'est un point arrêté,
Ici plus d'oisiveté,
Redoublons (*bis*) de zèle et d'activité.

DERVILLE.

Non, messieurs ; je donne congé, vu que je me marie.

FRANVAL.

Oui, messieurs, et la semaine prochaine j'invite toute l'étude à la noce; je ne serai pas fâché de les faire danser ; ils sont si gentils!

TOUS.

Comment, notre avoué se marie! Nous serons garçons de la noce.

PIEDLÉGER.

Et moi je me charge de la chanson, et ce ne sera pas long; j'ai déjà dans mon vaudeville deux couplets qui pourront servir.

VAUDEVILLE.

Air de M. Blanchard.

AUGUSTE.

Nous voilà tous d'accord, je pense.
Vous voyez bien qu'on peut unir
La jeunesse et l'expérience,
Les affaires et le plaisir.

(Jolivet et Derville se donnent la main.)

Dieu! quel rapprochement sublime!
Sur mon honneur il fait tableau.
On croirait voir l'ancien régime
Qui donne la main au nouveau!

FRANVAL.

Voyez cette femme charmante
A côté de son vieil époux;
Comme elle a l'air vive et brillante!
Comme il a l'air sombre et jaloux!
D'un ornement illégitime,
S'il redoute, hélas! le fardeau,
C'est qu'il est de l'ancien régime
Et que sa femme est du nouveau!

ROSE.

Au temps présent, loin d' faire grace,
Que d' mond' contre lui courroucé!
Jusqu'au marchand de vin en face,
Qui n' vante que le temps passé.
Comme cabar'tier, il n'estime
Que Bancelin, que Ramponneau;
Tout est chez lui d' l'ancien régime,
Hormis son vin, qu'est du nouveau!

SCÈNE XVIII.

DERVILLE.

Quoi qu'en dise maint Héraclite,
Tout n'est pas si mal, dieu merci !
Nos pères avaient leur mérite,
Nous avons bien le nôtre aussi.
Avec leur gloire, que j'estime,
La nôtre est au moins de niveau ;
Oui, respectons l'ancien régime,
Mais n'outrageons pas le nouveau !

PIEDLÉGER, au public.

Nous voudrions, je vous le jure,
Pouvoir vous donner sans façon
Quelques couplets de la facture
De Piron, Panard ou Laujon.
Où trouver leur verve sublime ?
Ces vieux chansonniers du Caveau
Étaient tous de l'ancien régime,
Nous ne sommes que du nouveau.

FIN DE L'INTÉRIEUR DE L'ÉTUDE.

LES
DEUX PRÉCEPTEURS,

OU

ASINUS ASINUM FRICAT.

COMÉDIE EN UN ACTE, MÊLÉE DE COUPLETS;

Représentée, pour la première fois, à Paris, sur le théâtre des Variétés, le 19 juin 1817.

EN SOCIÉTÉ AVEC M. MOREAU.

PERSONNAGES.

M. ROBERVILLE, riche propriétaire.
CHARLES, son fils.
CINGLANT, maître d'école.
LEDRU.
JEANNETTE, jardinière du château, nièce de Cinglant.
ÉLISE, cousine de Charles.
ANTOINE, domestique.
VILLAGEOIS, VILLAGEOISES.

La scène se passe dans un château de la Brie.

Le théâtre représente un jardin ; à gauche, un pavillon ; à droite, une charmille et un petit mur.

LEDRU

JE TIENS A CE QUE MON ÉLÈVE SOIT TENU PROPREMENT.

Les deux Précepteurs, Scène XV

LES DEUX PRÉCEPTEURS.

SCÈNE PREMIÈRE.

JEANNETTE, SEULE, ASSISE ET TRAVAILLANT ; ELISE, S'AVANÇANT SUR LA POINTE DU PIED, LE LONG DE LA CHARMILLE.

ÉLISE.

Jeannette ! mon oncle est-il là ?

JEANNETTE.

Comment ? c'est déjà vous, mademoiselle Élise ; voilà à peine dix minutes que vous êtes enfermée dans votre chambre.

ÉLISE.

Dix minutes ! il y a au moins une heure que je touche du piano. Écoute donc, on a besoin de repos ; on ne peut pas toujours travailler.

JEANNETTE, quittant son ouvrage.

C'est drôle, malgré ça.

ÉLISE.

Comment ! c'est drôle ?

JEANNETTE.

Oui ; d'puis que monsieur Charles, votre cousin, est venu de Paris, où il avait été pour s'instruire dans son éducation qui est encore à faire, on ne se reconnaît plus au château ; votre oncle lui-même, qui était toujours enfoncé dans ses comptes d'arithmétique, ne fait plus que guetter son fils pour l'empêcher de vous voir; si bien qu'il est toute la journée à fermer sa porte, et lui à passer par la fenêtre.

Air du vaudeville de Ninon.

Mais je vois bien qu'il a beau faire,
Tous ses calculs sont en défaut;
En bas, s'il vous tient prisonnière,
Il a soin d' l'enfermer là-haut!
C'est en vain qu'il murait la f'nêtre,
Que d' grill' il nous f'rait entourer :
On dit qu' l'Amour est un p'tit traître
Qui trouv' partout moyen d'entrer!

SCENE II.

Les précédens, CHARLES, paraissant sur le haut du mur a droite.

CHARLES.

Élise! Élise! c'est moi!

JEANNETTE, l'apercevant.

Qu'est-ce que je disais? Eh bien! v'là des deux côtés des leçons bien apprises.

CHARLES.

Écoute donc, Jeannette, pourquoi mon père veut-il faire de moi un savant?

ÉLISE.

Sans doute; Charles a étudié assez long-temps.

CHARLES.

J'ai dix-sept ans passés, que veut-on que j'apprenne encore?

SCÈNE II.

Air du vaudeville de la Robe et les Bottes.

Je sais qu'Élise est bien jolie,
Que son cœur se peint dans ses yeux;
Je sais que sa vive folie
Cache les dons les plus heureux;
Je sais qu'aussi bonne que belle,
Ma cousine m'aime... et je sais
Que je n'aimerai qu'elle.

ÉLISE.

Mon cousin en sait bien assez.

JEANNETTE.

C'est ce que j'entends dire à tout le monde, jusqu'à mon oncle le maître d'école, qui s'y connaît, j'espère, et qui disait l'autre jour à votre père, vous savez bien avec son geste : (*Frappant le revers de sa main gauche avec la paume de la main droite.*) « J'ai bien peur qu'il n'en sache « trop long. »

CHARLES, à Elise.

Tu l'entends, j'en sais trop long; ainsi, bonsoir à tous les livres; il faut se divertir, il n'y a que cela d'amusant : d'ailleurs, on ne peut pas travailler quand on est amoureux.

ÉLISE.

Mais quand on est marié, quelle différence!

CHARLES.

On étudie ensemble.

ÉLISE.

On s'encourage mutuellement.

CHARLES.

Tu ne connais pas ça, toi, Jeannette : ah! si tu avais aimé!

JEANNETTE.

Allez, allez, j'ai passé par là.

CHARLES.

Comment?

JEANNETTE.

Pardi! est-ce que je travaille plus que vous, donc? V'là trois semaines que je suis après ce tablier-là, regardez où il en est; et tout ça, c'est depuis ce voyage que j'ai fait avec votre tante.

Air: Celui qui sut toucher mon cœur.

Oui, les garçons de ce pays
N'osaient r'garder une fillette;
A Paris, ils sont plus polis
Que les garçons de ce pays.
    Voilà comment
J'ai su que j'étais gentillette;
    Voilà comment
L'on apprend en voyageant.

Mais les garçons de ce pays,
S'ils aim', aiment toujours leurs belles :
Hélas! ils n'ont pas à Paris
Même défaut qu'en ce pays!
    Voilà comment
Je sais qu'il est des infidèles;
    Voilà comment
L'on apprend en voyageant.

ÉLISE.

Comment! tu ne nous as pas conté cela! Était-il jeune? était-il aimable?

JEANNETTE.

Ah dam'! ça n'était pas comme nos paysans; il avait un habit doré.

CHARLES.

Un habit doré?

JEANNETTE.

Et un chapeau tout de même.

SCÈNE II.

CHARLES.

Ah! j'entends: c'était un valet de chambre, ou quelque chose d'approchant.

JEANNETTE.

Oui; mais il devait faire fortune. Il disait que son maître, qui avait un hôtel rue du Helder, avait commencé comme lui, et qu'il ne fallait désespérer de rien.

CHARLES.

Eh bien!

JEANNETTE.

Eh bien!.... C'est alors que mon oncle vint à Paris pour chercher son diplôme de chef d'école primaire; il me ramena ici avec lui, sans que j'aie pu dire adieu à personne (regardant son ouvrage), et v'là six mois que je ne fais plus que de gros soupirs.

CHARLES.

Cette pauvre petite Jeannette! Va, je te promets, moi, de prendre des informations; et dès que nous serons mariés, tu verras.... Mais il faut que je vous fasse part d'une idée que j'ai. (A voix basse.) Il se trame ici quelque chose contre nous.

JEANNETTE.

Ah! mon dieu!

CHARLES.

Mon père est depuis quelque temps en grande conférence avec le maître d'école.

ÉLISE.

Pourtant, ils ont l'air de moins surveiller nos démarches.

JEANNETTE.

C'est une frime.

ÉLISE.

On aura peut-être quelques soupçons sur le petit bal que nous devons donner ce soir.

JEANNETTE.

Non, non, monsieur va toujours dîner en ville; car il a demandé les chevaux pour quatre heures: il y a quelque autre manigance.

CHARLES.

Eh bien! formons une ligue offensive et défensive, et nous verrons si à nous trois nous n'avons pas autant d'esprit qu'eux.

Air du branle sans fin.

A nous seuls ayons recours,
Ne nous laissons point abattre;
Le succès attend toujours
La jeunesse et les amours.

JEANNETTE.

J'vais tout guetter comme il faut;
Ruser, pour nous c'est combattre!
Et que j'entende un seul mot,
J' promets d'en deviner quatre.

TOUS.

A nous seuls ayons recours, etc.

CHARLES.

Et surtout, quoi qu'il arrive, n'ayons pas peur, e tenons-nous ferme... Ah, mon dieu, c'est mon père

(Élise et Jeannette se sauvent.)

SCÈNE III.

CHARLES, M. DE ROBERVILLE, retenant Charles par le bras.

ROBERVILLE.

Restez, restez, monsieur; voilà donc comme vous vous livrez à l'étude! Croyez-vous que c'est ainsi que j'ai fait ma fortune, et que je sois devenu un des premiers propriétaires de la Brie?

Air du vaudeville de Gusman d'Alfarache.

Demeurer au septième étage,
Ne sortir qu'une fois par mois,
Lire et prier... c'était l'usage
De la jeunesse d'autrefois!
Prenant ses goûts pour des oracles,
Traitant son maître de pédant,
Et faisant son droit aux spectacles,
Telle est la jeunesse à présent!

CHARLES.

Même air.

Ainsi que vous je rends hommage
A la jeunesse d'autrefois :
Mais permettez que, de notre âge,
J'ose ici défendre les droits.
Nourrie au sein de la victoire,
Pour son pays prête à donner son sang,
Aimant les beaux arts et la gloire,
Telle est la jeunesse à présent!

ROBERVILLE.

Je vous préviens, monsieur, que je ne me laisserai pas séduire par vos belles paroles; j'ai pris un parti, et vous apprendrez mes résolutions.

CHARLES.

Comment, mon père ; eh ! pourquoi pas tout de suite ?

ROBERVILLE.

Oh ! rassurez-vous, cela ne tardera pas ; et j'espère qu'aujourd'hui même... Jusque-là, vous avez congé.

CHARLES, à part.

Quand je disais qu'il se tramait quelque chose. Allons retrouver ma cousine, et détachons-leur Jeannette.

(Il sort.)

SCÈNE IV.

ROBERVILLE, CINGLANT.

CINGLANT, à la cantonnade.

Voyez si je trouverai cette petite fille !
(A Roberville.) Pardon, je cherchais ma nièce Jeannette.

ROBERVILLE.

C'est vous, monsieur Cinglant ; est-ce que votre école est déjà fermée ?

CINGLANT.

Oui ; (Faisant le geste indiqué.) j'ai expédié tout cela promptement. Et notre affaire, où en est-elle ?

ROBERVILLE.

Ma foi, je me suis décidé à suivre vos conseils.

CINGLANT.

Il n'y a que ça : la sévérité, la sévérité. Moi, d'a-

---

1 Dans tout le cours de ce rôle, l'acteur doit affecter le tic indiqué par Jeannette, dans la saène II, frapper continuellement d'une main sur le dos de l'autre.

bord, dans mon école primaire, je ne connais pas d'autre système d'éducation. Tel que vous me voyez, j'ai été, pendant quinze ans, correcteur à Mazarin, et j'ose dire qu'on pouvait reconnaître ceux qui avaient passé par mes mains.

Air : Sans mentir.

J'en eus le bras en écharpe,
Tant parfois je frappais fort;
J'ai soigné monsieur Laharpe,
J'ai formé monsieur Champfort :
J'eus maintefois l'avantage
De leur donner sur les doigts;
Leurs talens sont mon ouvrage...
Mais maintenant, je le vois,
Ça n'va plus (*bis*) comme autrefois.

N'est-il pas bien ridicule
Qu'oubliant le décorum,
On échappe à la férule,
On déchire nos pensum?
Mais calmons notre colère,
Tout n'est pas perdu, je crois;
Et sur la gent écolière,
Reprenant nos anciens droits,
Ça r'viendra (*bis*) comme autrefois.

Par malheur, votre fils est maintenant trop grand pour qu'on puisse... l'enfermer.

ROBERVILLE.

C'est ce que je vois.

CINGLANT.

Il lui faut alors, comme je vous l'ai dit, un bon gouverneur bien rigide, qui le surveille sans cesse, qui même pour cela habite au château.

ROBERVILLE.

Sans doute.

CINGLANT.

Qui dîne tous les jours à votre table.

ROBERVILLE.

C'est ce que je me suis dit. Je donne en outre mille écus, et je ne peux pas faire moins pour un homme de mérite, un professeur de l'Athénée !

CINGLANT, stupéfait.

Comment donc ? ce n'est pas...

ROBERVILLE.

Il arrive aujourd'hui même de Paris; vous voyez que je n'ai pas perdu de temps, depuis que vous m'avez donné cette idée, car c'est à vous que je la dois. Aussi, je ne l'oublierai pas; et vous et votre nièce pourrez toujours compter sur moi. Adieu, mon cher Cinglant.

CINGLANT.

Monsieur... certainement... mon zèle...

SCENE V.

CINGLANT, JEANNETTE.

CINGLANT.

Ah, morbleu ! j'étouffe de colère !

JEANNETTE, accourant.

Mon oncle ! mon oncle ! qu'est-ce que vous a donc dit M. Roberville ?

CINGLANT.

Il m'a dit... il m'a dit... Que je suis furieux ! aussi

SCÈNE V.

à l'école chacun s'en ressentira... N'est-ce pas une horreur! la table, le logement et mille écus? quand bon an, mal an, mon école primaire ne me rapporte pas trois cents livres... Ah! on verra...

JEANNETTE.

Mais mon oncle...

CINGLANT.

Taisez-vous, mademoiselle; vous êtes bien heureuse qu'il n'y ait pas dans le village une école de petites filles.

JEANNETTE.

Mais je vous demande ce que vous avez.

CINGLANT.

Air du vaudeville de Haine aux hommes.

Il s'en r'pentira bientôt.
C'est une horreur! une infamie!
On verra si je suis un sot.

JEANNETTE.

Qu'a-t-il donc fait, je vous en prie?

CINGLANT.

Corbleu! ce qu'il a fait? Il va
Faire exprès venir de la ville
Quelque pédant, quelque imbécille...
Comme si je n'étais pas là!

JEANNETTE.

C'est vrai, c'est une injustice.

CINGLANT.

Mais on le verra, ce gouverneur!... D'ailleurs, M. Charles ne pourra pas le souffrir, et m'aidera à le mettre à la porte. Nous serons tous contre lui, n'est-ce pas, Jeannette?

JEANNETTE.

Allons, encore une conspiration.

CINGLANT.

Avertis-moi seulement dès qu'arrivera ce petit phénomène.

SCENE VI.

JEANNETTE, SEULE.

Soyez tranquille. Mais, voyez donc, qu'est-ce qui se serait attendu à cela! Un philomène! Ah, mon dieu! M. Charles avait bien raison de craindre quelque malheur!... Mais, qu'est-ce que j'entends donc là?

SCENE VII.

JEANNETTE, LEDRU.

LEDRU, parlant à la cantonnade.

Non, je vous remercie, je n'ai point de malle ni de valise; je n'aime point à me charger en voyage... Est-ce qu'il n'y a personne pour m'annoncer?

JEANNETTE.

Tiens! quel est ce monsieur-là?

LEDRU, d'un air préoccupé, sans regarder Jeannette.

Mademoiselle, voulez-vous avoir la bonté de prévenir votre maître qu'un savant distingué, qu'il attend aujourd'hui...

JEANNETTE, le regardant attentivement.

Ah, mon dieu!... Eh! mais, c'est lui!

LEDRU.

C'est lui... il n'y a pas de doute, dès que je vous le dis. Annoncez le gouverneur de son fils !

JEANNETTE, troublée, et continuant à le regarder.

Le gouverneur !... Eh ! mais... cependant... pardon, monsieur... c'est que je croyais... je pensais... je vais lui dire que vous êtes là, et que... quelquefois... il y a des rencontres... et des ressemblances... Ah, mon dieu ! que c'est étonnant !

(Elle sort.)

SCENE VIII.

LEDRU, SEUL.

Qu'est-ce qu'elle a donc, cette petite fille ? je ne l'ai pas trop regardée; mais il semble qu'elle ait l'air tout étonné de voir un homme comme moi. Allons, Ledru, de l'effronterie ! j'ai fait de tout dans ma vie, je ferai bien le savant... D'ailleurs, j'ai les premières notions : je possède, je puis le dire, une certaine littérature d'antichambre, quand ce ne serait que les romans que je lisais autour du poêle, lorsque j'étais laquais; et puis n'ai-je pas été pendant quelques mois au service d'un professeur de l'Athénée et d'un journaliste ? ça vous rompt bien au métier. Ne perdons point de temps, et récapitulons :

(Tirant un porte-feuille et quelques papiers de la poche de son habit.)

1° Mon maître avait accepté de M. Roberville la place de gouverneur de ses enfans, quelques petits marmots qu'on mènera comme on voudra.

2° La table, le logement, et mille écus d'appointemens ; n'oublions point cela.

Mon maître tombe malade, écrit une seconde lettre pour se dégager; c'est moi qui dois la mettre à la poste : au lieu de ça, je la mets dans ma poche; je demande mon compte, et j'arrive ici à sa place en qualité de gouverneur. Il me semble déjà que c'est assez hardi de conception, et pour le reste, je suis sûr que je ne m'en tirerai pas plus mal que beaucoup d'autres. D'abord j'ai une excellente poitrine, et en fait de dissertation, crier fort et long-temps, voilà tout ce qu'il faut. Mais on vient; c'est sans doute le père. Tenons-nous ferme, et jouons serré !

SCENE IX.

LEDRU, ROBERVILLE.

ROBERVILLE.

Où est-il donc ce cher M. Saint-Ange ? quel bonheur pour moi de posséder un illustre tel que vous !

LEDRU.

Monsieur...

ROBERVILLE.

J'aime beaucoup les savans, quoique je ne le sois guère.

LEDRU.

Monsieur, ça vous plaît à dire.

ROBERVILLE.

Non, je me connais.

SCÈNE IX.

Air : Un homme pour faire un tableau.

J'ai fréquenté jusqu'à présent
La Bourse plus que le Parnasse ;
Mais je sais payer le talent...

LEDRU.

Ah ! que ne suis-je à votre place !
Le talent a de quoi flatter ;
Mais j'aimerais mieux, à tout prendre,
Être en état d'en acheter
Que de me voir forcé d'en vendre.

ROBERVILLE.

Monsieur, je suis sûr que vous nous en donnerez pour notre argent, et que, grace à vous, mon fils va devenir...

LEDRU.

Vous pouvez être sûr que je le servirai... qu'est-ce que je dis donc ? que je l'instruirai... à ma manière. Enfin je lui apprendrai tout ce que je sais, et ça ne sera pas long ; mais je suis impatient de voir le petit bon homme.

ROBERVILLE.

Mais il n'est pas si jeune ! je ne vous ai pas dit qu'il avait dix-sept à dix-huit ans.

LEDRU.

Ah ! diable ! j'aurais mieux aimé le commencer. Il faudra presque qu'il oublie ce qu'il a appris, pour que nous soyons au pair, et que nous puissions nous entendre.

ROBERVILLE.

Je vous ai écrit que c'était un jeune nourrisson des muses.

LEDRU.

J'entends bien; mais je comptais sur un nourrisson de trois ou quatre ans.

ROBERVILLE.

Comment donc? il sait le latin.

LEDRU.

Ah! il sait le latin! Alors il n'est pas nécessaire que je lui en parle. C'est toujours ça de moins.

ROBERVILLE.

Les mathématiques.

LEDRU.

Les mathématiques? Alors il faudrait avoir la complaisance de m'apprendre ce que vous voulez que je lui montre.

ROBERVILLE.

Mais, j'entends par là perfectionner son éducation.

LEDRU.

Oui : ce que nous appelons le dernier coup de serviette.

ROBERVILLE.

Non, ce n'est pas ça que je veux vous dire : j'entends son caractère.

LEDRU.

J'y suis : qu'il soit poli avec les domestiques; qu'il ne jure point après eux.

ROBERVILLE.

Oui, c'est fort bien, sans doute; mais ce n'est pas là l'essentiel.

LEDRU.

Si fait, si fait; nous autres nous jugeons un homme là-dessus.

SCÈNE IX. 413

ROBERVILLE.

A la bonne heure ; mais il est bon de vous apprendre que mon fils est amoureux, et de sa cousine encore. Ce n'est pas que dans quelque temps je ne veuille les unir ; mais vous entendez bien que jusque-là...

LEDRU.

Comment, si j'entends ; et les mœurs donc !

ROBERVILLE.

A merveille ! Voilà le gouverneur qu'il me fallait. Nous avons ici le chef de l'école primaire, M. Cinglant, auquel je veux vous présenter. C'est celui-là qui sait le latin ! et vous allez en découdre ; ce sera charmant !

LEDRU, à part.

Ah, diable ! je me passerais bien de la présentation. (Haut.) C'est que... la fatigue du voyage... je ne serais pas fâché de me reposer.

ROBERVILLE.

Que ne parliez-vous ? on va vous indiquer...

(Il tire une sonnette qui tient au pavillon. Au bruit, Ledru se retourne vivement.)

LEDRU.

On y va !

ROBERVILLE, étonné.

Comment !

LEDRU.

Je voulais dire : Je crois qu'on y va, car voici justement quelqu'un.

ROBERVILLE, à Jeannette qui arrive.

Montrez à M. Saint-Ange l'appartement du second. Je vais prévenir mon fils de votre arrivée. (A part.) Je suis enchanté de notre précepteur !

SCENE X.

LEDRU, JEANNETTE.

JEANNETTE, tenant des clefs à la main, et regardant Ledru.

Monsieur Saint-Ange... je n'en reviens pas!

LEDRU, à part.

Le maître d'école m'inquiète bien un peu; mais le papa n'est pas fort; et comme personne ici ne me connaît...

JEANNETTE.

Oh! je n'y tiens plus! et ma foi, à tout hasard... (Elle s'éloigne un peu, et appelle à haute voix.) Jasmin!

LEDRU, se retournant vivement.

Qu'est-ce qu'appelle? (Se reprenant à part.) Allons, encore! où ai-je donc la tête aujourd'hui?

JEANNETTE.

C'est lui, j'en étions sûre!

LEDRU, la regardant.

Eh! mais, c'est cette petite qui il y a six mois... Paris... Aïe, quelle gaucherie à moi! (Reprenant de l'assurance.) Eh bien! qu'est-ce, mon enfant? voulez-vo m'indiquer cet appartement?

JEANNETTE.

Comment, monsieur Jasmin, vous ne voulez p me reconnaître?... Quand vous étiez laquais, rue Helder...

LEDRU.

Ah, mon dieu! elle va me compromettre!

SCÈNE X.

JEANNETTE, pleurant.

Vous m'aviez bien dit que vous feriez fortune; mais ça devait être pour la partager avec moi. Ah! ah! ah!

LEDRU.

Allons, si elle se met à pleurer comme ça, il n'y a pas de raison pour que ça finisse. Jeannette, vous êtes dans l'erreur, je ne suis pas ce que vous croyez; vous me confondez avec quelque mauvais sujet.

JEANNETTE.

Ah! que c'est bien vous! je vous reconnaissons bien; allez, je ne sommes pas comme vous.

Air de Lisbeth.

Se peut-il que l'ambition,
Monsieur Jasmin, ainsi vous tienne?
D'un jeune homm' de condition,
Vous v'nez fair' l'éducation,
Quand vous n' deviez fair' que la mienne :
L'peu q'vous m'aviez appris déjà
N'est pas sorti de ma pensée :
La l'çon d'vait-elle en rester là?
Vous l'aviez si bien commencée.

Mais depuis que vous êtes gouverneur, vous m'avez oubliée; et vous ne voulez pas que je soyons gouvernante!

LEDRU.

Qu'est-ce qui se serait attendu à ça? Ce sont toujours les femmes qui m'ont perdu; elles m'empêcheront de faire mon chemin. Dès que je veux me lancer au salon, je rencontre toujours des connaissances d'antichambre!

JEANNETTE.

Mais, allez, c'est affreux! tout le monde saura votre perfidie!

LEDRU.

Ah, mon dieu! si l'on venait... Jeannette, vous me faites expier bien chèrement les erreurs d'une jeunesse orageuse! Mais songez que votre intérêt... le mien... parce que vous sentez que le gouverneur n'étant pas Jasmin... et Jasmin... d'un autre côté... mais croyez que mon cœur... (Jeannette continue toujours à pleurer.) Eh bien! m'y voilà, m'y voilà; je suis à vos genoux!

JEANNETTE.

A la bonne heure, au moins! là, je vous reconnais. Vous ne m'avez donc pas oubliée?

SCÈNE XI.

Les précédens; ROBERVILLE.

ROBERVILLE, apercevant Ledru aux pieds de Jeannette.

Qu'est-ce que je vois là?

(Jeannette pousse un cri et s'enfuit en laissant tomber ses clefs.)

LEDRU.

Grands dieux! c'est le papa! (Haut.) Je suis sûr que vous avez cru que j'étais à ses genoux; non, vous l'avez cru.

ROBERVILLE.

Parbleu! vous y êtes encore.

LEDRU, se relevant.

Le fait est que ça en a l'air; mais c'est pure

SCÈNE XI. 417

galanterie: ce sont ces clefs que je ramassais, assez gauchement, il est vrai, mais qu'importe?

ROBERVILLE.

Ah! vous êtes galant, monsieur le professeur.

LEDRU.

Comment, si je suis galant?

ROBERVILLE.

Et cette sévérité de mœurs dont vous me parliez?

LEDRU.

La galanterie n'exclut pas les mœurs. (A part.) Faisons-lui du romantique ou je ne m'en tirerai jamais.

Air : Femmes, voulez-vous éprouver.

Des Grâces le secours heureux
Ne saurait nuire à mon élève ;
Tel un arbuste vigoureux,
Quoique émondé, garde sa sève.
C'est la fleur, enfant des Plaisirs,
Qui s'embellit par la culture,
Et que balancent les Zéphyrs
Sur les genoux de la Nature.

ROBERVILLE, avec conviction.

Au fait...

LEDRU.

Et beaucoup d'autres considérations que je vous ferais valoir, mais auxquelles peut-être personne ici ne comprendrait rien.

ROBERVILLE.

Dam, je ne suis pas de votre force!

LEDRU.

Ça doit être. Vous ne pouvez pas avoir autant d'esprit que moi, puisque c'est vous qui me payez; c'est une règle générale.

ROBERVILLE.

C'est juste.

LEDRU.

Autrement, ce serait moi qui serais obligé de vous donner mille écus, ce qui, pour le moment, me gênerait un peu.

ROBERVILLE.

Je venais vous annoncer l'arrivée de M. Cinglant, le chef de l'école primaire dont je vous ai parlé; mais le voici lui-même. Souffrez que j'aie l'honneur de vous le présenter.

SCÈNE XII.

Les précédens; CINGLANT, CHARLES.

LEDRU, saluant.

Monsieur, enchanté de faire votre connaissance.

CINGLANT, saluant.

Monsieur... certainement... il n'y a pas de quoi... Maudit professeur!... si je pouvais te faire déguerpir!...

ROBERVILLE.

Je vous présente en même temps mon fils, votre nouvel élève.

LEDRU.

Ah! c'est là lui?

SCÈNE XII.

CHARLES, à part, regardant Ledru.

Allons, Jeannette a raison, il a une tournure assez originale.

LEDRU, à Charles.

Jeune homme! vous allez avoir affaire à quelqu'un qui sait ce que c'est que les maîtres!

CINGLANT.

Je présume que monsieur est un partisan des nouvelles méthodes.

LEDRU.

Mais oui... moi, je les aime assez; et vous, monsieur?

CINGLANT.

Moi, monsieur, en fait de méthode, la mienne est connue, (Faisant le geste indiqué.) et je n'en ai point d'autre. Mais je serais curieux d'avoir le sentiment de monsieur sur la question qui, dans ce moment-ci, partage les savans. Monsieur est-il pour ou contre le système de Jean-Jacques?

LEDRU, à part.

Ah, diable! il paraît qu'il faut me prononcer. (Haut.) Monsieur, je suis pour; et au fait, pourquoi pas?

CINGLANT.

J'aurais dû m'en douter. Il n'appartient qu'à un jeune professeur de défendre une doctrine aussi pernicieuse et aussi nuisible.

LEDRU.

Pernicieuse... moi je ne vois pas... Pernicieuse.... Il faut distinguer...

CINGLANT.

Comment, monsieur?

CHARLES, à part.

Voilà une dissertation qui peut être curieuse!

LEDRU.

Que diable! entendons-nous; il ne s'agit pas ici de se disputer. Pernicieuse.... je le veux bien... je vous l'accorde... mais nuisible... non pas... Partageons ça par la moitié, c'est bien honnête... Lisez seulement le chapitre de... de son livre du... où il prouve que... et vous verrez après cela ce qui vous reste à dire!

CHARLES.

Au fait, il n'y a rien à répondre à cela.

CINGLANT.

Rien à répondre...

LEDRU.

Est-ce que vous ne vous rappelez pas le chapitre dont je vous parle? Allons, je vois que vous ne l'avez pas lu.

CINGLANT, fièrement.

Apprenez, monsieur, que je n'ai lu aucun de ces messieurs, et que je m'en fais gloire!

CHARLES, à part.

Voilà deux savans de la même force!

LEDRU, avec feu.

Vous n'avez pas lu ce sublime chapitre.... ce chapitre que j'ai là présent, comme si je l'avais sous les yeux. C'est celui où les autres croient le tenir, et lui disent: Ça, ça, ça, ça et ça... Alors il les reprend en sous-œuvre, et leur répond: Ah! vous prétendez que...

Et alors il leur prouve ça, ça, ça, ça et ça. Hein, comme c'est écrit! Je change peut-être quelque chose au texte, mais c'est le fond des idées.

CINGLANT.

Eh bien! c'est justement là que je vous arrête : c'est sur le paragraphe que vous venez de citer.

LEDRU.

Ah! vous m'attaquez sur le paragraphe!

ROBERVILLE.

De grace, modérez-vous!

LEDRU.

Non, laissez; je veux le pulvériser! et lui citer seulement cet autre... ce monsieur... là... son camarade... ce grand...

CHARLES.

C'est sans doute Voltaire.

LEDRU.

M. Voltaire, c'est cela. Si vous aviez passé comme moi sous le vestibule des Français, deux heures chaque soir, au pied de sa statue, vous pourriez vous vanter de connaître vos auteurs! et je soutiens qu'on doit le mettre entre les mains des enfans, même avant qu'ils sachent lire; ça ne peut pas faire de mal, après, je ne dis pas.

CINGLANT.

Je le nie; et je soutiens qu'il vaudrait mieux.....
(Faisant le geste indiqué.)

LEDRU.

Et les conséquences de votre système! vous ne les sentez pas, vous! Mais, dans ce moment-ci, ne sortons pas de la question, savoir : que vous avez tort, et que j'ai raison ; ce qu'il fallait démontrer, et ce que j'ai fait d'une manière vigoureuse !

ROBERVILLE.

Le fait est que voilà une discussion qui me paraît diablement savante ! Qu'en dis-tu, mon fils ?

CHARLES.

Je dis que vous avez raison : que c'est un grand homme ! un homme de mérite ! et que je ne m'attendais pas à rencontrer un pareil précepteur.

LEDRU, à part.

J'étais sûr que je les mettrais tous dedans !

CINGLANT, à part.

C'est un ignorant.

CHARLES.

Un ignorant ? comme vous y allez ! Je suis sûr que la moitié des personnes qui disputent sur ce sujet n'en savent pas autant que lui. Monsieur, je prendrai ma première leçon quand vous voudrez, tout de suite même.

ROBERVILLE.

C'est bien ; je vous laisse : je vais dîner en ville, au château voisin, et ne reviendrai que ce soir. Adieu, monsieur Saint-Ange ; je vous confie ma maison.

CINGLANT, à part.

Ma foi, tous ces savans-là, on devrait bien vous les... (Haut.) Je vous baise les mains !

LEDRU.

Je ne baise pas les vôtres.

(Cinglant et Roberville sortent par le fond.)

SCÈNE XIII.

LEDRU, CHARLES.

LEDRU.

Eh bien! ça a été mieux que je ne croyais; et mon élève surtout est un charmant jeune homme!

CHARLES, regardant dans le fond.

Bon! mon père s'éloigne; son cheval est prêt : et dans cinq minutes, nous serons les maîtres de la maison! (A Ledru.) Écoute ici.

LEDRU, regardant autour de lui.

Écoute ici! Ah çà, à qui donc parle-t-il?

CHARLES.

Parbleu! à toi, maraud!

LEDRU.

Ah çà, jeune homme, si vous vouliez modérer vos expressions; c'est un ton auquel je ne suis point habitué!

CHARLES.

Tu t'y remettras; Jeannette m'a tout dit.

LEDRU.

Comment, monsieur! que signifie..

CHARLES.

Je sais tout, je te le répète. J'avais d'abord dessein de t'assommer, mais j'ai changé d'idée. On me donnerait quelque faquin, autant te garder : ainsi, je consens à t'obéir, à condition que tu seras à mes ordres. Aussi bien, je crois me rappeler maintenant ta figure : je t'ai vu à Paris, chez Sainval, rue de Cérutti.

LEDRU.

Ce n'est pas moi.

CHARLES.

Un effronté coquin...

LEDRU.

Ce n'est pas moi.

CHARLES.

Qui, toute la journée, nous jouait du violon...

LEDRU.

C'est faux.

CHARLES.

C'est ce que je voulais dire, et qui nous écorchait les oreilles.

LEDRU, à part.

C'est juste! (Haut.) Ce n'est pas moi : je suis, j'ose le dire, le Démosthène du violon! J'étais né pour exceller dans les sciences et dans les arts ! Je sens ma vocation, on ne garotte pas le génie !

CHARLES.

Je ne t'empêche pas d'être un homme de génie! et pourvu que tu te conduises en garçon d'esprit, c'est tout ce qu'il nous faut. Mon père doit être parti maintenant, et en son absence, nous voulons donner bal au château : c'est la fête du village.

LEDRU.

Mais, monsieur...

CHARLES.

Écoute donc, tu es mon gouverneur ; c'est à toi à t'arranger pour qu'il n'en sache rien. Mais j'oublie que j'ai des invitations à faire dans le village. Tiens, bats-moi un peu mon habit; je cours mettre ma cravate.

LEDRU.

Mais, monsieur, est-il décent que votre gouverneur... un professeur distingué...

CHARLES, lui jetant son habit en entrant dans le pavillon.

Allons, fais ce que je te dis !

SCENE XIV.

LEDRU, seul, brossant l'habit.

Voilà ce qui s'appelle ne pas avoir la moindre idée des convenances ! et il faudra que je lui donne des leçons là-dessus. Mais lui parler dans ce moment-ci...

(Mettant l'habit sur une chaise et le battant.)

Air de la Sabotière.

 Pan, pan, quelle poussière !
 Pan, pan, comme on rirait ;
 Pan, pan, de me voir faire,
 Pan, pan, maître et valet !
Bah ! moquons-nous des médisans ;
Je ne compte que le salaire,
Et vois dans leurs appointemens
Le mérite de bien des gens.

 Pan, pan, c'qu'un pauvre diable
 Fait pour cent francs au plus,
 Pan, pan, est honorable,
 Pan, pan, pour mille écus.

SCENE XV.

Les précédens; ROBERVILLE.

ROBERVILLE.

Ah, mon dieu! qu'est-ce que je vois là? Notre gouverneur qui bat les habits de mon fils!

LEDRU.

Ce n'est rien, ce n'est rien, ne faites pas attention; c'est une suite de mon système d'éducation: comprenez-vous? Je tiens à ce que mon élève soit tenu proprement. Nous autres philosophes, nous regardons la propreté comme le miroir de l'ame.

ROBERVILLE.

D'accord; mais il ne fallait pas vous donner ce soin. Le premier domestique...

LEDRU.

Vous n'y êtes pas. Le domestique, c'est moi. Le premier précepte de la sagesse est de savoir se passer des autres, et de se servir soi-même.

(On entend Charles en dehors.)

CHARLES.

Eh bien! voyons donc cet habit? As-tu fini?

LEDRU.

Vous voyez bien, il faut que je le lui porte.

ROBERVILLE, le retenant.

Comment donc! Je ne souffrirai pas...

LEDRU.

Si fait; laissez donc. Vous voyez qu'il attend.

ROBERVILLE.

Eh bien! qu'il attende; vous resterez. Je veux qu'il apprenne le respect.

SCÈNE XVI.

Les précédens ; CHARLES, entrant vivement.

CHARLES.

Ah çà! répond-on, quand j'appelle? (Le menaçant.) Je ne sais qui me retient. (A part.) C'est mon père!

LEDRU.

Non, frappez donc, je vous prie. Je veux savoir qui vous en empêche. (A Roberville.) Faites-moi l'amitié de me prêter votre canne. (A Charles.) Tenez, ne vous gênez pas. Je vous dirai comme ce général ou ce caporal grec, à qui on voulait donner la schlag : « Frappe, mais écoute! » (A Roberville.) Hein! comme il est confondu! Eh bien! voilà comme on les matte, comme on les dompte, comme on leur brise le caractère. Je sais qu'il y a des dangers à courir; mais si on regardait à cela...

ROBERVILLE.

Ma foi, je n'en reviens pas!

LEDRU.

Maintenant, jeune homme, que vous êtes en état de m'entendre, voici votre habit; mais ne prenez plus un pareil ton. (L'aidant à mettre son habit.) Je vous le passe encore cette fois-ci; une autre fois, ce serait

une autre paire de manches; je vous en avertis.
(A M. Roberville.) Hein! quelle leçon!

ROBERVILLE.

Ma foi, c'est un précepteur original! (Bas à Ledru.) J'étais prêt à partir, quand je me suis rappelé une chose essentielle. C'est aujourd'hui la fête du village, et il faut bien empêcher... Mais, vous me conduirez jusqu'à la voiture, et je vous donnerai toutes mes instructions. (A Charles.) Adieu, monsieur, apprenez à respecter le digne professeur que je vous ai donné.

(Ledru et Roberville sortent.)

SCÈNE XVII.

CHARLES, ÉLISE.

CHARLES.

Ce pauvre Ledru! le ciel ne pouvait pas m'envoyer de gouverneur plus commode. Élise! Élise! nous sommes les maîtres de la maison, et la place est à nous. (A un paysan.) Antoine, va avertir le village que je donne à danser au château. Ah! donne des ordres pour les rafraîchissemens. Ah! aie soin de nous avoir un violon, entends-tu? je veux que la fête soit complète.

ÉLISE.

Et ce gouverneur si sévère dont on m'a parlé?

CHARLES.

Oh! que ça ne t'effraie pas.

SCÈNE XVIII.

Les précédens : JEANNETTE.

JEANNETTE.

Pour du coup, votre père est bien parti. J'lons vu dans l'avenue. Mais vous ne savez pas : au moment de monter en voiture, v'là un petit bonhomme de l'école de mon oncle qui est venu lui apporter une lettre. Votre papa a fait comme ça (faisant un geste d'étonnement) et puis comme ça; puis il a mis la lettre dans sa poche, et il est parti.

CHARLES.

Oh! Jeannette n'oublie rien.

JEANNETTE.

Dam! quand on regarde, faut tout voir. Ça n'est pas tout, pendant que monsieur lisait la lettre, Jasmin s'est approché de moi.

CHARLES.

Mon gouverneur, tu veux dire ?

JEANNETTE.

Oui, votre gouverneur; et il m'a fait ainsi mystérieusement : « Jeannette, il faut que je vous parle, « et en secret. Où est votre chambre? » C'est singulier une demande comme ça! Qu'est-ce qu'il veut donc?

ÉLISE.

Et tu ne lui as pas répondu.

JEANNETTE.

Pardine non, mamselle, mais j'ai fait comme ça

(étendant le bras.) du côté de la grande serre, où je loge ordinairement.

(On entend une musette.)

CHŒUR.

Air : La séance est terminée. (Flore et Zéphyre.)

C'est la fête du village!
Qu'chacun s'empresse d'accourir.

ÉLISE.

Quel est ce bruit?

JEANNETTE.

C'est tout le village qui se rend à votre invitation.

(Jeannette sort; le chœur continue en dehors.)

CHŒUR.

Air : La séance est terminée.

C'est la fête du village!
Que l'on s'empresse d'accourir.
Daignez recevoir l'hommage
Qu'ici nous venons vous offrir.

CHARLES.

D'un rien la sagesse s'offense;
Pour nous en donner comme il faut,
Saisissons vite son absence,
Elle revient toujours trop tôt.

SCÈNE XIX.

Les précédens; ANTOINE, paysans et paysannes.

CHŒUR.

C'est la fête du village!
Que l'on s'empresse d'accourir.

TOUS.

Daignez recevoir l'hommage
Qu'ici nous venons vous offrir.

SCÈNE XX.

CHARLES.

Allons, en place, mes amis, je danse avec Jeannette.

JEANNETTE.

Eh bien! le violon!

ANTOINE.

Le voilà.

CHARLES.

Qui est-ce qui en jouera?

ANTOINE.

Je ne sais, vous n'avez demandé que ça.

CHARLES.

Les ménétriers?

JEANNETTE.

Ils ont cru que la fête n'aurait pas lieu au château, et ils sont à une lieue d'ici, au bal de la commune.

TOUS.

Comment allons-nous faire?

(On entend du bruit.)

SCENE XX.

Les précédens; LEDRU, entrant tout en désordre.

LEDRU.

Aïe! Eh!

CHARLES.

Eh bien! qu'est-ce que c'est donc?

LEDRU.

Rien, c'est une aventure assez plaisante qui vient de m'arriver; aïe les reins!

CHARLES.

Mais encore...

LEDRU.

Non, non, je vous conterai cela. Aïe! Heureusement, l'on ne m'a pas reconnu, et si le dos est compromis, l'honneur est intact... (Se retournant et apercevant les villageois.) Que vois-je? voilà justement ce que vous a défendu votre père.

CHARLES.

Qu'est-ce que ça fait?

LEDRU.

Songez donc à ma responsabilité; je ne peux pas voir ces choses-là.

CHARLES.

Eh bien! ne regarde pas. Ah! mes amis, quelle idée! Nous sommes sauvés : voici mon gouverneur qui est d'une très-jolie force sur le violon! et comme il n'est point ennemi des plaisirs, je suis sûr qu'il va nous faire danser, pour peu qu'on l'en prie.

TOUS.

Ah! monsieur.

LEDRU.

Non, messieurs, ma dignité...

CHARLES, bas à Ledru.

Accepte, ou je t'assomme.

LEDRU.

Ce sera donc avec plaisir.

JEANNETTE.

Tenez, voilà un tonneau pour placer l'orchestre.

LEDRU, bas à Jeannette.

Taisez-vous, perfide!

JEANNETTE.

Tiens! qu'est-ce qu'il a donc?

SCÈNE XX.

LEDRU, à Charles.

Que diable aussi, il est impossible de plus me rabaisser. Aidez-moi à monter. (Il se place sur le tonneau.) Allons, en place! (Les contre-danses se forment. Il prend son violon et joue.) Chaîne anglaise!

CHOEUR.

Air du Bouquet du roi.

Amis, pour nous quel honneur!
    La science
  Nous met en danse.
Gloire au talent enchanteur
De monsieur le gouverneur!

CHARLES, à Ledru.

Quelle crainte était la tienne?
A ce coup d'archet, d'honneur,
Je ne crains pas qu'on te prenne
Ici pour un professeur.

CHOEUR.

Amis, pour nous quel honneur!
    La science
  Nous met en danse.
Gloire au talent enchanteur
De monsieur le gouverneur!

(La danse est très animée, et Ledru se démène sur son tonneau pour marquer la mesure.)

SCÈNE XXI.

Les précédens; M. DE ROBERVILLE, *dans le fond, une lettre à la main, et les regardant pendant quelque temps.*

ROBERVILLE.

A votre aise! ne vous gênez pas! C'est donc avec raison que cette lettre m'annonçait qu'on n'attendait que mon départ. Et vous, monsieur le gouverneur...

LEDRU.

Que voulez-vous que j'y fasse? est-ce ma faute? En vous quittant, je les ai trouvés tous installés. Mais le moyen d'empêcher des petites filles de sauter?

ROBERVILLE.

A la bonne heure; mais les faire danser vous-même!

LEDRU.

Ah ça, c'est différent; c'est ce que j'ai fait de plus sage. Dès que j'ai vu que je ne pouvais m'opposer au désordre, je me suis dit : Au moins je serai là, et certainement j'y étais, et j'y suis encore.

ROBERVILLE.

Mais enfin, était-ce la position d'un philosophe?

LEDRU.

Comment, à cause de ce tonneau? Que diable! Diogène en avait bien un; la seule différence, c'est qu'il était dedans, et que j'étais dessus. Vous voyez même que ma position se trouve en quelque sorte plus élevée que la sienne!

SCÈNE XXII.

Les précédens; CINGLANT.

CINGLANT.

Où est-il, où est-il, le coquin que j'ai surpris dans la chambre de Jeannette?

LEDRU.

Allons, c'est notre maudit maître d'école; me v'là dedans!

CINGLANT.

Il m'a échappé; mais en se débattant, il a laissé son chapeau.

LEDRU.

Dieu! c'est le mien!

CINGLANT.

Comment, c'est à vous, monsieur le professeur? Que je suis fâché de ces coups de manche à balai que je vous ai donnés!

LEDRU.

Ça n'est rien; le fait est qu'on n'y voyait pas : c'est la faute de M. Roberville, qui devrait faire percer des croisées dans ses mansardes; il n'y a que des jours de souffrance.

CINGLANT.

C'est qu'ils ont dû être bons : parce que la grande habitude... Mais à côté du chapeau était un portefeuille, et nous allons voir...

LEDRU.

Ne l'ouvrez pas : c'est à moi.

CINGLANT.

Du tout, ce n'est pas à vous : c'est à un nommé Ledru.

LEDRU, à part.

Gare les explications!

CINGLANT.

Il y a même une lettre pour monsieur.

ROBERVILLE, la prenant.

Une lettre à mon adresse? Que vois-je! M. Saint-Ange refuse la place de précepteur, et c'est vous qui m'apportez cette lettre! Qui donc êtes-vous?

CINGLANT, tenant un autre papier.

Eh, parbleu! le voilà sur ce livret : Ledru, domestique de M. Saint-Ange; et son signalement : nez long, bouche grande, oreille *idem;* on peut collationner.

ROBERVILLE.

Qu'est-ce que cela signifie?

LEDRU.

Que puisque les qualités sont connues, je renonce au professorat; et pour prix de mes services, je vous demande, ainsi qu'à mon ancien confrère, la main de Jeannette.

ROBERVILLE.

Ma petite jardinière?

LEDRU.

Je ne suis pas fier, et nous ferons les deux noces ensemble; car tantôt, dans vos confidences, vous m'avez avoué que votre intention était d'unir M. Charles à sa cousine.

SCÈNE XXII.

CHARLES et ÉLISE.

Il serait vrai?

ROBERVILLE, montrant Ledru.

C'est une trahison!

CHARLES.

Et pour l'en remercier, je me charge de doter Jeannette, et je prends mon gouverneur à mon service.

CINGLANT.

Ah çà, vous n'êtes donc pas un savant?

LEDRU.

Eh, mon dieu! pas plus que vous; raison de plus pour entrer dans votre famille. J'abandonne la carrière de l'instruction publique : je retourne à l'office, et si j'ai perdu ma rhétorique avec vous, j'espère qu'à la cuisine je ne perdrai pas mon latin.

VAUDEVILLE.

LEDRU.

Air du vaudeville de la Vendange normande.

L'illustre cuisinière
Est mon *vade mecum;*
Du latin, je n'ai guère
Retenu que *vinum :* (*bis*)
Parmi les bons apôtres
Je fus toujours *primus,*
Et suis, comme tant d'autres,
Pour le reste *asinus.*

CINGLANT.

Ma cohorte enfantine,
Grâce aux *patochibus,*
Avec plaisir décline
Déja ses noms en *us,*

Asinus ou bien *Dominus*,
Mais toujours ils confondent.
Quand je dis *Dominus*,
Ces marmots me répondent :
Asinus ! asinus !

CHARLES.

A la voix haute et fière,
Voyez ce lourd Midas
Crier contre Voltaire,
Que certe il ne lit pas.
Son grand ton fait merveille,
On dit : c'est un *doctus*;
Mais voyant ses oreilles,
On s'écrie : *Asinus* !

ROBERVILLE.

Pour la langue française
Et pour le *latinum*,
Je fus, ne vous déplaise,
Toujours *ignorantum*;
Mais les gens d'esprit glissent
Au temple de Plutus;
Ceux qui le mieux gravissent,
Ce sont les *asinus !*

JEANNETTE, au public.

L'auteur, loin d'être un maître,
Ne s' piqu' pas d' grand savoir;
Mais il s'en croirait p't'être,
S'il vous amusait c'soir.
A vous plaire il aspire;
Ah ! messieurs, en *chorus*
De lui n'allez pas dire :
Asinus ! asinus !

FIN DES DEUX PRÉCEPTEURS ET DU TOME PREMIER

TABLE

DES PIÈCES CONTENUES DANS CE VOLUME.

	Page.
Une Nuit de la Garde Nationale.	1
Le Comte Ory.	49
Le Nouveau Pourceaugnac.	97
Le Solliciteur.	153
Frontin Mari-Garçon.	193
Une Visite à Bedlam.	245
La Somnambule.	291
L'Intérieur de l'Étude.	347
Les Deux Précepteurs.	395

FIN DE LA TABLE.

www.ingramcontent.com/pod-product-compliance
Lightning Source LLC
Chambersburg PA
CBHW050236230426

43664CB00012B/1722